"双肩挑"
与时代同行

清华大学辅导员
校友访谈录

清华大学党委学生部
清华大学党委研究生工作部
——— 主　编 ———

清華大学出版社

北　京

图书在版编目（CIP）数据

"双肩挑"：与时代同行：清华大学辅导员校友访谈录/清华大学党委学生部，
清华大学党委研究生工作部主编 . -- 北京：清华大学出版社，2025.7.
ISBN 978-7-302-69620-9

Ⅰ. G645.1-53

中国国家版本馆 CIP 数据核字第 20257R7J39 号

责任编辑：严曼一
封面设计：汉风唐韵
版式设计：方加青
责任校对：王荣静
责任印制：刘　菲

出版发行：清华大学出版社
　　　　　网　　　址：https://www.tup.com.cn，https://www.wqxuetang.com
　　　　　地　　　址：北京清华大学学研大厦 A 座　　　　邮　　编：100084
　　　　　社 总 机：010-83470000　　　　　　　　　　邮　　购：010-62786544
　　　　　投稿与读者服务：010-62776969，c-service@tup.tsinghua.edu.cn
　　　　　质 量 反 馈：010-62772015，zhiliang@tup.tsinghua.edu.cn
印 装 者：三河市少明印务有限公司
经　　销：全国新华书店
开　　本：170mm×240mm　　　印　　张：20　　　字　　数：312 千字
版　　次：2025 年 7 月第 1 版　　　印　　次：2025 年 7 月第 1 次印刷
定　　价：90.00 元

产品编号：106599-01

红的底色更鲜艳，专的亮色更明亮
让辅导员"双肩挑"传统焕发时代活力

中国科学院院士　清华大学党委书记　邱勇

（代序，2023 年 12 月 26 日发表于《光明日报》）

党的二十大报告强调，全党要把青年工作作为战略性工作来抓，用党的科学理论武装青年，用党的初心使命感召青年，做青年朋友的知心人、青年工作的热心人、青年群众的引路人。辅导员是开展青年大学生思想政治工作的重要力量，在高校思想政治工作体系中具有重要的、不可替代的地位和作用。在新征程上，高校要弘扬优良传统，建设好辅导员队伍，保证这支队伍高质量、高水准，并且后继有人、源源不断。

"双肩挑"政治辅导员制度的历史经验

"双肩挑"是清华大学于 1953 年建立的政治辅导员制度最大的特色，即一肩挑业务学习，一肩挑思想政治工作。70 年前，面对学生数量迅速增加、从事思想政治工作的干部数量严重不足的特殊形势，时任校长蒋南翔创造性地提出选择学习成绩优良且觉悟较高的党团员担任辅导员、"半脱产"做思想政治工作。1953 年，清华大学从大三学生中精心选拔出 25 名政治和业务都优秀的学生担任辅导员。这一创举也推动了辅导员制度在全国高校落地生根。

70 年来，"双肩挑"政治辅导员制度积累了许多历史经验，对于推动高校思想政治工作改革创新具有重要意义。

一是将党的教育方针提出的人才培养目标进行了具体化、人格化的呈现，为广大青年学生树立了具有引领示范作用的学习榜样。"双肩挑"政治辅导员制度坚持又红又专、全面发展的培养选拔标准，丰富了人才培养目标的内涵，生动回答了"培养什么人、怎样培养人、为谁培养人"这一教育的根本问题。"双肩挑"政治辅导员政治强、思想好、业务精，是学生身边可望可学的优秀榜样，带给学生潜移默化的影响，激励学生奋勇前进。

二是将解决思想问题与解决实际问题紧密结合，创造了一种"总与学生在一起"的思想政治教育的有效模式。"双肩挑"政治辅导员本身也是学生，容易与同学打成一片，有利于深入了解学生的思想状况。"总与学生在一起"是"双肩挑"政治辅导员制度的独特优势。因为在一起，辅导员与学生平等而亲近，故而能够敏锐地捕捉教育契机，灵活运用多种方式方法，更好地把思想政治工作做在日常、做到个人。

三是将"育人"与"育己"有机统一起来，在压担子的过程中促进了辅导员自身的全面成长。学校有计划地帮助辅导员形成正确的思想方法和工作方法，熟练掌握马克思主义理论，练好政治上的基本功，同时抓好自身专业学习，促使他们成长为复合型人才。有意识地给辅导员压担子，让辅导员在有难度、有挑战的工作中学会处理各种矛盾，得到综合性锻炼。实践充分证明，让学业优秀的学生做思想政治工作并不是"屈才"，而是大有助益。

永葆"双肩挑"政治辅导员制度生命力

"双肩挑"政治辅导员制度坚持了育人和育才相统一的人才培养辩证法，探索了中国特色社会主义大学开展思想政治工作、培养社会主义建设者和接班人的宝贵经验。辅导员制度在70年的发展历程中不断创新、不断完善，在党的坚强领导下，始终保持着旺盛的生命力。

一是适应时代需求，不断调整和优化辅导员队伍结构和岗位设置，促进其更好地开展思想政治工作，适应学生思想特点和行为方式变化。清华大学的辅导员最初从大三学生中选拔，20世纪80年代中后期开始从研究生中选拔，并于1995年起增设研究生德育助理队伍。2000年后在本科生辅导员队伍中先后设立党建辅导员、网络辅导员、心理辅导员等岗位。不断壮大的辅导员队伍实现了学生思想政治工作的全覆盖。

二是不断完善管理制度，构建辅导员思政能力提升体系，打造一支作风优良、战斗力强的骨干思政队伍。通过出台《关于进一步加强"双肩挑"政治辅导员队伍建设的若干意见》《"双肩挑"政治辅导员管理办法》，对辅导员发挥思想引领作用提出更高要求。通过岗前系统培训、上岗专业培训、日常实践培训、专题思政培训等环节提升辅导员队伍思政工作能力和水平。

三是不断完善全周期发展支持体系，全方位提升辅导员队伍综合素质，助力辅导员成长成才。如设立辅导员发展专项基金，为辅导员拓宽国际视野、提升学术水平提供支持。设立辅导员专门奖项，激励辅导员成为学生眼中的成才表率。

推动"双肩挑"政治辅导员队伍建设高质量发展

习近平总书记强调，做好高校思想政治工作，要因事而化、因时而进、因势而新。在新的时代背景下，外部环境不确定性增强，社会思潮纷繁复杂，学生思想状况更加活跃多元，学生思政工作面临新的挑战。高校党委要继续高度重视辅导员队伍建设，教育引导辅导员主动面对新形势新挑战，增强使命担当、严格自我要求、提高工作水平，推动辅导员队伍建设高质量发展。

一是要学精悟透用好马克思主义这个看家本领，加强对学生的思想政治引领。辅导员要加强理论学习，带头学好习近平新时代中国特色社会主义思想，做到先学一步、深学一层，做到学思用贯通、知信行统一，不断增强党性修养，注重将理论学习成果转化为育人动能，不断增进学生对党的创新理论的政治认同、思想认同、理论认同、情感认同。

二是要按照"全面覆盖、不落一人"的工作标准，让关心关爱、教育引导触及每一位学生。思政工作的覆盖度是检验辅导员工作成效的关键指标之一。要践行"一个都不能少、一个都不掉队"的要求，让深入细致的思想政治工作、全方位的发展支持覆盖每一个学生。对于家庭经济困难、学习与发展遇到阻碍、存在心理困扰或思想困惑的学生，要重点给予帮助，让学生感受到关爱就在身边、关怀就在眼前。

三是要准确把握互联网时代学生特点，提升网络思政工作能力。在互联网时代，如何在现实和网络中都实现"总与学生在一起"，既是必须思考和破解的难题，也是提升思想政治工作成效的机遇。辅导员要善用互联网，敏锐把握学生的思想动态，能与学生深入互动，提升正面引导能力，敢于与网上错误思潮作斗争。要带领学生一起走进社会大课堂，联通校内校外、网上网下，拓展工作场域，上好新时代"大思政课"。

四是要增强"两个肩膀挑担子"的本领，强化又红又专、全面发展的示范带动作用。辅导员要坚持在"事上练"和"做中学"，争取在思想政治工作和业务学习方面都具备"挑得起，挑得稳，挑得好"的能力，让红的底色更加鲜艳，专的亮色更加明亮。要在就业选择时为学生作出示范，积极投身重点领域、重点行业，在新时代的广阔天地中大有作为，在党和人民需要的地方发光发热。

目　　录

赓续传统葆本色

钟灵毓秀显光辉

春风化雨育新人

赓续传统葆本色

倾听老一辈辅导员对其辅导员经历的感悟体会和经验总结，对辅导员制度在新时代下新内涵的理解，对制度永葆生命力的期望和对新生代辅导员的关心，重温"双肩挑"政治辅导员制度的本色。

辅导员制度是清华的宝贵财富

——访清华大学党委原书记、首批"双肩挑"政治辅导员方惠坚

文／土木系　卞姿懿　袁　东　俞欣汝　周心怡

方惠坚，男，1950年进入清华大学土木与环境工程系学习，1953年起担任清华大学首批"双肩挑"政治辅导员。1955年毕业留校，曾任校团委副书记、党委学生部部长、土木与环境工程系党委书记、教务长、副校长、校党委书记。曾当选为第八届全国人大代表、中共十四大代表。1995年被评为全国教育系统劳动模范和北京市优秀基层党委书记。

和方惠坚的访谈是在他的住所开展的。方惠坚已到耄耋之年，但仍然面色红润，精神矍铄。他的书橱中有参加各类活动与同学们的合影，可见同学们始终在他心中占第一位。他亲切地招呼我们坐定，微笑间仿佛又回到了曾经的"工作状态"，一个老共产党人和老辅导员的形象立刻展现在我们眼前。两个小时里，方惠坚侃侃而谈，保持着清晰的逻辑思辨能力，而我们也仿佛身临其境感受辅导员制度初建时的峥嵘岁月。

"又红又专，全面发展"

方惠坚于1950年进入清华大学土木与环境工程系就读，入学不久，美国军队打到鸭绿江，全国开展抗美援朝运动。方惠坚至今还清晰地记得当时校园中打出的标语："战火已经燃烧到祖国的边境"。1950年年底有"参军参干"运动，目的是支持抗美援朝。方惠坚想，"既然国家需要，那么我就参加"，果断报名参加飞行员选拔。后来虽然遗憾地与飞行员擦身而过，但他说："这次尝试使我懂得应该树立什么样的人生观。抗美援朝是我进入大学后的第一

个启蒙教育。我开始思考个人和国家到底是什么关系，我们该为国家做些什么。"怀着这样的想法，1953年，当学校领导找他谈话，抽调他担任政治辅导员，同时要延长两年毕业时，方惠坚认为让自己担任政治辅导员是组织的信任，也是国家和学校的需要，于是没有犹豫就答应了。

成为土木系的带班辅导员后，方惠坚和其他两名辅导员一起负责27个班级的工作，相当于一个人负责9个班级。这9个班级中既有本科的同学，也有专科的同学。对于之前只在班级担任过总干事和团支部委员的方惠坚来说，成为辅导员、负责9个班级的工作压力很大，对他也提出了更多的要求。有一位前辈教给他一个经验：把一个班级的好的经验带到另一个班级去，以帮助另一个班级做好工作。方惠坚就通过这个简单经验开始学习，在工作之中不断地学习、锻炼，逐步提高自己的工作能力。当时土木系出了一些好的经验。例如，全校第一个"先进集体"测专四二班，虽然是两年制的专科班，但是工作做得很出色。方惠坚就将这一班集体的经验介绍到其他班集体中去，组织班里同学集体前往生产一线进行实习，在学习、文体活动、政治工作方面采取创新的开展方式，取得了很好的效果。经过几年努力，方惠坚所带的班级都成为了全面发展的、先进的集体。

"双肩挑"要求方惠坚在学生时代，既要做好学生工作，也要完成好自己的学业；成为教师后，在做好学生工作的同时也要出色完成教学任务。他认为，这些要求虽然给了他很大的压力，但也极大地锻炼了他的能力。建立政治辅导员制度之初，学校非常注重对辅导员在政治和业务上的培养，安排辅导员参加教师的学习，同时要求系里帮助每位辅导员制订周密的业务培养计划。方惠坚被抽调出来时，正赶上土木系请来一位苏联专家为教师系统地讲授钢结构这门课程，系里安排方惠坚也跟着一起听课，这门课程每学期都开课，他就整整学了4个学期，系统地掌握了钢结构知识，后来方惠坚又参加了这门课的资料整理以及教科书出版工作，到了毕业的时候，他已经可以单独教授这门课了。方惠坚认为，"双肩挑"是清华的优良传统，清华人不仅要做好学校交给自己的任务（如辅导员工作），还要有过硬的专业知识。和方惠坚同批的很多辅导员都是如此，有的还被派往苏联学习，后来都成为了各个领域的专家。

从学生中来，密切联系学生

从最初做政治辅导员到院系任职期间，方惠坚都和同学们保持密切的联系。"'双肩挑'政治辅导员一个很重要的含义就是由学生里面的骨干来出面管理学生的工作，也就是学生自己管理自己的工作"，方惠坚任职辅导员期间，和学生一块上课、学习，吃住也都在一起，能够深入了解同学的情况。即便是解决相关工作，也不需要将学生单独叫到办公室谈话，"吃饭的时候端着饭碗跟他在一个桌子上吃一顿饭，大概就是半个小时，也能谈很多事了，你了解情况或者是你想问什么问题，他都可以告诉你"。通过和同学们自然而密切的联系，方惠坚和大家建立了良好的感情。

1955 年，方惠坚毕业留校，开始担任土木系团总支书记，继续"双肩挑"，进行教研工作与学生工作。这段时间，他既需要做学生的思想工作，又有教学任务的要求，负担较重。但能为学校育人工作出一份力，他认为很有意义。在当时，土木系在全校来说，班级数和学生人数都比较多，学生工作也较为活跃，外出实习、学生演出、党员发展等各种工作，方惠坚都参与其中，与同学们打成一片，学校也经常请方惠坚介绍土木系的相关情况。为把自己的工作做得再细致一点、再多了解学生一点，方惠坚后来主动提出兼任一个班的班主任，在深入了解同学思想情况的同时，也能了解同学们的学习情况。在担任班主任期间，方惠坚积极深入学生群体，"当时我住在十五宿舍，就在同学们饭厅后面，班上同学，特别是班干部，常常吃过饭就来找我，谈谈班上的情况。就这样，我和班上一些同学交了朋友，我还介绍了一些同学入党"。方惠坚担任班主任的房 61 班中，有一位来自新疆哈萨克族的女生由方惠坚介绍入党，毕业后回到新疆担任了地方干部，后来成为了新疆维吾尔自治区检察院的副检察长。一位维吾尔族的男同学毕业后成为了新疆大学的老师，还曾经寄给方惠坚一本《维汉建筑工程词典》。"我收到之后很欣慰，他做了其他清华同学做不了的事，也为教育发展做出了贡献"，方惠坚说。

"把学生工作做好，关键在于把大家的心与国家、民族、学校联系在一起。担任辅导员、做学生工作最高兴的事就是看到了自己辅导教育的学生能够在国家的建设中作出贡献，每每听到这样的消息，我都感到非常欣慰。"60年过去了，方惠坚始终与早年所带班级中的同学保持着联系，在外地工作的同学来北京时也常会来拜访他，这长达几十年的感情联结，让他觉得自己的工作很有意义。

一支模范队伍

方惠坚认为，在"双肩挑"政治辅导员制度初创时，主要目的有三：一是加强学生政治思想工作；二是将学生思想政治工作集中到少数人身上，让大部分学生干部减轻工作负担，可以集中精力搞好业务学习；三是通过这种方式培养一批"又红又专"的学生干部，使他们在政治和业务方面都得到更好的培养。

一方面，学生干部本身也是学生群体中的一分子，与学生接触较多、距离较近，与学生交流也较为方便。通过这些学生干部与学生的自然接触，学校便拥有了一个与学生紧密相连的工作系统。方惠坚认为，70年来，数以千计的政治辅导员对加强学生思想政治教育和学生管理是功不可没的，抽调业务水平好、思想觉悟高的学生或者青年教师从事政治辅导员工作，是完全正确的。

另一方面，"双肩挑"政治辅导员制度本身，也是一个对学生骨干培养的因材施教工作。在方惠坚看来，想要传承清华大学"又红又专，全面发展"的育人传统，辅导员必须用自己的"又红又专"去带动学生的"又红又专"，所以一名合格的政治辅导员需要有正确的人生观、价值观；有奉献精神，不计较个人得失；有良好的道德素养；有一定的组织能力和工作能力；有较强的业务能力，能够承担繁重的工作。清华辅导员制度实施的70年来，有上千名学生承担过辅导员工作，这些辅导员的模范与带动作用，为国家和学校培养了不少的人才。同时，从辅导员队伍中成长起来的教师和学校干部的数量很多，因此，这些人也能更好地理解辅导员的工作，对担任辅导员的学生给予尊重、关心和爱护，想办法给他们创造条件，帮助他们更加全面地成长。70年的历史经验证明，清华大学"双肩挑"政治辅导员制度是一个好制度，能够在学生中间培养一批起模范作用的学生，最终为国家输送了一批人才。看到70年来政治辅导员制度有了很好的发展，方惠坚感到很欣慰，也希望"双肩挑"政治辅导员制度可以继续延续下去。

访谈的最后，方惠坚谈道：清华的辅导员是一支自然而然形成的队伍，这支队伍是流动的、是能够长期不断地进行补充和调整的。经过这支队伍的锻炼，辅导员们的工作能力有所提升，实现为学校、为国家输送人才。清华毕业的这群辅导员们，无论是留在学校工作，还是到校外的单位去，都做到了努力把自己的担子挑起来，这对国家和学校来说，都是很有益处的。

党的旗帜高高飘扬

——访清华大学党委原副书记、首批"双肩挑"政治辅导员黄圣伦

文/化工系　鲁广舒　朱恒志

黄圣伦，男，1950年考入清华大学化学工程系，1953年成为清华大学首批"双肩挑"政治辅导员。全国高校院系调整后，他前往新成立的北京石油学院，先后担任校团委书记、校党委宣传部副部长。1978年回到清华大学后，先后担任化工系党委书记，校党委宣传部部长、组织部部长、校党委副书记、常务副书记等，为清华大学的发展和高等教育事业做出了重要贡献。

品学兼优素质过硬，成为首批政治辅导员

1934年，动荡的社会暗藏革命的激流，黄圣伦在这一年出生于上海。他思想进步且活跃，早在中学时期就与中国共产党结缘，积极参加革命活动。在白色恐怖下，黄圣伦与地下党员一起秘密编印、散发油印小报，传播解放战争中共产党取得胜利的消息，并带领同学们传唱革命歌曲，还参加地下党组织的五四纪念晚会、革命烈士陵墓祭扫等活动。回忆自己的中学时代，黄圣伦说："当时我们的校长是地下党员，在地下党的领导下，我也参加了党领导的秘密组织。"1949年2月，黄圣伦加入党的秘密外围组织"新民主主义青年联盟"，后于1950年3月加入了中国共产党，同年9月，时年16岁的黄圣伦进入清华大学化学工程系学习。

新中国成立初期，清华大学特别重视政治课教育，一年级的黄圣伦担任班上的"政治干事""政治课代表"，参与组织了政治课讨论和抗美援朝的下乡宣传活动。二年级时，党组织安排他到化工51级担任团支部书记，引导同学们进行新生入学教育（爱国主义教育、专业教育、德智体全面发展的教

育），帮助同学们做好班集体建设工作，推动开展文体活动。实际上，这期间黄圣伦正是担负了类似辅导员的角色。在全国高校院系调整的大背景下，1952年清华大学化工系扩展为石油工程系，黄圣伦担任石油工程系团总支书记，进一步锻炼了社会工作的能力。

1952年末，蒋南翔同志任清华校长后，与时任校党委书记何东昌同志商议建立"双肩挑"政治辅导员制度，选出政治素质和业务水平都过硬的高年级同学担任政治辅导员，在学生中进一步加强思想工作。黄圣伦虽然年龄小，但成绩优异、入党早，思想政治觉悟高，社会工作经验多、能力强，被选为了首批25名辅导员之一。

在首次辅导员会议上，主持会议的蒋南翔校长手持教务部门提供的25人历年成绩单逐一点名相识，当看到黄圣伦的成绩单时，校长对黄圣伦赞许道："噢，你上学期各课成绩都是5分，好呀！要'又红又专'，继续努力！"会上，蒋南翔校长对黄圣伦等辅导员的工作提出了要求，指明了努力的方向，体现出学校对辅导员们政治素质和业务水平的重视。蒋南翔校长语重心长地勉励首批辅导员："年轻时做些思想政治工作，学点马列主义理论，将对终身有益！"辅导员们践行校长的嘱托，积极组织学习《实践论》《矛盾论》，努力学会运用辩证唯物主义和历史唯物主义的观点、方法去观察社会、分析问题、指导工作。黄圣伦谨记蒋南翔校长的殷殷教诲，积极学习马克思主义理论，这对他的人生观和价值观产生了深远影响。

服从组织安排，石油学院继续育人工作

新中国成立初期，国家的国防和民生发展对石油的需求越发迫切，而中国的石油资源却严重不足，石油工业十分落后。在此背景下，1952年，中国高等学校进行了一次大规模的院系调整，清华大学化工系扩展为石油工程系。1953年秋，在清华大学石油工程系的基础上，成立北京石油学院，黄圣伦服从组织安排，由清华石油工程系的团总支书记，转而担任北京石油学院团委书记职务。

在清华大学石油工程系和北京石油学院的工作中，黄圣伦遇到了很多未曾经历过的困难。他发扬"双肩挑"的优良传统，一边完成自身学业，一边参与学生工作，迎难而上，想方设法解决问题。

他发现，同学们对石油专业认知薄弱，思想上存在顾虑，对艰苦生活缺乏思想准备。为了帮助同学们补上专业知识的薄弱环节，他邀请石油管理总局的技术干部和学校老师在团组织生活中作专题报告，增进同学们对石油行业的了解。通过一系列专题报告，同学们了解到石油专业对国家发展的重要意义，建立了对专业的热爱。同时，黄圣伦注重开展发扬艰苦奋斗精神的教育，他推荐同学们阅读颂扬艰苦奋斗精神的苏联小说，如《钢铁是怎样炼成的》和《远离莫斯科的地方》，在学生群体中引起很大反响。

当时北京石油学院的学生来自清华大学、北京大学、天津大学等不同高校，集体凝聚力不足。为了促进各学校之间学生的交流，使大家尽快团结起来，黄圣伦带领大家积极组织班级活动，在集体活动中激发大家的集体荣誉感和归属感，使大家很快形成一个新的、团结的集体。

由于形势紧迫，北京石油学院要求实现"当年基建，当年招生，当年开学"，但学校校园1953年4月才开始施工，开学前仅有半年时间进行校园建设。新学校的条件非常艰苦：学生宿舍是一栋尚未竣工的三层楼，只能勉强入住，没有公共浴室，教室则设在临时搭建的10个平房里。这种情况持续了近一年。看到同学们面临的种种困难，黄圣伦积极寻求母校清华大学的支持，努力帮助同学们解决洗澡等难题。同时加强艰苦奋斗的精神教育，带领原清华石油工程系的同学们坚持下来，一边完成课程学习，一边积极参与学校的建校劳动，用自己的双手让北京石油学院的校园面貌焕然一新。

黄圣伦不仅在学习和工作上做出了出色的成绩，还把"双肩挑"政治辅导员制度带到了北京石油学院。在时任北京石油学院党委书记贾皞同志的支持下，黄圣伦不仅牵头选拔了北京石油学院的首批政治辅导员，他本人也继续担任辅导员并负责这项工作。可以说，"双肩挑"政治辅导员制度走出清华，在北京石油学院等学校的推广，也有黄圣伦的一份贡献。

重回清华，心系政治辅导员制度建设

1978年8月，黄圣伦回到清华大学工作后，继续积极促进"双肩挑"政治辅导员制度建设。拨乱反正后，清华大学恢复了政治辅导员制度，并加强了学生思想政治工作，这一系列举措受到邓小平同志的称赞。彼时中央要召开一次全国性的思想政治工作会议，邀请清华大学分享经验。时任校党委副书记不久的黄圣伦受校党委书记李传信的委托，起草题为《长期坚持建设一支"又红又专"的学生思想政治工作干部队伍》的发言稿。他发扬调查研究精神，通过查阅大量历史档案，整理了1953—1966年的政治辅导员名单和基本工作情况，并在发言稿中系统介绍了"双肩挑"政治辅导员制度的建立、发展过程及基本经验。这份发言稿经何东昌、艾知生、李传信等审阅、修改后，在1984年6月11日中央召开的全国高校思想政治工作会议上由李传信做了介绍。文中提到，"双肩挑"政治辅导员制度有三个好处：一是有利于密切和学生的联系，加强思想政治工作的针对性，同时有利于将思想工作深入业务领域，培养、树立良好的校风，更好地引导学生努力做到"又红又专"；二是有利于为国家培养和输送一批质量更高的、"又红又专"的干部；三是有利于形成一支符合学校特点的、"又红又专"的党政干部队伍。这一经验的推介，对其他高校恢复和推广政治辅导员制度、加强学生思想政治工作起到了积极的作用，产生了深远的影响。

除此之外，2003年，黄圣伦受学校党委委托，主编《党的旗帜高高飘扬——中国共产党清华大学基层组织的奋斗历程》，其中专门撰写了"建立双肩挑的政治辅导员制度"的章节，具体介绍了这项制度取得的成效。这本书成为一次全校性的党内教育学习材料，并被学校组织部门作为干部培训的教材，还获评北京市教育系统关工委优秀读物奖。

黄圣伦认为，历史的实践证明，"双肩挑"政治辅导员制度一方面便于联系学生、了解情况，有利于思想政治工作的深入开展；另一方面与党的教育理念相契合，有利于引导学生努力做到"又红又专"；此外，还可以为国家培养和输送一批高质量的、"又红又专"的干部。总结来看，"双肩挑"政治辅导员制度是加强学生思想政治工作的有力措施，也是培养和锻炼干部的一所"学校"。

直至今日，黄圣伦仍然密切关注着清华大学以及"双肩挑"政治辅导员制度的发展。他将自己从事政治辅导员工作的个人收获总结为"一个提高，三个锻炼"：提高了政治思想水平；锻炼了调查研究、分析问题的能力，联系群众、团结群众、组织群众的能力以及做好政治思想工作的能力。黄圣伦勉励清华的"双肩挑"政治辅导员，要在高高飘扬的党旗下坚定理想信念、在青年工作中锤炼本领，为青年学生的成长和发展做出积极贡献。

练好辅导员"政治基本功"

——访清华大学原副校长、首批"双肩挑"政治辅导员张慕葏

文/电机系 玄松元 张 灵 于歆杰

张慕葏，男，1950年进入清华大学电机工程学系学习，1953年起担任清华大学首批"双肩挑"政治辅导员，曾任校学生会主席、校团委书记并当选为共青团中央委员，1955年毕业留校。历任绵阳分校政工组长、党委书记、自动化系党委书记、核能技术研究所党委书记、校党委常委、副校长，并曾任中华人民共和国美国芝加哥总领事馆教育组参赞衔领事、教育组长，中国老教授协会常务副会长以及多项国家教育部哲学社会科学研究重大课题负责人等。2019年获国家"庆祝中华人民共和国成立70周年"纪念章。

在清华大学"双肩挑"辅导员制度成立70周年之际，我们邀请清华大学原副校长张慕葏来到电机系，分享他在清华做辅导员工作的感悟和心得。初见张慕葏，他步伐轻快、口齿清楚、头脑清晰，在谈到自己过往的工作和生活经历时，眼睛里面闪着清澈而坚定的光芒。回到电机系，张慕葏感到很亲切，我们也向他介绍了电机系和清华的近况，这些寒暄让他回忆起了对清华的三点最初的印象：大师云集、教学严谨；追求进步、积极革命；重视体育、全面发展。在张慕葏的回忆和讲述中，我们仿佛也回到了那个虽然物质贫乏，但精神生活富足、革命氛围浓厚的年代。

张慕葏于1950年进入清华大学电机系学习。1953年，蒋南翔校长提出要选拔一批政治过硬、学习优秀的政治辅导员以加强学生的思想政治工作，因为各方面的优秀表现，张慕葏成为了第一批"双肩挑"政治辅导员之一，并曾担任电机系团总支书记和校学生会主席。毕业后他留校工作，在清华团委工作长达10年，曾任校团委副书记、书记。张慕葏由衷地感慨："我从19岁

到清华大学学习以来，是党的培养教育，特别是政治辅导员的工作锻炼使我成为了党的教育工作者。"作为清华大学的首批政治辅导员，张慕葎和同事们承载着传承清华优秀传统和精神的责任。他们以身作则，用自己的行动诠释着"又红又专，全面发展"的校风和"自强不息、厚德载物"的清华精神。

坚定方向　提高信心

说起辅导员工作，张慕葎多次谈到了"政治基本功"这个词，这是蒋南翔校长在与第一批辅导员座谈时，给他们提出的要求。蒋南翔校长说，好比唱京戏，有一种人叫科班出身，从小就培养唱腔、身段，这种人一出来唱戏，就知道和一般人不一样。而清华的"双肩挑"政治辅导员制度，就是在青年学生骨干年轻的时候，培养"科班出身"的政治基本功。在多年的工作中，张慕葎对于"政治基本功"的内涵有了更深刻和更全面的认识。

张慕葎进入清华后，受到了很好的思想教育。当时学校要求所有的学生都要在大礼堂听政治"大课"，学校则会邀请很多名家，包括陈毅等中央领导和艾思奇等著名学者来讲课。令张慕葎印象最深刻的，是刘弄潮老师讲的党史课，其中结合了很多刘弄潮本人的自身经历，包括四一二反革命政变、白色恐怖、革命先烈的牺牲等事迹。在这样的思想教育下，张慕葎受到了很大的感染，并在1952年加入了中国共产党。

张慕葎认为，政治上的基本功，首先是坚持共产党的领导和社会主义政治方向的问题，要坚定不移地听从党中央的指示，既不走封闭僵化的老路，也不走改旗易帜的邪路。要做到这一点，在党的事业顺利、兴旺发达的时候很容易，但在党遇到挫折危难的时候，是很不容易的，"这时候更能考验革命的坚定性"，这是张慕葎结合自身经历得出的感悟。在新中国成立伊始，人民对于国家的发展充满信心，学生的革命热情也很高，对党的支持很坚定。但是由于后来的一些政治风波，国际上曾掀起多股"反华潮"。张慕葎曾被派往美国任中国驻芝加哥总领事馆教育参赞，开展留学生和中美教育交流工作。当时，驻外人员以及留学生中存在思想混乱的现象，在这种情况下，尽管面临学生的质疑，张慕葎始终保持着对党中央的信心，积极开展工作，因为历史和实践证明，社会主义的道路是正确的。"在党和国家比较困难的时候，群众不太理解的时候，这种情况下怎么坚持正确的政治方向，就更加重要。"这是张慕萍对过去经历的总结。在任何政治风浪中，无论何时何地坚持正确的政治方向不动摇，不断提高对中国特色社会主义理论、道路、制度、文化的自觉和自信。这是政治上基本功的首要内容，也是政治辅导员的底色。

追求卓越　实现理想

"关键不是说什么，关键是怎么做，因为共产主义的理想不是一下实现的。"谈起政治基本功，张慕萍提到朱镕基总理的一句话，说清华人很重要的一个特征，就是追求卓越，把每一件事情做到最好，哪怕扫地也要扫得最好，这也是《大学》中"止于至善"的体现。张慕萍认为，自己的一生中，不同岗位上、各种困难条件下的工作历程，让他收获到的最大体会，就是要能够迎难而上，克服困难，把党所分配的工作一点一滴地做好，而且做得最出色、最卓越。张慕萍提到，辅导员作为同学们的引领者，首先自身要是一个共产主义者。不仅要坚定不移为实现共产主义理想而奋斗，更要能够意识到，实现共产主义是要分阶段的，是在不同阶段里一步一步完成的。张慕萍在《马克思社会发展理论在中国的创新与实践》一文中写道，中国共产党人把马克思主义中国化，而且分阶段提出不同的奋斗发展目标，在中国共产党人眼中，共产主义不是抽象的、空洞的，而是要通过追求卓越、艰苦奋斗，来一步步实现的。张慕萍勉励全体辅导员，当前中国正处在以中国式现代化推动强国建设和民族复兴的重要历史阶段，全体辅导员，都应该时刻坚持把党交给自己的工作做好，从小处着手贡献力量。

深入群众　实事求是

张慕萍回忆，当时学校里面的领导、老师、学生干部，都非常深地深入到群众当中，与基层密切交流，了解同学们的思想和要求，为他们解决问题。党委副书记艾知生同志当时分管学生工作，整天骑辆"除去铃不响，全车都响"的自行车，在学校里边转悠，去学生宿舍、食堂和运动场了解情况。为了保证学生全面发展，蒋南翔校长非常注意关心学生的学习负担过重，一次在团委反映学生学习负担过重后，学校决定把一节课 50 分钟改为 45 分钟以减轻学习负担。当时党委的领导还非常注重以身作则，有两件事情让张慕萍印象深刻。一是为了鼓励同学们积极锻炼，蒋南翔校长组织了校级领导锻炼组，由他做组长，马约翰做指导，请了很多老教授参加，以身作则起到示范作用。二是在党委副书记林克同志调到复旦大学做党委书记时，学校班子成员一块吃饭欢送他，当时也没有招待餐厅，所有人就在学校的员工餐厅吃饭。欢送完了，AA 制，每个人都出钱，绝对不用公款。蒋南翔校长多次告诫辅导员说："你们做半脱产辅导员，做好工作的同时也一定要业务学习优秀，这样才能在学生中有威信，不要像过去国民党、三青团的党棍那样，他们不好好学习在学生中没有威信。"为此，学习差就不能做辅导员，而且辅导员每次考试的成绩，都要向管理辅导员的领导汇报，要求辅导员做到"又红又专，全面发展"，在学生中起到示范作用。

另一项蒋南翔校长给张慕萍留下深刻印象的，是"不唯上，不唯书，不唯洋，不唯师，只唯实""不作氢气球，随风飘"的扎实作风。蒋南翔校长对上级领导的工作指示，从不盲目执行。他曾经说：没有什么最高指示，如果说有最高指示，那就是客观规律，它将冲破一切障碍，开辟自己的道路，不尊重客观规律，终将通不过历史的严正检验。他还曾说：贯彻执行上级领导的工作指示、文件有三种态度。一种是拒不执行，这是错误的；一种是不考虑实际情况简单照搬盲目执行，这也是不负责任不对的；另一种正确的应该是结合实际情况，提出本单位贯彻执行的建议和方法，创造性的执行贯彻。

通过深入群众、实事求是的工作方法，领导干部更加理解学生的所思所想，给学生起到了表率和带头的作用，学生和领导干部之间的距离更近了，管理起来也就更加方便。这些在辅导员工作时积累的经验方法，使张慕萍受益匪浅，并且将这些经验带到了之后的工作当中。

勤奋敬业　科学方法

谈到辅导员的经历带给张慕萍的成长，他还提到了两点：一是勤奋敬业的态度，二是科学的工作方法。张慕萍深受蒋南翔校长等老一辈领导同志勤奋敬业的工作态度感染，张慕萍提到，蒋南翔校长基本上是不过礼拜天的，即便后来到了教育部工作，也依然坚持了每礼拜天晚上开书记会的习惯。有一次，团委在学生中组织了"红专"大辩论活动，请蒋南翔校长做总结，当时蒋南翔校长病了，但是坚持躺在床上听汇报，了解学生有什么观点，为他的总结报告做准备。

此外，辅导员的工作需要做到"双肩挑"，想要双肩都能挑得好，必须要掌握科学的工作方法。张慕葏说："政治辅导员做好双肩挑，很重要一点，就是对待工作要拿得起、放得下。工作的时候能快速集中精力，学习的时候能够放下工作，潜心学习研究。这样才能做到双肩挑，学习和工作都能处理好。政治辅导员经过这样一个锻炼之后，对于个人能力的提升还是很有好处的。"正是这种"弹钢琴"式的工作和学习两不误的方法，让辅导员们能够具备多线程处理问题的能力，能够培养全局意识和协调能力，辅导员队伍中也因此涌现出了很多"又红又专"的优秀干部。

在访谈的最后，张慕葏寄语广大青年学生要感恩党的领导、珍惜我们国家的制度。放眼世界，现在能够在中国生活是非常幸福的一件事情。我们目前和平的生活、舒适的学习环境，是无数的革命先烈贡献了自己的鲜血和生命换来的。所以要懂得感恩，在良好的环境下努力学习、为国家多做贡献。要坚持全面发展、勇于创新。坚持锻炼身体，不仅政治上要坚定，科学技术优秀，也要有一个好的身体来接受未来工作上的挑战，这样才能适应我们国家的发展。在学习和工作中要秉持创新的精神，不循规蹈矩。希望未来在各个行业中，都能够看到我们清华的同学做出一些重大创新的突破。希望我们年轻的同学在党的领导下，在以中国式现代化、全面推进建设强国和民族复兴的伟大时代中，坚定强国有我，做出更大贡献。

一位平凡辅导员的一生

——访清华大学水利系原系主任、首批"双肩挑"政治辅导员董曾南

文 / 水利系　胡熙麟　龚自豪

董曾南，男，1950 年进入清华大学土木系学习，1953 年起担任清华大学首批"双肩挑"政治辅导员。1955 年毕业于水利系，1985—1994 年连续十年担任清华大学水利系主任。曾任国际水利与环境工程协会（International Association for Hydro-Environment Engineering and Research）理事、副主席，中国水利学会名誉理事，《中国科学》编委等。

董曾南曾这样描述自己："一个平凡的中国知识分子，却生长在一个不平凡的年代。随着历史大潮的潮起潮落，历经人生的跌宕起伏，充分享受了喜怒哀乐。"

涟漪渐起：义不容辞地担任辅导员

1932 年，董曾南诞生于天津的一个知识分子家庭。1950 年，董曾南从辅仁中学毕业，在苏联共产主义建设工程——列宁运河和斯大林格勒水电站等宏伟工程的感召下，他决心投身于祖国的水利事业。

1952 年，蒋南翔被任命为清华大学校长。为了强化学生思想政治工作，1953 年清华成立了政治辅导处，从全校各系选拔了 25 名品学兼优的学生作为政治辅导员，董曾南便是其中之一。然而，董曾南作为政治辅导员的经历却颇具曲折。一天，他接到学校通知，要当晚前往校长蒋南翔的家，因校长有事要与他谈。董曾南前往后才知道，他的父亲不同意他担任

政治辅导员，写了信给校长表达自己的观点。当时，清华大学的政治辅导员需要半脱产，一半时间用于学习，一半时间用于工作，这意味着所有担任政治辅导员的学生都需要延长一年的学业。尽管董曾南的父亲是人民大学的教授，但因为家庭经济状况较为拮据，他希望儿子早点毕业以减轻家庭经济负担。董曾南回忆说，当时蒋南翔校长与他进行了一次长时间的谈话，详细解释了学校为何选择一批品学兼优的学生作为政治辅导员，并征求了他的意见。

董曾南回忆说："新中国成立后的大学生活可以说是我人生最美好的一段时间，虽不富有，但生活安定，有理想、有热情，憧憬着祖国更好的明天。"他意识到，这种幸福离不开中国共产党英明正确的领导，他受到这股光辉的照耀，自然也想把温暖传递给他的学弟学妹们。于是，董曾南毫不犹豫地服从了组织的安排，义不容辞地接受了清华大学第一届政治辅导员的任命。时至今日，董曾南回忆起这件事情时，仍对蒋南翔校长深入细致、亲近群众的态度感到由衷敬佩并难以忘怀。

水润万物：我们是"辅导员"而不是"指导员"

在谈到辅导员工作时，董曾南用朴实而深刻的言辞表达了他对这份工作的理解："我们是'辅导员'而不是'指导员'。同学们刚刚进入大学，大多数还只是孩子，即使有一些任性也应当包容，应当在平时的生活中默默给予引导，而不是只在课堂上讲大道理。就像我们的专业一样，水润万物而无声。"

在董曾南的辅导下，学生们感受到了深切的关怀和理解。他常常在关键时刻给予学生心灵上的支持，帮助学生树立正确的学习目标和积极的生活态度，引导学生适应大学环境、掌握科学的学习方法。董曾南担任辅导员期间，一直告诫自己："我们和同学们是平辈，是在学习上、思想上和生活中做同学们的朋友，要避免以老师的身份自居，这样反而会拉开和同学间心与心的距离。"那个时代，国家百废待兴，需要大批专业人员投身到国家的建设中去。为了鼓励更多同学到祖国最需要的地方去，董曾南用读书会的方式，动情动心地给予同学们引导。当时有一部小说名为《远离莫斯科的地方》，讲述了一批苏联男女青年在西伯利亚恶劣环境中建设输油管线的故事。董曾南将小说中的精神引入读书会中，组织同学们进行朗诵、漫谈与讨论。那段时间里，不只是在教室中，在宿舍里、操场上，都能看到水利系同学们讨论书中情节的身影。不少学生都以小说主角阿列克赛为榜样，希望能前往建设一线为国家建功立业。董曾南就是用这样的方法，用许多个这样的故事，激发学生的斗志和爱国情怀，对学生进行润物细无声的教育和思想引领。在董曾南的努力下，他成为了所有所带学生的朋友，在学生心中点燃了爱国的火焰，为国家建设培养了一批优秀人才。董曾南坚信，即使在几十年后的今天，国家的繁荣富强依然需要这份爱国情怀和使命感的支撑。

上善若水：专业认知与思想政治"两促进"

董曾南认为"双肩挑"政治辅导员制度设立的最大合理性，在于"红"与"专"之间、思想政治和专业认知之间本就是一体的。清华大学是共产党领导下的清华大学，水利人身上流淌的是红色基因。做好专业认知的培养，就是为共和国贡献人才。

董曾南任辅导员时，同学们的专业认同感不高，认为水利专业"既无高深的数学知识，也不艺术"。为了让同学们对水利专业有更加深刻的认识，董曾南组织同学们到薄山水库开展生产实习。通过报告、参观、座谈和实地走访等活动，学生们对水利专业有了更深刻的理解，摒弃了对水利专业的偏见，理解了水利工程在国计民生中的重大意义，也感受到了清华水利人肩上应该承担起的沉甸甸的责任。董曾南回忆，班上曾有转系想法的潘曾鸿同学在实习后表示："一个坝做好了，下游两岸的人民就可以安心生活。这真是最好的工作，是对人民有最大利益的工作。"宋延福同学则表示："薄山水库没修建时就是一个穷山沟，人民过着贫苦的生活。但是修好之后呢，村子变得繁盛起来，家家都点上了电灯，田地得到了灌溉，一个穷山沟可以变成美丽富饶的地方，一想到这，心中就很兴奋，就决心这样干一辈子！"董曾南将这些同学们的感想牢记了一生，他由衷地为此感到自豪，因为他的工作不仅为水利专业输送培养了人才，更是为国家输送培养了人才。因为实习活动取得了极好的效果，董曾南便将这次成功的经验记录下来，以清华水利系辅导员的身份将报告发表于 1953 年 9 月 15 日的《人民日报》上。

波澜壮阔：带有辅导员印记的一生

一肩思想政治，一肩水利情怀，这不仅是董曾南两年辅导员工作中对同学们的要求，更是他带有清华大学水利系辅导员印记的波澜壮阔的一生的写照。

回想起两年的辅导员工作生涯，董曾南感叹道："'双肩挑'政治辅导员制度不仅加强了学生的政治思想工作，而且对辅导员本身也是一种很重要的培养。两年的辅导员经历，让我懂得了人生的意义，也为我迎接以后的人生打下了坚实的基础。"

1983 年，董曾南受院系指派前往美国著名的爱荷华大学实验室做一年的访问学者，师从章梓雄院士。不管是学术、教学还是生活，董曾南都感受到了国内外的巨大差距。董曾南说："那句'所谓大学者，非谓有大楼之谓也，有大师之谓也'真是对啊，爱荷华大学水力学研究所的主楼比我们旧水力馆都小，设备也差不多，但二者的成果和影响力却相差悬殊，主要差别还是教师的水平。"董曾南心想，学生时代时他是勇于承担责任的第一批辅导员，现在成为了正式的老师，为什么他不可以成为撑起水利系的"大师"呢？带着这种信念，他在专业领域刻苦钻研。

1984 年在董曾南回国后，学校任命他担任水利系系主任，对他委以重任。董曾南连续担任了三届水利系系主任，为水利系和水利学科的发展壮大做出了突出的贡献。1995 年开始他担任了国际水利与环境工程协会副主席，积极提高我国的水力学研究在国际学术界的影响和地位。董曾南说："刚接触这方面的工作时，我遇到了很多困难。例如，在语言方面，要和不同国家的学者用英语讨论问题，一时难以适应不同的口音；在专业方面，不仅要研究水力学，还要讨论相关的交叉学科；在人事方面，还要协调处理好不同国家、不同肤色、不同年龄段的学者之间的关系等。"而辅导员工作经历之所以宝贵，就是因为从 40 年前起，董曾南在他自己的校园时光里就已经得到多线程处理工作的锻炼了。

　　董曾南十分赞同蒋南翔校长所说的"年轻的时候做些思想教育工作对人的思想是很有帮助的"。董曾南坦言，若不是年轻时受到的各种锻炼，自己很难处理好这些繁杂的工作。辅导员工作经历带给他的各方面能力的提高、过硬的思想政治素质和坚定的信念，令他一生受益匪浅。"我希望大家对待辅导员工作要不同于其他任何岗位，更不同于步入社会后的一份'工作'。每个人做过辅导员之后都有不同的收获，但是大家又都有着同样行胜于言的清华印记。"董曾南如是说。

淡泊明志，奉献无悔

——访中南工学院原院长、首批"双肩挑"政治辅导员汪兴华

文/水利系　余昕鹏　张瑞希

汪兴华，男，1950 年进入清华大学土木系学习，1953 年起担任清华大学首批"双肩挑"政治辅导员。1955 年毕业于清华大学水利系，1985—1993 年先后任中南工学院副院长、院长。1987 年任教授，1992 年获国务院政府特殊津贴，2000 年退休。

当我们见到汪兴华时，根本看不出这是一位年逾九旬的老人。汪兴华见到我们十分高兴："我听说你们是要采访首批辅导员，这方面我确实是十分有发言权。"接下来汪兴华打开了他的话匣子，回忆起他的青春岁月。

"担任辅导员很苦很累，但我没有任何怨言"

提到"双肩挑"政治辅导员制度成立的背景，汪兴华说："清华大学建立双肩挑政治辅导员制度，实际上是很必然的趋势。"

1950 年，汪兴华从上海考上清华大学，那时清华大学每年录取大约 1000 人，其中上海的学生往往会一起出发，集中坐 60 小时的火车到北京去。到北京的队伍是学生自发组织的，汪兴华正是其中的一个小队长，由于车上卧铺不够，汪兴华主动让其他同学躺在床上，自己睡在地上。到了学校以后，班里有一个高年级党支部派下来的党员与大家一起生活，负责关心一年级同学们的思想和生活，充当学生没有名义的"辅导员"。当时学生的大部分党团工作都是由这些"辅导员"来带领的。在这样学生自发组织和管理的背景下，"双肩挑"政治辅导员制度应运而生，汪兴华和其他 24 名思想进步、乐于奉

献的高年级学生成为了第一批"双肩挑"政治辅导员。

1953 年，国家需要人才，三年级的汪兴华所在的班级集体毕业，毕业生被分成了三部分，一部分同学毕业分配，一部分同学留校当老师，另一部分同学读研究生；而汪兴华与几位同学则留在学校担任辅导员。汪兴华回忆："蒋南翔校长有个思想，认为辅导员不能脱离学生。"所以辅导员们要下沉到低年级班级，一面学习一面工作，需要延期毕业。汪兴华当了两年辅导员，最终在 1955 年毕业。

辅导员的工作具有很大的挑战性。首要的挑战，来自繁忙的工作。在汪兴华两年的辅导员工作中，他担任了水利系的第一届团支部书记、党支部书记、团委宣传部长和组织部长。繁忙的工作不可避免地影响了学业。此外，从薪资待遇来看，辅导员的待遇也不算优渥，相比教师每个月 48 元的工资，辅导员每月工资仅有 18 元。彼时，汪兴华家庭条件并不算好，为了不给家里增添负担，汪兴华每月就想方设法靠这 18 块钱的工资独立生活。1954 年，苏联的水力学专家来南方调研，很多老师和同学也积极参加，但为节省开支，也为把卧铺名额留给其他人，汪兴华和当时另一位辅导员董曾南两人主动买了坐票，一路从北京坐到南京，将近 50 个小时车程。

做辅导员工作，尽管面临延迟毕业和经济压力，常常也需要主动承担更艰苦的条件，汪兴华也没有怨言："大家都高高兴兴的，非常充实，真的很活跃，真的很开心。"

"我与同学们互相帮助，那段日子我现在仍十分怀念"

担任辅导员期间，汪兴华受到同学们十分的信任和尊重，同学们有任何个人苦恼、学习困难，都会想要找他谈心。汪兴华曾介绍了清华大学原党委书记方惠坚入团。汪兴华回忆："方惠坚是我们班当时发展的第一个团员。开始的时候一个班 60 个学生，只有 16 个团员。每一个团员的发展都要费好大劲，经常谈心谈到深夜。"汪兴华在同学们身上花的时间和心思，都被同学们记在心里。2016 年，84 岁的汪兴华回到清华园，看到了许多清华的老同学，包括方惠坚。方惠坚听说汪兴华来学校十分开心，回忆往昔，方惠坚也表示汪兴华对于当时的自己帮助巨大。

汪兴华对同学们进行思想教育，同学们也给他很多支持与帮助，谈到同学们对自己的帮助，汪兴华提到："我这个人体育很差，我进清华的时候营养太差了，只有 78 斤，那时候马约翰老师看到了我的体测成绩，啪啪打了我屁股两下。"到了 1954 年，汪兴华到低年级班级担任辅导员，作为学生的汪兴华，在劳动、卫生、体育等方面也必须达到相应标准才能毕业。短跑是汪兴华的短板，当年跑 100 米他常常达不到标准，拖了整个班级后腿。但有一个画面仍在汪兴华的脑海中留下深刻印象：最终短跑测验时，汪兴华所带班的全班同学来到操场上，给汪兴华加油呐喊。在这种力量的激励下，汪兴华最终顺利通过了测试。时至今日，汪兴华还是非常怀念清华的生活，虽然学习很紧张，但充满着蓬勃的生机。

辅导员经历还让汪兴华获得了珍藏一生的友谊。汪兴华现在还保存着一张 1964 年在二校门前拍的照片，照片里正是汪兴华那批水利系的 6 个政治辅导员，汪兴华至今还与其中 3 人通过微信群保持着联系。谈起这些辅导员伙伴，汪兴华自豪地向我们说："我算是身体比较好的了！"逢年过节，汪兴华总能收到群里老友的问候，每隔一段时间他们也会通通电话，聊聊近况。

"担任辅导员的经历影响了我的一生"

辅导员的工作经历提升了汪兴华的综合能力，这种能力也体现在汪兴华后续的工作经历中。1962 年，汪兴华在水利系负责教学工作，这时湖南大学得到教育部许可，希望从清华引进一些高水平老师，其中就需要一位水力学的授课教师。汪兴华说："湖南大学的要求是能独立授课，且没有家眷，恰好我符合条件。"汪兴华服从组织安排，来到了湖南大学工作，一段时间之后又到了中南工学院（南华大学前身）工作，担任主管教学的副院长。之后学院改组，汪兴华被同事们推荐成为院长。汪兴华表示，这正是因为老师、同学们认可他的工作，而这和当年辅导员的工作经历是有关系的。

在思想成长方面，汪兴华提到辅导员期间受到的培养对他的思想塑造也十分重要。汪兴华在当辅导员之前，读马克思主义理论经典著作的时候，是在清华门口排队领书，自己在书上勾画和琢磨。担任辅导员后，蒋南翔校长专门给青年教师和辅导员们上辅导课。汪兴华说："我当时还是课代表，蒋南翔校长讲的哲学津津有味，培养了我辩证的思考能力和应对挫折的能力。"在蒋南翔校长的教育和影响下，一直以来汪兴华都保持着平静的生活态度，"不以物喜，不以己悲"，不因别人外界评价的变化而变化，保持着低调的为人处世习惯。

汪兴华很感谢自己曾经选择成为一名辅导员，他对于"双肩挑"政治辅导员制度有很高的评价："从当时来说，辅导员制度解决了学生的思想教育问题，党支部、团支部、艺术代表团、体育代表团，都是政治辅导员在牵头；从长远来看，辅导员制度培养了一批政治上坚强的骨干，后来几十年清华大学的领导干部，很多都是政治辅导员出身。"汪兴华自豪地说："其他高校都没有这个特色，只有清华有。"

尾声

91岁的汪兴华回忆起过去，依然兴致勃勃，仿佛往事就在眼前。汪兴华说，在自己的一生中，在清华的这12年能回忆的最多，讲起来也最有滋味。不管是自身能力、思想境界还是人际关系，辅导员经历都给他打下了深刻的烙印。"我为人勤勤恳恳，作为党员从来没有亏心的地方，不忘初心到现在，这与清华的培养和辅导员的经历是分不开的。"汪兴华表示，清华是一个大熔炉，是真正锻造人、教育人、培养人的地方。临别之际，汪兴华用一段二胡演奏，来作为对我们年轻一辈的寄语。在《二泉映月》的琴声里，我们听见了汪兴华承担责任时的义无反顾，历尽千帆的无怨无悔。汪兴华闭着眼，陶醉在乐曲中，好像回味着他的来路：从一名学生到政治辅导员，从一位教育者到管理者，重任在肩时有火一般的热情；事了拂衣去，退休20多年来，每日拉二胡、练书法，心境如水一般淡泊。

笃学探索，立德树人，坚守一生

——访清华大学马克思主义学院教授林泰

访谈/建筑学院　司桂恒　张晓霞　文/建筑学院　郝心怡

林泰，男，1950年进入清华大学建筑系学习，1954年起担任辅导员。自20世纪50年代以来，一直从事高校思想政治教育工作。曾任校党委宣传部常务副部长、人文社会科学学院常务副院长、当代中国研究中心主任等职。参加清华大学人文社会学科复建工作。

参与重大活动，感悟光荣使命

林泰是清华大学里的第二批政治辅导员，于1954年正式上岗。成为辅导员对林泰来说是一件充满机缘巧合的事情，当时的本科学制是4年，学校规定必须完成3年以上的学习才能担任辅导员，所以1953年选拔第一批辅导员时并没能轮到他上岗，半年之后他才接到上岗通知。刚上岗时，林泰所担任的工作是清华大学学生会主席，第二年接任建筑系团总支书记，第三年开始担任学校的团委副书记兼宣传部长，这些工作为后面的思想政治教育工作打下了坚实的基础。林泰谈到，在政治辅导员制度设立之前，奖助学金等学生工作都需要同学们利用业余时间来完成，对学业造成较重负担；后来就设立了政治辅导员制度，工作内容包括学生思想工作和学生管理工作两个重点部分。

在担任辅导员工作期间，林泰参与了两次重大的国家活动，其人生经历也与国家发展的进程紧密地连接在一起。1954年，全国人民代表大会第一次会议召开，人民代表大会制度确立。这也是林泰成为政治辅导员的第一年，担任学生会主席的他被选为北京市人大代表，参加人大会议并行使了投票权，投票结束后，毛泽东、刘少奇、朱德、周恩来等国家领导人接见人大代表。那是林泰第一次近距离见到国家领导人，在访谈中他还对当年的细节记忆犹新："那天大会开完后，突然把我们集中起来排好队，一开始还不知道干什么，结果毛主席他们就走了进来，他们刚从北戴河回来，晒得黝黑，身体很健康，那是我第一次近距离见到他们，也就是几步远。"1957 年，苏联最高苏维埃主席团主席伏罗希洛夫率团访华，受到高规格的热情接待。5 月4 日，伏罗希洛夫前往中山公园参加青年联欢晚会，毛泽东、朱德、刘少奇、周恩来等国家领导人也都出席了这次接待活动，林泰作为学生代表，与青年们一起夹道迎接、观看联欢。在年轻的学生时代，担任辅导员的林泰就已两次见到国家领导人，参与到民主政治和大国外交的过程中，这对他来说是非常光荣的经历，也鼓舞着他跟随组织的脚步，坚定地走在思想政治工作的道路上。

排除艰难险阻，制度保驾护航

谈起辅导员制度的建立，林泰深有感触。在进入大学以前，林泰的工科课程在中学总是考全校年级第一，他在同学中威信很高、也特别受重视，并于 1950 年 4 月加入中国共产党。但在林泰进入大学后，由于最初几年的学生工作都是党员主动承担，实际工作时间远远超过规定的每周 6 小时，因此影响了他专业课的学习，他第一次出现了数学不及格的情况。这对林泰是一次很大的打击，但他依然坚守在党员的岗位上，积极参加各类工作，从未放弃应当承担的责任使命。

很快，时任清华大学校长蒋南翔也关注到了党员工作负担较重的情况，当时从事学生思想政治教育工作的干部数量严重不足，因此蒋南翔校长提议设立政治辅导员制度。当时有两个可选方案：一是主张从部队里调人来做辅导员，蒋南翔校长没有同意；二是提倡从高校中选择一些政治素质过硬、业务优秀的高年级学生担任辅导员。林泰认为第二种方案是很正确的制度，如果辅导员不生根、扎根在学生中间，本来能简单化的事务就会更多，高校思想政治教育工作也更难推进。政治辅导员制度规定辅导员每周 20 多小时的工作时间，延长一年时间毕业。这样的规定给辅导员提供了充足的工作时间，也让林泰等最早批次的辅导员们能够在社会工作和学业功课之间达到较好的平衡。

探索思政教育，践行立德树人

1959 年，林泰开始从事思想政治理论课教学工作，直到 1999 年退休后，他也一直深耕在高校思想政治理论课和思想政治工作的领域。然而，他开启思政课教学工作的过程也并非一帆风顺。1959 年，清华大学要恢复思想政治理论课教学，从承担社会工作的高年级学生中抽调了二十几人担任思政课教师。当时的思想政治理论课包含三门具体课程：一门是中共党史，后改成中国近现代史；一门是联共党史，讲苏联共产党历史；还有一门是政治经济学，讲剩余价值等规律理论。然而被抽调去教思政课的学生本身都是学其他专业的，如何完成思政课教学体系的建立？如何保证授课效果？这一系列困难都在学生思政系统中被逐个击破。

蒋南翔校长首先带头开设马克思主义哲学课，他先给教师们讲授，后来给学生们讲授（据林泰回忆是从建筑系讲起）。后来教师人手不够，又组建了新的思政课讲学部队，将 20 多人分为三部分，一部分在党史，一部分在政治经济学，还有一部分在马克思主义哲学。负责党史和政治经济学部分的教师都被送去人民大学，脱产学习经验，学习相关理论知识；负责马克思主义哲学部分的教师就跟随蒋南翔校长进行学习。林泰是蒋南翔校长上第一批马克思主义哲学课的助教，负责组织学生参与课程学习和讨论辅导等工作。在助教工作中，林泰不断积累经验，逐渐开始参与授课。一开始他每讲几节课，就回到助教的辅导工作中沉淀学习，渐渐形成了自身的授课思路，将传道、授业和解惑相结合，精心设置思想研讨环节，引导学生深入学习马克思主义理论，正式讲课时学校也已经成立了职业的教研组。1999 年林泰退休，但他办完退休手续后还在讲台深耕不辍，直到 80 岁，林泰还在给业余党校讲党课，而且课程满意率达到了 96%。回忆起这几十年的教学历程，林泰笑着说："你说有没有点笑话？当时胆子比较大，年轻，什么都敢干，就这么过来了。"

保持理性思考，坚定正确选择

林泰始终保持着对党员责任和时代发展的思考。在访谈中他提及保尔·柯察金的名言，"一个人的生命应当这样度过：当他回首往事时，不因虚度年华而悔恨，也不因碌碌无为而羞耻。这样，在临死的时候他能够说：'我的整个生命和全部精力，都已经献给世界上最壮丽的事业——为人类的解放而斗争'"。他嘱托我们，辅导员的责任之一就是要把年轻人的入党动机提高到为了党的事业而奋斗，而非出于利己主义的目的。林泰认为，真正的共产党员要不断锻炼自身的党性修养，判断哪些事情是对人民利益有好处的，一旦发生社会上的争论或者动荡，一旦遇到人生中的曲折波澜，党员都要坚守正确的原则，依据政治觉悟做出坚定的选择。

2013 年，林泰所著《问道——改革开放以来的社会思潮与青年思想政治教育研究》一书出版。这本书凝聚了他 30 多年教学、思考、研究的心血，对社会思潮形成、发展、演化的规律，对改革开放进程中对青年影响较大的社会思潮，以及如何科学有效地进行青年教育做了全面深入的论述。在林泰年少时，他面临的历史境况是中国会不会亡国、会不会永远是"东亚病夫"，而在中国特色社会主义进入新时代的当下，现在的青年将要面对的是 2050 年全面建成富强、民主、文明、和谐、美丽的社会主义现代化强国的总目标，将要用亲身实践去实现中华民族的伟大复兴。

林泰认为，中国梦的实现，关键在党，希望在青年。在访谈的最后，作为一名老党员和思政课教师，林泰嘱托年轻的辅导员们："我们都要在这种曲折前进的历史中把握正确的选择。"

双肩共挑使命，引领时代前行

——访清华大学车辆与运载学院教授郭少平

文 / 车辆学院　吴文新　王春霖　李睿泽等

郭少平，男，1952 年进入清华大学动力机械系学习，1956 年起担任辅导员。1958 年毕业后留校任教。曾任内燃机教研组主任，汽车工程系副系主任（分管科研与外事工作），清华大学汽车研究所常务副所长、所长，汽车安全与节能重点实验室主任，主要参与建设清华大学汽车研究所、筹建汽车安全与节能国家重点实验室。

"双肩挑"，一起走

1953 年，蒋南翔校长提出并建立了清华大学"双肩挑"政治辅导员制度。当时的郭少平在班里担任班长并于 1954 年年底加入了中国共产党，1956 年经组织谈话选拔，郭少平以高年级本科生身份担任了辅导员。

从制度建立之初，"辅导员"一词就与引领与使命密不可分。据郭少平回忆，当时学校开展思想政治工作需要很多干部力量，但是教师资源很紧张，所以蒋南翔校长就创造性地选拔一些政治素质过硬、业务能力优秀的高年级学生担任辅导员，解决了干部人数不足的问题。学生辅导员一肩挑思想政治工作，一肩挑业务学习，这就是"双肩挑"的由来。与此同时，辅导员既要关心同学的学习和生活，又要负责组织各种活动，促进同学的全面发展。当时的思想政治教育活动形式较少，以马克思主义相关的理论课为主，"我们还要组织开展团支部活动、培养团干部，当然，活动肯定是不如现在的学生活动丰富。"郭少平笑谈道。虽然作为本科生，郭少平在开展思想政治工作方面缺乏经验，但他在实干中积累经验、提高能力，与学生们一起成长。

多年的辅导员工作和留校任教经验让郭少平对辅导员群体有了更深刻的理解。他认为辅导员不一定是学习上最拔尖的学生，但应该是社会工作能力出众的学生。当时，虽然担任辅导员意味着延迟毕业，但能够在实际工作中提升个人的社会工作能力，仍然是非常值得的。许多辅导员毕业后成为了业务骨干、管理骨干，在各行各业中发挥着中流砥柱的作用，这与在校期间的辅导员历练是分不开的。

"又红又专"，厚植家国情怀

郭少平讲述了他辅导员经历中印象最深刻的几件事。一次，时任团中央书记的胡耀邦与辅导员座谈交流，当时北京市所有辅导员都参加了这次座谈会，胡耀邦跟辅导员兴致勃勃地讲了 7 个钟点。郭少平认为，聆听胡耀邦讲话对于开展辅导员工作具有重要的指导意义，辅导员们通过这次座谈，更加明确了自己的工作方向和目标，也提高了个人看待和理解时代与社会的思想深度。还有一次是当时苏联领导人伏罗希洛夫来访中国，辅导员需要组织同学们前往西郊机场欢迎，晚上还组织同学参加在中山公园举行的有毛主席、周总理等领导人出席的游园晚会。郭少平说，像这种重大活动肯定是需要辅导员牵头组织的，辅导员必须敢挑重担，在关键时刻能够靠得住、顶得上。

1962 年，留校任教的郭少平在院系党委负责学生工作，他担任系学生组长，负责挑选和培养新的辅导员，指导学生党团活动。1965 年，中央指示高校组织高年级学生参加农村"四清运动"，这是一项清除农村基层组织中的腐败分子和纠正各种不正之风的重要工作。当时，延庆地区条件十分艰苦，郭少平担任延庆大不老公社四清工作分团办公室主任。他与学生们一起深入农村、参加劳动，完成了登记、核查等多项工作任务，支援当地发展。郭少平还带领学生开展了与贫下中农的访谈工作，通过与当地农民的深入交流，学生们充分了解了农村的实际情况，体会到了农民疾苦。这样特别的实践经历不仅加深了同学们对社会问题的关注，也逐渐培养起学生们主动承担社会责任的家国情怀。

做专业的推动者

郭少平入学之时正值中国汽车工业发展初期，抗美援朝结束后，国家大力发展工业，在苏联援助下建设 156 项国家重大项目，汽车工业也被列为国家重点发展的关键项目之一。为了推动我国汽车工业的发展，国家引进了苏联的技术和装备，1954 年在长春建立了第一汽车制造厂，生产我国自产的解放牌卡车，通过实习和交流的方式，培养了一批技术能力出色的专业人才。1956 年寒假，郭少平所在班级的 54 位同学成为我国第一批前往长春第一汽制造厂开展汽车制造工学实习的学生。

在实习期间，同学们认真学习掌握工艺卡上的工艺流程技术细节。汽车厂生产车间制造工段的生产骨干都是从上海工厂里抽调的经验丰富的老工人（"调整工"），而工段里的普通工人则是一批当地的年仅十七八岁的小青年（"工序工"），他们掌握基础的工序技能，在整个生产线中主要负责操作机床和搬运工件安装等工作。在郭少平的带领下，同学们不仅向年轻工人们传授文化知识，还组织了外出游玩、文娱联欢等丰富多彩的活动，同学和工人关系相处得非常融洽。后来，饶斌厂长（后任机械工业部部长）和孟少农总工程师（曾任清华大学机械工程系教授、中国科学院学部委员）还接见了这批同学并合影留念。

蒋南翔校长提出，清华要培养出有能力、有责任的工程师，一定要将教育和生产劳动相结合，因此强调要"真刀真枪"做毕业设计，要培养基础知识扎实、工程能力出众的工程师，这样才能真正推动国家的建设事业。1958 年郭少平参加毕业设计时，毕业班同学们在教师和实验室老师傅的带领下，提出为了替代人力三轮车，消灭"人拉人"，自行设计试制一种适合国情、成本较低的微型汽车。同学们本着自强不息、敢于创新的精神，在简陋的实验室条件下，用自行车架钢管焊接成车架，用摩托车厂生产的单缸发动机等零部件，制成了一台前轮驱动、后轮转向的四轮微型汽车，这是国内设计无级变速汽车的首次尝试。这台微型汽车在 1958 年清华大学毕业设计成果展览会上有幸受到周恩来总理的高度赞扬，周总理还陪同朝鲜首相金日成亲自驾驶微型汽车在汽车实验室院子里开了一圈。说到这里，郭少平脸上洋溢出自豪的笑容。1958—1964 年，先后有多届毕业班学生接力参与了微型汽车的设计和试制，经过 7 次改进后，第五轮车型被交给北京出租汽车公司使用。

当初的辅导员经历让郭少平更快地适应了毕业后的社会工作，也积淀了更深厚的社会责任与家国情怀。中国汽车工业的跨越式发展离不开一代代清华汽车人的卓越贡献，以郭少平为代表的汽车专业辅导员们既是中国汽车工业崛起腾飞的见证者，更是人才培养和行业发展的推动者。他们的故事激励着青年一代握牢传承与超越的接力棒，继续以前辈们为榜样勇毅前行。

须信百年芳华在，天地阔，且徜徉

——访清华大学航天航空学院教授王学芳

文/航院 包 晗 党张弛 姜 辰

王学芳，女，1953年进入清华大学机械系学习，1955—1958年担任辅导员。1958年毕业留校，在工程力学系流体力学研究所任教，曾任清华大学工程力学数学系团总支书记，系党委学生工作组组长。王学芳带领的清华大学流体瞬变科研组是国内最早从事工业管道中水锤分析研究的单位，在20年的时间里完成了国家"六五""七五""八五""九五""863"等许多攻关任务以及大量工程领域中的水锤分析任务。

"我是1953年全国第一次统一高考进入清华的，机械系铸82班，1958年毕业，学制五年。大学一年级，1954年3月21日加入中国共产党。1956年，大学三年级抽调为学生半脱产政治辅导员。因为没落下功课，跟班毕业，1958年7月28日到工程力学系报到，到流体力学专业当教师。"

这是在采访前收到的王学芳亲自撰写的个人介绍。采访中笔者观察到，王学芳虽已有88岁高龄，满头银发却仍然精神矍铄。老人独自居住，屋内的物品收拾得井井有条。4个小时的时间里，王学芳生动地讲述了自己的经历，可谓精神饱满。可能老人的故事总是有这样的神奇魅力，让采访者变成故事中人，短暂地忘记当下的时间，追随着王学芳的讲述去感受那段峥嵘岁月。

"山那边有好地方"

1935年，王学芳出生在武汉。1937年抗日战争全面爆发，武汉很快失守，时年仅两岁的王学芳随父母举家迁往成都，在那里度过了自己的幼年时期。

1943年母亲不幸去世后，王学芳又和家人一起迁往重庆，进入重庆南开中学就读。彼时的重庆南开中学是由我国近代著名爱国教育家、南开大学创始人张伯苓亲自创办的，为战火中的中国青少年保留了接受完整基础教育的机会。然而，即便在学校的保护下，学生们还是能够从日常生活中敏锐察觉到国家凋敝的事实。在王学芳的回忆中，那时经常能看到沿街讨饭的兵勇，从无家可归的人群中也可瞥见城市秩序的混乱与萧条。即使是年纪尚小，中学生们也能清楚地看到国家和民族受到的伤害。成长于战火中的他们那时还没有了解到先进的思想，却也有一腔单纯的热血，觉得"这个国家需要变一变"。

随着解放战争中国民党军队的节节败退，中国共产党的先进理念也通过红色歌曲传到了还处在国民党统治下的重庆。1949年年底重庆解放时，王学芳还在读初三，但在那时浓厚的反美反蒋、拥护中国共产党领导的氛围下，还未成年的她也深切关心国家前途，从歌谣中看到了国家发展的希望——"山那边有好地方"。歌谣中描绘的"一片稻田黄又黄"的场景与当下的萧条形成了鲜明的对比，这让王学芳对中国共产党的领导无比向往。新中国成立后，学生们也逐渐了解了解放战争的艰难历程，坚信"没有共产党就没有新中国"，还纷纷把保尔·柯察金当作自己的榜样。那时，王学芳订阅了《中国青年》杂志，每个月都会仔细阅读其中的内容，了解党的政策，并把自己的收获写下来，然后拿到广播室给全校同学分享。

王学芳回忆说，抗美援朝时空军还曾在中学招募女飞行员，王学芳那时也报了名，最终因为左眼眼角的一小块息肉而遗憾未能入选，于是她便安心学习、准备高考。在她的讲述中，中学时的梦想是成为一名医生——她希望自己做一个纯粹给人帮助和救助的人，对所有人怀有善意。但1953年王学芳高中毕业时，国家百废待兴，党中央制订了国民经济和社会发展的第一个五年计划，集中力量进行工业化建设，国家迫切需要机械领域的人才。在国家需求面前，王学芳毅然将自己的第一志愿填报为清华大学机械系，准备将自己的一生投入到祖国的建设洪流中。

凭借优异的高考成绩，王学芳顺利进入清华大学机械系，并服从分配学习铸造专业。在前两年的时间里，王学芳一直担任团支部书记，并在大一下学期加入了中国共产党。正是在成长中价值观塑造的关键阶段，她亲眼见证了中国共产党为国家带来的改变，也自然萌生了向党组织靠拢的坚定意愿。

在中国共产党成立 100 周年之际，王学芳以 66 年的党龄收到了"光荣在党五十年"的纪念章。观看完庆祝中国共产党成立 100 周年大会的转播后，王学芳胸前戴着纪念章和党徽、挥舞国旗在大礼堂门前留下了一张照片。在采访中，王学芳笑着对我们说："是不是我这有很多故事啊！"正是这些清晰而真切的故事，让我们能够沉浸地感受中国共产党的百年历史积淀，感受每一位党员在所处的时代和自己的岗位上所经历和贡献的精彩篇章。

辅导员，首先要有爱心

1955 年夏天，王学芳刚上大三，就被学校选中，成为了清华历史上的第三批"双肩挑"学生政治辅导员之一，主要参加学校团委的组织工作。在新中国刚成立不久的那段时期，国民党统治对民众思想的影响仍然没有完全消除，一些别有用心的人暗中利用宗教活动等机会散布仇恨共产党等反动言论，校园里部分同学的思想也会受影响。王学芳回忆，那时班里有一位同学信仰基督教，每周做礼拜回学校后总要"说怪话"。于是全班同学开会帮助这位同学分析遇到的问题，询问他生活上哪里有困难，然后一起帮他提高对新社会、新思想的认识。后来这位同学毕业后，在技术推广等工作中也为国家做出了重要的贡献，他内心也明白同学们是真心实意在帮助他，至今也和王学芳保持联系。

其实在高中时期，王学芳就已经逐渐显现出了一名优秀辅导员的潜质。1952 年，王学芳作为为数不多的学生代表之一，参加了重庆市委组织的活动，帮助那些曾经加入过国民党的老师们"放下包袱、轻装前进"。作为学生，要去做老师的思想工作，既要给予老师足够的尊重，不能对老师过去的经历妄加指责，又要坚决落实政策，帮助老师卸下思想包袱，让其向党组织真实说明自己过去的经历，轻装前进。这样的锻炼让王学芳很早就懂得了开展思想工作的方法要点，也让王学芳在进入清华后能够脱颖而出，成为一名优秀的辅导员。

谈到辅导员应该具有的特质时，王学芳简单列举了乐观、开朗、学习好、业务能力强、作风亲民等，最重要的是要有爱心。她说："辅导员如果不爱学生，那还做什么辅导员呢？哪怕有很多辅导员没有办法解决的事情，辅导员也应当发动大家的力量帮同学一起解决。"那时工程力学系 8 字班里有位同学思想落后、偏激，王学芳也没有把他当成敌人，只认为他不懂事，应该耐心地对他进行教导。王学芳始终相信"人是可以变的"，很多遇到困难的同学都只是因为对社会的了解还不充分，很多经验都没有，辅导员要关爱他们，工作要更加细致，帮助他们建立正确的价值观。对于遇到问题的同学，辅导员千万不能把他们推到一边去，而应该"爱护他，把他抱起来，拍拍他，告诉他现在错了，错在哪里"，以帮助他们更好成长。这样的工作态度和做法，在70 年的辅导员队伍中薪火相传、熠熠生辉，也定能让"新生代"辅导员产生超越时空的共鸣。

70 年，清华前辈们的故事

一个人所经历的事，从来都不只是一个人的故事。蒋南翔、王大中、顾秉林、陈吉宁这些名字也都不止一次地出现在王学芳的讲述里。当这些名字出现在生活化的场景中时，也让我们更加深入地认识、更加敬重这些前辈：蒋南翔校长在任期间每天下午 4 点半会去西操跑步，老师和同学也可以在那时和他交流；王大中校长高度关注 20 世纪 90 年代流体力学研究所与日本 SMC 株式会社的合作项目，在看到当时先进实验室建设成果后高度称赞王老师在其中的贡献，还说"要是有 8 个王学芳就好了"；顾秉林校长在工字厅为项目协议书文件例行签字时，曾亲切地邀请王学芳一起照相；陈吉宁校长曾在荷园餐厅遇到王学芳和爱人吴肇基后帮他们收拾餐具……从梅贻琦校长"所谓大学者，非谓有大楼之谓也，有大师之谓也"的论述起，尊师重教的优秀作风就在清华人中代代相传。也正是以王学芳为代表的前辈们曾经付出的辛勤努力，铸就了清华今天不可比拟的厚重底蕴。

王学芳的爱人吴肇基同样毕业于清华大学机械系，并且是 1953 年选拔的全校第一批"双肩挑"政治辅导员之一。吴肇基原本计划毕业后服从中央安排，他为领队，与 15 位优秀的清华毕业生一起前往西部参与原子弹设计工作，后因为苏联撕毁合作协议，撤走苏联专家，产生了人事调动而未能成行，进而被调去浙江大学工作。凭借"又红又专"的品质，吴肇基入职后即担任校党总支委员，为学校的专业建设、思想教育等工作做出了很多贡献。1959

年，吴肇基响应知识青年上山下乡号召，前往衢州机械厂参与生产劳动。在工厂中他与工人同吃同住，共同工作，很快和工人们建立了深刻的友谊，并凭借优秀的专业技能与思想理论水平当选了工厂的党支部书记。谈到吴肇基这段经历时，王学芳还唱了几句那时的歌曲："我们共产党人好比种子，人民好比土地，我们到了一个地方，就要同那里的人民结合起来，在人民中间生根开花……"

2019年吴肇基因病离世后，王学芳一直独自生活，每天自己做饭，自己做家务，还在访谈时热情地邀请我们以后再到家中品尝她的手艺。环顾干净整洁的房间，满满的都是二人共同生活的痕迹，不同时期的全家福、旅行的纪念品……似乎都在安静地向我们诉说着漫漫时光长河里的点点滴滴。王学芳还向我们展示了吴先生生前收藏的邮票、钱币、香皂、钥匙链、香烟卡片等，这些精致的物件都整整齐齐地收纳在盒子里和手工制作的展示板上，足见王学芳对吴肇基生前收藏的珍视。王学芳70岁时，吴肇基送给她一台钢琴，王学芳现在每周二、周四、周六都会去上钢琴课，希望自己以后再"见到"吴肇基时能够汇报自己的学习成果。言至此处，我们也为老人88岁高龄仍对生活充满热情、愿意接纳新鲜事物和年轻朋友的态度而感奋不已。在采访的最后，老人还为我们演奏了两段简单而优美的旋律，一首贝多芬的《欢乐颂》，一首《小星星》。在讲述爱人吴肇基时，王学芳一直都没有流露出过多哀伤的情感，而是满怀平和与幸福。"肇始立业唯勤奋，基定守成赖谨慎；学行修明为师表，芳泽四邻有真情。"这是他人赠予王学芳的藏头联，每联的开头合起来正是"肇基""学芳"这两个名字，而对联的内容又准确地概括了他们的性格与品行。我们也许无法了解他们年轻时生活的全貌，但能够肯定的是他们一定携手度过了充实而有意义的一生。

"须信百年芳华在，天地阔，且徜徉。"这句化用的诗词，不仅是我们与王学芳交谈后对她精神面貌的第一印象，也是对清华辅导员队伍乃至全校师生的真诚期许。70年波澜壮阔，清华独特的"双肩挑"政治辅导员制度也伴随着国家和时代的发展走过了一个又一个里程碑。在回望过去、对话历史的同时，新一代的辅导员们，正满怀期待和认同，掀开辅导员故事新的篇章。

"红""专"塑使命，教育秉初心

——访清华大学党委原副书记胡显章

文 / 新闻学院　陶天野

胡显章，男，1957 年进入清华大学机械制造系学习，1965 年起担任辅导员。1963 年清华大学毕业留校，曾任清华大学党委副书记、清华大学校务委员会副主任。曾兼任人文社会科学学院院长、新闻与传播学院常务副院长等，参与领导清华文科恢复建设工作。

辅导员是一项有出息的事业

1965 年，胡显章刚留校两年，是清华大学精密仪器系（简称精仪系）的一名青年教师。这年秋季学期开学前夕，精仪系党总支书记夏镇英交给了他一项"重要的任务"："你去大一当年级主任兼党支部副书记，团结班主任做好行政工作，同时，参加辅导员活动，协助党支书做好党团建设和思想工作。南翔同志说，大一新生工作十分重要，要派优秀青年教师去做学生工作，这对青年教师也是重要的培养和锻炼。所以，是个有出息的工作。"

带着党组织赋予的工作使命，胡显章开启了提携后辈健康成长的漫长岁月。为了更加深入地了解情况，他主动要求兼任一个班的班主任。于是他接手了精 00 班，在新生入学后抱着铺盖去了学生们所在的 7 号楼。他与同学们年纪本就相近，又同吃同住，一起锻炼和劳动，不时闲谈两句，很快就打成一片。"同学们根本不觉得我是'高高在上'的老师，而是把我当成他们的同伴，有什么心里话乐意跟我说。"胡显章自豪地说。

在这段"同甘共苦"的时光里，他和学生们结下了深厚的友谊，他与班里的许多人成为了能够交心的朋友，毕业后也保持着紧密的联系。精 00 班的同学们逐步成长为各行各业的杰出人才，其中包括曾任校党委组织部长、纪委书记的孙道祥，曾任校党委常委、党办主任的白永毅，曾任校工会常务副主席的杨晓延等，他们在日后成为了胡显章工作中亲密得力的战友。

辅导员的工作不仅使学生成长，辅导员自身的能力和品质也在"双肩挑"的过程中不断得到提升。胡显章对自己的工作成效基本满意："当时由于工作做得比较深入和自然，学校党委的精神得到了及时的贯彻，一些问题也能够及时反映并得以解决。"同时，正是在这些具体事务中，胡显章切身体会到"辅导员是有出息的工作"这句话的含义。他越来越明白正确的思想方法和工作方法是什么样子的。

"辅导员制度不仅是加强思想政治工作的重要途径，也是培养干部和高素质人才的重要方式。"胡显章认为，辅导员们以身作则和联系群众的本领、实事求是和抓主要矛盾的能力，都在解决现实问题的过程中不断得到打磨和优化。这一过程给学生和辅导员都带来了全方位的改变，因而铸就了一项"有出息""有意义"的事业。

"又红又专，全面发展"

胡显章认为，作为一名党的干部，辅导员的工作与自己整个人生的规划与发展有着本质的关联。如果要将这一关联性归纳为一句话，那一定是"又红又专，全面发展"。

胡显章还记得，当年自己第一次入校就看到了校门口巨大的迎新标语：热烈欢迎未来的红色工程师。刚巧，在他1957年入学后不久，清华大学开展了"红专"大辩论，蒋南翔校长以"怎样做一个劳动者，怎样做工人阶级知识分子"为题，作了动员报告，指出"我们学校要培养的是'又红又专'的人，这是国家选择干部的最主要标准"，校党委引导学生对"红"与"专"的关系进行了深入讨论。大家逐步形成了共识："红"与"专"是分不开的，"又红又专"，就是要坚持马克思主义世界观和无产阶级立场，既有全心全意为人民服务的思想，又有专业过硬的实际本领。自然而然地，胡显章便想到，要在争取入党的过程中坚持正确的政治方向，使自己成为全面发展的好学生，以后做一个红色工程师，好好为国家、为人民服务。

1963 年从清华毕业时，为响应周总理对北京高校毕业生的号召，胡显章参加了留校教师劳动班。他到农村、食堂、工厂接受教育、参与生产，"开阔了眼界，了解了工农群众，训练了劳动技巧，感情也由此发生了变化"，随后在 1964 年 10 月的教师劳动班党支部会上被发展为共产党员。

党员队伍中模范与榜样的力量也一直引导着他前行，推动他不断坚定政治方向，并对本职工作提出更高要求。谈到对自己影响最深的共产党员，他首先想到的就是当时的校党委书记、校长蒋南翔。在他看来，蒋南翔的一个重要特点是"有深厚的马克思主义理论基础"，尤其是马克思主义哲学，并且蒋南翔校长在工作中实事求是，较好地把握了教育规律，创造性地开展工作。他还记得，这位率先提出了"又红又专，全面发展"的培养目标的校领导，为了更了解学校工作的具体情况，经常拿着笔记本到教室第一排听课，亲自参加金工劳动，还兼任哲学教研室主任，带头讲哲学课。

如果以树喻人，那么在胡显章看来，使命感与责任感是这棵树的根基所在。年轻时，他读《钢铁是怎样炼成的》，曾深深地为保尔·柯察金在烈士墓前的一段话所打动，"人最宝贵的是生命，生命对于我们只有一次。一个人的生命应该这样度过：当他回首往事时，不因虚度年华而悔恨，也不因碌碌无为而羞耻。这样，在临死的时候，他能够说：'我的整个生命和全部精力，都已经献给世界上最壮丽的事业——为人类的解放而斗争。'"他和许多青年人都把这段话引为座右铭。马克思主义在推进人类解放的壮丽事业中，把建立美好社会与人的自由全面发展联系在一起，胡显章相信，无论是做辅导员，还是做教师的本职工作，都是为这个目标而奋斗。"我还记得保尔说过，人生最美好的，就是在你停止生存时，也还能以你所创造的一切为人们服务。这句话至今仍然激励着我。"

从辅导员到"大先生"

"教师要成为大先生，做学生为学、为事、为人的示范，促进学生成长为全面发展的人。"这是习近平总书记 2021 年在清华考察时所说的话。同年，胡显章在全校辅导员大会上提到了这句话，他说："作为一名教育工作者，无论在什么具体的岗位上，都要努力成为'大先生'。这是学校的根本任务，也是教师的天职。"

在多年的教育实践中，胡显章越来越深入地认识到，马克思主义所强调的美好社会的建立和人的自由全面发展的奋斗目标，也同样是教育的终极目标。不论是作为辅导员，还是作为学校的教职工，最终目的都是要帮助学生个人全面发展和推动大学教育在理想的方向上蓬勃前进。

论及怎样成为称职的辅导员乃至"大先生"，答案又回到了那历久弥新、意味深长的八个字——"又红又专，全面发展"。胡显章再次强调，对这八个字的深入认识和实践，是一项必要条件。

这一标准贯穿了胡显章的学生时代、工作生涯直至整个人生，指引着他一步步办好当下的每一件事，而那一件件事又铺就成了今天的他、今天的清华。20世纪90年代，胡显章需要协助时任校长王大中、校党委书记贺美英，领导清华文科恢复发展。然而，此前他一直是个地道的"工科男"——在清华学习的专业是光学仪器，在美国做访问学者时从事的是分子测量机纳米定位研究。工作领域的突然转变，给他带来了极大的挑战。彼时，他首先在"专"上着力，要求自己成为"文科内行""研究型的管理工作者"，要"在7个文科门类外加科技史这个隶属理科门类上都能说得上话"才行。为了这一"小目标"，他每天凌晨雷打不动读书1~1.5小时，特别是读文科大师们的书，以提高对文科规律性的认识；参加绝大多数文科活动的讲话稿和两百余篇论文，都是他自己动手撰写的，他将其当作学习提高的途径。

规避"外行领导内行"、提高决策的科学性只是办好事情的第一步；此外，要以历史的、整体的视野看问题，看到路径、方向、框架，而不只是局部、个体、单一问题。

在1997年全校干部会上，胡显章提出了发展文科的3个"认识一致"，即对文科在国家建设和清华实现总体目标中的地位作用的认识要取得一致，对清华文科的历史、现状与未来发展的目标包括文科的结构、规模和侧重点的认识要取得一致，对文科区别于理工科的特点和发展的方针政策的认识要取得一致。

接着，当年的秋季学期，王校长、贺书记带领学校领导班子14次开展文科调研，举办两个全国性的文科发展意见听取会，最后在1998年寒假务虚会上达成了建设一流文科的共识。领导班子一有共识，就形成了很大的凝聚力和推动力。"1997 年在武书连大学排名中，清华文科列全国 122 位，到 2005 年我退休时，已进到第 8 名，现在许多方面进入前三甲了。"他欣慰地说。

辅导员工作和"又红又专"的口号都要求清华人实现政治与业务的"双肩挑"，但二者并不是割裂的，而是相互统一、在实际工作中相互融合和支持的。胡显章认为，"红"与"专"常常不能分离，无论是做政治工作，还是做业务工作，都要端正方向、把握规律，都要成为内行、追求卓越——此之谓"大先生""大学"是也。

时代发展中的辅导员制度

70 年来，"双肩挑"政治辅导员制度锻炼出的队伍一直是优秀的、值得称道的，为教育事业和社会发展提供了坚实的人才基础。在工作岗位上，他遇到过许多曾经担任辅导员的战友，他们往往能够更好地把握党的精神、发扬党的作风，实事求是，并主动适应国家和时代的需求。

不过，见证了这么多年的时代发展，经历了多次工作调整，胡显章知道，政治辅导员制度与相关工作模式依旧在探索中。如何使辅导员们在"红"与"专"两方面都成为内行，实际上"越发展难度越大"，因为中国特色社会主义的进步给"又红又专"带来了更丰富的内涵，也对身处其中的人们提出了更高的要求。

作为终身致力于教育工作的党的干部，胡显章认为，在不同的时代条件下，辅导员队伍建设和学生工作的属性、需求、目标都存在差异。在各种动态的不确定性和阻力面前，教育的初心和使命是斩向困难的刀刃。

站在如今这个时间节点回望 70 年来的制度发展，展望未来的演进趋势，他想，最重要的一点是"政策要跟上"，组织者要能够给予参与这方面工作的人全方位的关心，并通过制度保障队伍的可持续发展，而不只是"简单地靠大家的热情"。学校应当创造条件，让辅导员真正"全面发展"。目前，清华设立的海外实践、研修和"紫荆学者"等项目，都是为了让辅导员们接触到更多元、更深入的锻炼机会，从而适应不断发展变化的工作需求。

在 2021 年的辅导员大会上，胡显章向所有的辅导员赠送了唐朝诗人孟浩然的一首诗："人事有代谢，往来成古今。江山留胜迹，我辈复登临。"

　　100 多年来，无数共产党人前赴后继，创造了今天的光辉业绩。在清华辅导员工作中，许许多多像胡显章这样的老同志也为今人开辟了道路、积累了经验。胡显章坚信，有前辈的指引、朋辈的帮助、后辈的奋进，从开拓辅导员工作新局面，到建设清华成为世界一流大学，直至未来走好全面建设社会主义现代化国家新征程的使命，将由新一代清华青年接续传承。

一生铭记"又红又专"

——访燕山大学党委原书记聂绍珉

文 / 机械系　王子健

聂绍珉，男，1961 年考入清华大学冶金系，1965—1966 年担任冶金系辅导员。1968 年毕业后，曾任燕山大学副校长、燕山大学党委书记。曾获国家科技进步一等奖 1 项，省部级科技进步二等奖 2 项、三等奖 4 项，1993 年评为"享受国务院特殊津贴专家"。

塑造"大同学"式的辅导员角色

1965 年暑假结束后，当时即将步入大五学年的聂绍珉转任冶 9 年级政治辅导员，并立即到岗，至此揭开了自己政治辅导员生涯的序幕。虽然这段时光很短暂，但它仍然给聂绍珉留下了深刻又宝贵的回忆。

清华大学的"双肩挑"政治辅导员制度于 1953 年建立，特色鲜明，由学生担任，一般为高年级学生，自同年级学生选任的情况极少。聂绍珉担任辅导员时，院系一个年级 4 个班，配备两名辅导员。学生心目中的辅导员角色各式各样，可能是班主任、政工干部、学长等。聂绍珉选择成为学长，用他自己的话说，就是平起平坐的"大同学"，因为这样可以拉近与同学们之间的距离，使同学们愿意说心里话，倾述他们的快乐、苦恼和纠结。

在塑造"大同学"角色期间，让聂绍珉最为满意的工作方式，是放弃同班同学留下的独居宿舍，选择跟自己的学生住在一起，而且是选择六人间。半个多世纪以后，他依然清晰记得当时是住在 7 号楼，是在六人间靠门的上铺。在跟同学们同住的晚上，熄灯以后聂绍珉会跟大家一样躺在床上聊些家长里短，嘻嘻哈哈，久而久之亦如同班同学。但与此同时，他也不忘发挥自己丰富的学业和工程知识优势，根据自己在专业课程、校内金工实习、工厂的认识实习和专业生产实习等方面的积累为同学们答疑解惑。

聂绍珉还清晰记得，1965年10月他带领在机械厂参加金工实习的同学们接待了日本青年访华团。当时学校为访华团安排了很多活动，机械厂的参观交流就是其中之一。在活动中，访华团观看了中国大学生的工程实践教育，并安排日本青年穿上工作服与中国实习学生共同工作，用学生加工的零件共同组装一台水泵，命名为"中日青年友谊泵"，并当场将这一名字喷在泵座上。聂绍珉表示，为安全、顺利完成这一活动，他与学校有关部门、金工教研室老师、机械厂领导及工人师傅们，共同开会详细安排每个环节，事前对参与活动的学生进行了有关外事活动的教育，强调了外事纪律，最终顺利完成了既定任务，整个活动拍成纪录片在社会公映，当时乃至现在他都感到自豪。

离开清华多年以后，聂绍珉有时会在鉴定会等学术活动场合偶遇当年的学生，他则会被学生向同事和朋友介绍为辅导员，同时也被认为是学长，是"大同学"。

始终铭记"又红又专"

清华当年对学生的要求是"又红又专"。"又红又专"是毛主席在中国共产党第八届中央委员会第三次全体会议讲话中对干部提出的要求，即"政治是主要的、第一位的"，"但是专搞政治、不懂技术也不行"。聂绍珉回忆道，当年学校领导曾表示，辅导员队伍应该是各方面干部的后备军，似乎有通过辅导员制度为国家输送干部的意思。但他们当时虽然晚毕业一年，最终还是要按专业分配工作，首先必须从事专业技术工作。因此如果辅导员工作是"红"，同时也必须在"专"上下功夫，两者不可偏废。

为了在"红"的同时又做好"专"，在辅导员工作之余，聂绍珉经常出入锻压实验室。当年实验室的10MN预应力钢筋砼水压机气控操作系统正在施工，他同压6年级的两位留校同学为了共同解决一个技术问题，曾去有关研究所调研，而且消化了系统设计资料，参加了系统的部分安装和调试工作，受益匪浅。最终他们见证了这台水压机的首次循环动作。

1968 年 9 月离开清华以后，聂绍珉在企业从事过技术工作，在燕山大学担任过校领导，也曾在中国机械工程学会等学术组织兼职过。但他始终没有离开过科研一线，这些年来一共发表了学术论文 105 篇，获得了国家科技进步一等奖 1 项。2011 年，70 岁的聂绍珉退休后，仍然全身心从事学术研究，继续坚定"又红又专"的理想信念，实现人生价值。

聂绍珉的辅导员生涯虽然短暂，但他仍旧一丝不苟对待自己的工作，始终坚持承担辅导员应负的责任。这段辅导员时光也帮助他坚定了"始终铭记'又红又专'"的信念，在主抓学生思想教育工作的同时，全力从事学术研究。聂绍珉这种"又红又专"、永不言弃的精神，值得一代又一代青年学子学习与践行。

为国家科技事业发展不懈奋斗

——访中国科协原党组副书记、副主席齐让

文 / 化学工程系　杨顺顺

齐让，男，1972 年进入清华大学学习。1975 年毕业后留校担任工程化学系（现化学工程系）政治辅导员、助教。1981 年进入国家科委工作。先后担任国家科委工业技术局（工业科技司）综合处和新材料处处长、工业司副司长、国家科委条件财务司司长、科技部发展计划司司长、科技部办公厅主任、科技日报社社长、中国科协党组副书记、副主席、第十一全国政协常委、十二届全国政协人口资源环境委员会副主任、中国老科学技术工作者协会常务副会长等。

从一名清华大学的"双肩挑"政治辅导员，到推动国家科学技术进步的科技工作者；从参与国家科技发展规划的制定，到建言设立"科技工作者日"，再到近年来为广大老科技工作者的福祉持续发光发热，齐让的奋斗脚步从未停歇。他始终认为，清华学习和工作经历中浸润着的清华精神对他影响深远，政治辅导员的工作历练也成为终身受益的宝贵财富。

从我做起，从现在做起

问及当初为何选择成为一名政治辅导员，齐让的回答很干脆——"服从组织安排"。1975 年，即将本科毕业的齐让踊跃报名前往西藏支援。经班主任老师挽留，齐让最终选择留校继续做压电陶瓷研究，并承担课程助教工作。1978 年 3 月，全国科学大会召开，恢复高考后的第一批大学生踏入清华校园。随着"科学技术是生产力""知识分子是工人阶级的一部分"等振奋人心的口号的提出，做好恢复高考后首批高校学生的培养工作尤为重要。教研室主任

找到齐让谈话，希望他担任化工系新生年级的辅导员。齐让回忆，"组织让干什么就干什么"，他很高兴地接受了组织安排。

当时，辅导员都是年轻教师。齐让与学生组的其他同事白天从事科研教学，晚上开会研讨学生工作，特别是研究思想动态。1978年12月，党的十一届三中全会召开。改革开放为社会重新注入了欣喜与希望，那时的学生思想既活跃又迷茫。化工系的学生组组长是化工系党委副书记刘述礼老师，年级组组长谢新佑老师和齐让负责化工系77级。按照学校的部署，化工系化72班学生开展思想大讨论并提出了"从我做起，从现在做起"的口号。经《中国青年报》报道，该口号对全国青年投身现代化建设产生深远的影响，逐渐成为清华精神的重要组成部分。

40多年后，回想起这场大讨论，齐让觉得，其实每一代青年人都会感到迷茫。"从我做起，从现在做起"的口号既可以说是化72班提出的，但也可以说是"时代把这个口号喊出来了"。一句简单的口号，凝结着青年对时代命题的思索和回答，凝结着辅导员思想工作的心血。这句口号也深刻影响着齐让的一生。

除了关注学生的思想状况，齐让还关心同学们的日常生活。在访谈中，他分享了一件小事。一次无偿献血活动中，几位平时表现积极的女生没有报名参与。辅导员们对此感到疑惑，齐让主动向同学了解情况，得知她们处于生理期，不宜献血。齐让认为，正是老师、辅导员和同学们平等融洽相处的关系，才能在当时生理知识和意识尚未普及的情况下，使师生间实现充分沟通和理解，这一点在今天仍是尤为可贵的。

做好"人"的工作

1981年底，经时任校党委副书记滕藤推荐，满足年龄、专业、能力等各方面要求的齐让进入国家科委工作，开启了人生新阶段。回顾离校后的工作历程，齐让说自己跟"三"很有缘分，约三年调换一次工作岗位。而贯穿其中的工作要领，则是在辅导员岗位上锻炼的与人打交道的能力。"辅导员做人的工作，与学生谈心、沟通，特别注重人"，齐让总结道，"而把合适的人用到合适的岗位，最有效但也最难"。

　　齐让分享了在国家科委工作时的两个事例。其一是确定"863计划"新材料领域的首席科学家。当时他任工业司副司长兼863联办副主任，负责新材料和能源领域。新材料领域下的细分领域很多，候选人又要得到各方认同，如何选人便成了难题。齐让亲自拜访有名望的老科学家，请他们推荐提名，再据此征求各方面的意见，最终敲定了合适的人选。其二是调整新材料领域专家组织结构。原先新材料领域设立一个专业委员会和结构、功能材料两个组，制约了工作有效开展，应该减少一个层级。齐让与专家们细致交流，耐心地做了大量协调工作，最终实现了专家委员会和两个组合二为一，一套人马，开全体会是专家委员会，日常管理分为两个组，提高了工作效率。齐让说，辅导员做好"人"的工作的经验对他处理类似事情有很大帮助。

　　2004年，齐让担任科技部党组成员、科技日报社社长。他主导制定了"科技创造财富，科技引领未来，科技改变生活"办报方针，并据此调整版面，把重要的第四版改成以"科技改变生活"为主题的更加贴近读者生活的科普栏目，并取名为"打破砂锅"。该版第一期就聚焦"高压电线下是否有辐射、辐射是否有害健康"的话题，希望通过媒体扩大科学知识的普及性和影响力。

　　2005年起，齐让任中国科协党组副书记、书记处书记，次年起任中国科协副主席。科协是科技工作者的群众组织，服务近5000万名科技工作者，"更是关于人的组织"，工作成效主要看"科技工作者满意不满意"。除了服务科技工作者，齐让也着眼于提升全民科学素养。他主持制定的《全民科学素质行动计划纲要2006—2010—2020年》，选定未成年人、农民、城镇务工人员、公务员和领导干部四个群体开展四项工程。2006—2020年，我国公民具备科学素质的比例从1.6%提升至10.56%，几乎每五年翻一番。

　　2013年起，齐让担任第十二届全国政协人口资源环境委员会副主任。他的建言献策主题仍然侧重"人"。他提议为科技人员设立"科技节"，提升全社会尊重知识、尊重人才的意识。2016年，国务院批准同意将每年5月30日定为"全国科技工作者日"。2021年，齐让在《中华人民共和国科学技术进步法》的修订期间再次建言，促成了"全国科技工作者日"写入法律。

　　2018年退休后，作为老科技工作者协会常务副会长的齐让仍工作在服务老年科技工作者的第一线。在陈至立会长领导下，他推动老旧小区加装电梯工作，进行课题调研，形成专报，连续3次写入了政府工作报告和无障碍环境建设法。加装电梯"说小是件小事，说大真是件大事"，在资金来源、利益协调方面有不小难度。但看到新安装的电梯便捷了老科技工作者的出行，他倍感欣慰。齐让还倡导推动建立老年科技大学，围绕老年人的实际需求开设前沿科技、科学健康、实用技能等课程，同科技馆、老年大学等组织共建，以讨论教学的形式授课。课堂既能传授知识，又作为交流平台使老年人加强与社会的联结，提高心理健康水平。目前，全国已有20个省市70余所老年科技大学挂牌，更在新疆实现96个县域全覆盖。谈及未来规划，齐让的话语中仍有年轻人般的激情和憧憬，他希望探索资源共建共享共赢的模式，边实践边研究边改进，其目标是覆盖社区。

"中国人不怕封"

在国家科委和科技部工作期间，齐让深度参与了国家科技规划的制定。组织制定国家"十五"科技发展规划时，他提出应将研究与试验发展（R&D）经费投入和R&D人才投入纳入规划目标；他还进一步推动R&D经费投入指标纳入国民经济和社会发展规划，以扎实促进政府科技投入。

2003年，任科技部办公厅主任期间，齐让参加《国家中长期科学技术发展规划纲要（2006—2020年）》的编制工作，任综合组组长。该规划对我国中长期科技发展作出了全面具体的规划与部署，地位极其重要。在规划草案讨论过程中，十六字指导方针最关键，争议也很大。我国的科技发展到底应该走"技术引进"还是"自主创新"的道路。齐让坦诚地说，客观而言，当时"技术引进"路线的数据支撑更充分，但包括他在内的很多人都坚信，万一引不进怎么办。必须坚持科技发展的自主性，最后这个建议也被中央采纳。另外，该规划还提出16个重大科技专项，其中就包括研制大型飞机。齐让陪负责规划的邓楠副部长拜访时任北京航空航天大学校长，邀请他担任论证专家组组长，经过研究论证，国务院最终做出立项决定。2017年，我国自研C919大型客机首飞成功。齐让感叹道："如果当时决定（大飞机）买进来，我们现在估计不是这个水平。中国人不怕封，我们还是有能力有信心的；只要封，肯定能上去。"这是一名老科技工作者的坚定自信，更是青年科技工作人员的奋斗目标。

终身运动，终生学习

回忆辅导员经历，齐让还着重强调了体育工作。每逢运动会，学生组都会仔细分析院系的运动强项，化工系一直保持着不错的体育成绩。从学生时代起，齐让自己也对体育有着浓厚兴趣。在清华，他是学校排球队的队员，留校工作后是学校教工排球队队员；离校后，他打过网球、台球、保龄球；年纪渐长，他开始习惯于走路，每天坚持一个小时 6 公里，并逐渐从看似枯燥的步行中找到乐趣。齐让用持之以恒的行动践行了"为祖国健康工作五十年"的理念。

辅导员一肩挑业务学习、一肩挑思想政治工作的"双肩挑、两不误"特色还使齐让养成了终生学习的习惯。他做了一个形象的比喻：学习就像存款一样，零存整取，不知什么时候就用上了。在这种信念推动下，齐让始终在忙碌的工作之余争取学习时间，"只要有学习机会，我就举手报名，批准了我就去学"。他学过日语和计算机语言，带队考察、学习过日本的企业管理，在法国钻研过科研管理，并两次在中央党校进修。有时为了不耽误工作进度，他不得不在周末加班。齐让说，自从在清华形成作息规律后，他基本没在晚上12 点前睡过觉。他用旺盛饱满的精力投身于学习提升和促进国家科技事业发展的工作中。

齐让还记得，做辅导员时，所在的教研室位于土木馆，他每天都会路过大礼堂前的日晷，其上所刻校风"行胜于言"令他印象深刻。在校风校训潜移默化影响下，齐让形成并恪守着自己的做人原则：要求别人的事，自己首先要做到；与人相处时不高看、不低看，学会换位思考。这是一名清华辅导员、一位清华老学长的精神底色。

双肩挑薪火传承，五十载以心育人

——访清华大学社科学院教授樊富珉

文 / 社科学院　邢　耀　谢一泓

樊富珉，女，1953 年 12 月生，清华大学 1977 届机械系本科，毕业后留校任教，1977—1983 年先后担任机械系辅导员、校团委常委兼文化部部长等。1986 年在社会科学系硕士毕业后留任，担任社会科学系讲师、研工组组长。1992 年担任人文社科学院党委副书记（分管学生工作）。1986—2019 年，先后在社会科学系、人文社科学院、社科学院任教。2020 年 10 月至今担任北京师范大学心理学部临床与咨询心理学院院长。

在清华大学"双肩挑"政治辅导员制度建立 70 周年之际，社科学院心理学系教授樊富珉也即将迎来她的 70 岁生日。与辅导员制度同岁的她，在 50 年的清华生涯中，与辅导员这一神圣而光荣的岗位结下了不解之缘。

"双肩挑"辅导员：为学生筑"桥梁"

1977 年 1 月，樊富珉于清华大学本科毕业后留校，在机械系铸造教研室任教，教授机械制图等专业课程。随着 1977 年的拨乱反正，军宣队、工宣队退出历史舞台，清华大学重新恢复了辅导员制度。作为教研室最年轻的教师之一，身为党员且本科期间一直从事学生工作的樊富珉，毅然挑起了辅导员的重任，迎接恢复高考后首届入学的本科生们。

上岗匆匆，尽管未能接受系统的辅导员培训，但樊富珉并不觉得这帮来自天南海北、年龄大小不一的学生们难带。由于她天性比较亲和、善于倾听、容易沟通，学生们和她"关系就像朋友"，有任何问题都愿意向她倾诉、寻求她的帮助。樊富珉认为，作为辅导员，她当初的使命不在于引领学生，因为相较学生而言，她也只是对学校和专业了解得多一些而已。对此，樊富珉形象地将自己的辅导员职责定位为"桥梁"，使命在于沟通与引导：学生有困难，就尽力去帮助；遇到解决不了的困难，就发动班集体的力量；班级力量不足，就努力去建设一个更好的集体。

回顾起这段时光，樊富珉很庆幸自己能担任辅导员，因为这份工作给予了她去和人的思想近距离接触、去真正影响一个人的生命态度和生存方式的机会。在辅导员工作经历中，让她印象最为深刻的一件事发生在某个冬天：一位学生满面愁容地找到她，提出想要退学。原来这名学生来自青海，因为录取地区教育基础相对较差，来到清华后觉得自己在学习上跟不上身边的同学。尽管室外寒风刺骨，樊富珉拉着学生在操场上走了一圈又一圈，苦口婆心地劝说他坚持下去，直到他们俩的耳朵冻得通红。"他不答应不退学，我就不回家了。我那时候没学过心理学，真的没有什么理论和方法，但我有一股劲儿，这个劲就是不放弃每个学生，我相信能考上清华的学生都非等闲之辈，无论如何都要把他留下来，不能让他轻易放弃。"樊富珉说道。那次谈话之后，樊富珉又找班上成绩最好的同学去结对"一帮一"，帮助那位来自青海的学生。这位学生最终被樊富珉的耐心和诚意打动，坚持下去完成了学业，毕业后也在职场上取得了不错的发展。

有股"劲儿"的樊富珉深受学生喜欢，学生们经常主动找她谈心，一谈就是一两个小时。她总结道，自己受欢迎的秘诀在于尊重、信任、亲和、热情和倾听。无论是专业教学还是辅导员工作，樊富珉都投入了大量的时间，甚至牺牲自己的休息时间。但她从不认为自己是因为工作职责而被迫去付出，而是"从心眼儿里"关心学生。她说，"我当老师必须教书育人，我不仅要教书，更要育人，要用心教书、用爱育人。"

重启校园文艺活动："一旦答应，就肯定全力以赴"

1979 年，在毫无心理准备的情况下，樊富珉突然接到了上级指示，要调她到校团委担任团委常委和文化部长，负责全校学生的文化活动，重新组建"文革"前就享誉国内外高校的清华学生艺术团。起初，出于对教学工作的热爱，她不愿意离开机械工程系。她回忆道："那时有一种说法，就是你业务不行才去做思想工作。"面对樊富珉的困惑，她的爱人以理性分析劝慰她："别人怎么说不重要，我觉得你特别热情、特别善解人意、特别有亲和力，很适合做学生工作。"尽管心中尚存有许多疑惑，樊富珉最终还是坦然地面对了这一重要的人生转折。

刚到校团委，樊富珉接到的任务是将清华的管乐队、民乐队、交响乐队、合唱团、舞蹈队等社团全部重建，同时要组织学生参加北京市高校的汇演。由于多年的停办，可以说是从零开始重建社团。面对这样的局面，樊富珉虽然没有跟学校做出承诺，但是她暗下决心，一年之内要把社团全面做起来。"我是典型的清华人，听话出活，一旦答应要做，我就肯定全力以赴，不讲代价拼命干，必须干出个样子来。"为了做好社团重建的工作，樊富珉不仅挨个儿拜访了学校音乐室的老师，向他们了解历史，寻求帮助，还请教了许多了解以前社团情况的前辈。经过充分调研后，她不仅把社团逐一建设起来，而且还对每个社团的队伍建设亲力亲为，包括每个社团的干部选拔、演出排练、工作会议，她都会参加。社团逐步建起来之后，她开始将重心转移到演出上，继续承担了策划演出、协调学校资源、舞台监督等一系列的工作。为了让社团在汇演中取得好的成绩，舞蹈队没有专任的舞蹈老师，樊富珉就跑到中央歌舞团请老师；乐团缺乐器，她就精打细算，绞尽脑汁用有限的预算给乐团买乐器；经费不足，她就买来白布印染之后做成演出服；她还经常陪伴着社团一起排练到深夜。

在团委工作的岁月里，担任文化部部长的樊富珉不仅要抓好学生文艺社团的建设，同时还负责全校学生的文艺活动。那时学生要求办舞会的呼声很强烈，但在当时的时代背景下，学校并不是那么支持，这让她感到左右为难。尽管如此，樊富珉还是用各种办法努力给学生创造条件，最终学校也认可了学生举办舞会的举措，那些学生舞会成为许多学生心目中美好的记忆。

在团委的4年，樊富珉完成了她对自己提出的要求和学校对她的期许，不仅把文艺社团办了起来，带领学生们到外地大学、中学演出，使之成为清华的一张亮丽的名片；同时还把全校的文艺活动都开展起来，建设了文学社、话剧社、诗社、美术社等群众性学生社团，让同学们的校园生活更加丰富多彩。回忆那段在团委工作的时光，尽管工作难度大、任务重、工作条件艰苦，但樊富珉始终乐在其中。

"育人"之学不可以已

作为一个好学之人，樊富珉在做学生工作同时始终没有放弃学习。樊富珉在辅导员工作中逐渐发现，工科的专业背景不足以支撑她做好"人"的工作。"有的学生，你无论怎么跟他讲道理，他还是很固执己见。例如，他明明是错的、他的做法会影响队伍建设，但是他还要这样做，我批评他还不改。对于这种情况，我就不太好理解。"后来，她反思并得出结论：机械都分那么多的学科，而人比机器复杂，应该也有更多的学科研究人、理解人、引导人。

为了能把"人"的工作做好，加深对"人"的理解，樊富珉希望拓展文科方面的知识。1984年，樊富珉报考了清华大学第一届社会科学研究生班（经42），参加了全国研究生统考，以优异的成绩被刚刚成立的社会科学系录取，如愿以偿获得了脱产两年全时学习进修读研的宝贵机会。这个班有11名清华毕业的学生，主攻方向是高校思想政治教育，也是教育部的一个试点工作。在研究生学习期间，樊富珉系统学习了政治学、伦理学、经济学、管理学等多门社会科学的知识，但最打动她的课程是社会心理学这么一门认识人、理解人、帮助人的学问，对于工科出身的她来说非常新鲜。她认为思想政治工作要引导人、帮助人，必须从了解人开始。人是各种社会关系的总和，人的行为受到多种生理、心理和社会因素的影响，其中社会因素最为关键。从此，她找到了能解开她做"人"的工作的一把钥匙——心理学。

此外，樊富珉还利用课余时间跟着经管学院的老师学习运筹学，又自学数学、日语。那时学校刚开始对外汉语教学，来了许多日本学生，她便应邀利用课余时间教日本学生学汉语。樊富珉说："在教汉语的时候，我先要学会跟他们沟通。"于是中日恢复建交后，她就利用业余时间学习了日语，这样既能够接待来华的日本学生，又可以更好地教他们学习汉语。这样一个无心插柳的行为，为她日后前往日本留学打下了良好的语言基础。

1989年，樊富珉荣幸地成为了教育部首批公派出国留学的10名高校思政系的青年教师之一。1990年3月，她选择赴日本筑波大学心理学系留学，以"外国人研究员"的身份听课进修、参加研讨、出席学术会议，第一次系统地学习心理咨询这门学科。樊富珉回忆说："我当时下定决心，要学一门能够帮助大学生健康成长的心理学。"留学期间，樊富珉特别用功，恨不得抓住每一分钟用来学习，有时早晨 6 点多就到研究室了，晚上 10 点多才回去。回想那段经历，她自我评价道："太刻苦了，我真的体会到什么叫如饥似渴地学习，每一个知识对我都是新鲜的，所以我一边学，一边和自己的工作结合起来，不停地思考。"后来，樊富珉发现自己的导师在大学生自杀预防方面做得很好，就率先把他的相关著作和筛查工具翻译成中文引进国内，这一举措给学校的学生工作提供了非常大的帮助。学成归来后，樊富珉先后担任中国心理卫生协会大学生心理咨询专业委员会的副主任、主任，将她留学期间学到的心理咨询专业知识技能全部用在大学生心理健康教育上面，因此她也被誉为中国大学生心理咨询规范化、专业化发展的"播种人"和"探索者"。

坚持以人为本，点燃生命之光

1986 年，成绩优异并顺利完成研究生学业的樊富珉继续留在了社会科学系任教，成为第一届研究生中唯一一位直接留系担任讲师的毕业生，在思想政治教育教研室开始了全新的社会科学教师职业生涯。樊富珉回忆，她研究生毕业的时候原本一心想要回学生工作部，因为她觉得自己比以前更有信心，也更有能力胜任学生工作。但是，学校跟她说："社会科学系成立后，你们是第一届研究生，我们需要留人来做师资，老师们都觉得你最合适。"

最终，樊富珉选择了留在社会科学系任教，同时继续担任"双肩挑"的思想政治辅导员。她还开设了思修课，而她的思修课是当时全校最受欢迎的课程之一。作为教研室主任，她对这门课做了一些改造，她把第一讲改成"走进新生活"，更贴近学生生活和实际。她认为，学生到新的环境都会有焦虑和担心，会感到迷茫，不知道未来往哪里发展，老师应该做好引导，而不是讲空泛的大道理。直到现在，她还留着好多学生写给她的信。学生们在信中说，樊老师的课让人感觉如沐春风，没有一句套话，也没有一句大话，更没有一句假话，满满的都是从心里流淌出来的真心话。

在此之后，樊富珉还承担了培养思想政治教育专业第二学位生和研究生的专业基础课"社会心理学"的教学。同时，为了帮助清华的大学生了解自己、发展自己，她申请了面向全校学生开设的"青年心理学"公共选修课，这门课受到学生们超出想象的欢迎，也就是在这个阶段，确立了她以后的研究领域——大学生心理健康教育与心理咨询。

1992年，担任清华大学人文社会科学学院党委副书记的樊富珉晋升为管理工程副教授，担任硕士生导师，开始了指导研究生的工作，也在思想政治教育专业中开辟了心理健康教育新的研究方向。从那之后，樊富珉招收与培养了心理健康教育与心理咨询方向的硕士生、博士生近百人，他们大多成为国内心理咨询发展的骨干力量。她还陆续在清华大学开设了十几门有特色的心理健康与心理咨询相关课程，3次获评清华大学"良师益友"，多门课程被评选为清华大学精品课。2016年是她职业生涯中收获最多的一年，她荣获了第七届"全国优秀科技工作者"的称号，获颁了国务院政府特殊津贴，还获评中国心理卫生协会突出贡献奖、北京市大学生心理素质教育终身成就奖等奖项。

用心教书，用爱育人。回忆起自己从一个工科女生最终成为国内心理咨询学界学术带头人的成长过程，樊富珉心中充满着无限的感慨和对母校辅导员制度无尽的感谢。她回顾自己的职业生涯，感慨地说："这一辈子我最感恩的，或者说最幸运的就是做了辅导员。辅导员工作让我看到了做'人'的工作的价值和意义。专业知识固然重要，但如果我能够点亮一个人的'生命之光'，让学生觉得自己有能力、有方向，未来有希望，并且愿意不断前行，还有什么比这个更有价值呢？"

从"双肩挑"的政治辅导员到以心育人的心理学教授，从做学生的思想政治工作到给国内外数百万人提供专业的心理支持和人才培养，在这50年里，始终不变的是樊富珉对育人这项事业的无比热爱。如今，70岁的樊富珉仍然坚持在一线，从事咨询心理学教学和科研工作，她培养的学生也在传承和践行着她育人的初心，为社会上更多有需要的人提供专业帮助，将她的大爱洒满人间。

"双肩挑"是清华文化的核心

——访中国工程院院士、清华大学电子工程系教授罗毅

文/电子系　谭芷琳

罗毅，男，1979年进入清华大学电子工程系学习，1982年起担任辅导员。1992年12月起任清华大学电子工程系教授；1997—2012年任集成光电子学国家重点联合实验室主任；2021年当选为中国工程院院士。现为中国工程院院士、清华大学电子工程系教授。

一个静谧的夏日午后，我们见到了罗毅老师。表明我们的来意后，他对纪念文集的访谈和撰稿工作表现出了极大的热情与支持，并表示他对"双肩挑"政治辅导员制度怀有很深的感情。罗毅老师于1982年担任辅导员，如今40年已经过去了，但他对"双肩挑"的故事仍然历历在目。

罗毅老师认为，由蒋南翔老校长首创的"双肩挑"政治辅导员制度是清华文化的核心。它把"又红又专"的培养系统化、制度化，让高年级的、学有余力的同学，将清华"又红又专"的文化一代又一代传承下去。而他，正是若干代传承者和践行者当中的一员。

在他的娓娓道来中，我们走进了40年前他的故事。

全面发展是他清华学生生涯的难忘记忆

1977年10月，高考恢复的消息传遍了全中国。连续两年超过500万人报考了招生考试，罗毅正是这百万赶考大军的一员。机缘巧合之下，来年9月，他入学了清华大学的无线电系。

罗毅真正与"双肩挑"结缘是在4年后的秋天，他迎来了本科生涯的最

后一年。彼时的清华还是五年学制，五年级的优秀学生可以被聘为辅导员，这也使罗毅开始亲身感受"双肩挑"政治辅导员制度。罗毅认为，当"双肩挑"政治辅导员制度有两个十分关键的要素：一个是"高年级"，作为高年级学生，可以更好地对低年级学生言传身教，也能开展更贴近学生本身的工作；另一个是"优秀、学有余力"，能够做辅导员就说明被选中的学生在业务学习和政治素养上都过硬，这也是对他能力的一种肯定。于是，没有过多犹豫，罗毅加入了"双肩挑"政治辅导员的队伍。

从那以后，罗毅开始投身于学生工作中。他学会的第一件事，就是破除功利性，培养奉献精神。要想做好学生工作，就不能把当辅导员、当学生干部视作一种当官、为自己提供便利的渠道。罗毅深知这一点，所以他更多地把参与学生工作看作一种责任——身处清华的文化环境里，他认为自己作为年长一些的学生，有责任去传承清华的优秀品质和精神，让"又红又专"的思想浸润每一代清华人。

然而，罗毅对"双肩挑"的理解和践行也曾陷入困惑。当时，学生工作的核心还是举办各种活动，于是罗毅在此期间组织开展了各项大大小小的活动。但是活动的组织和呈现往往需要耗费很多时间和精力，他常常从早忙到晚，却发现活动举办的效果不尽如人意。这样的状态持续了近半年，罗毅开始思考：做学生工作，做的是什么？工作怎样开展才是有意义的呢？

作为高考恢复后的首批学生干部之一，彼时的罗毅对此没有太多的经验，于是他决定去请教当时的无线电系党委书记刘润生老师。谈话时已经是晚上近11点，但他发现刘润生老师还在看自己业务方面的材料，这给了罗毅很大的触动。他逐渐意识到，"双肩挑"政治辅导员制度不仅是为了培养低年级学生，也是为了锻炼高年级学生的能力和素质。一个学生干部想要成为"又红又专"的适应国家需要的人才，不仅需要有奉献和服务的精神，更要有过硬的专业知识和技术。

"双肩挑"希望学生干部们一肩挑思想政治工作，一肩挑业务学习，罗毅发现自己在以往的学生工作中过于重视前者，以至于忽视了后者。于是在下半年的工作中，罗毅开始反思并调整自己的工作方式。他一方面开始发展队伍，吸纳更多高年级人才，共同分担一部分学生工作；另一方面他删繁就简，略去了一些对学生发展意义不大的活动，从而在保证工作质量的同时也为自己留出了更多时间。在剩下的时间里，他努力精进自己的学业，准备研究生考试，最终以专业第二名的成绩被公派到日本留学。

罗毅认为，不仅是当年的他，现在的很多辅导员在工作中也容易顾此失彼。他希望年轻的辅导员一要谨记不为功利、乐于奉献，二要谨记"又红又专、全面发展"，才能成长为真正优秀的"双肩挑"人才。

始终践行"双肩挑"核心文化

毕业后，罗毅的辅导员生涯也画上了句号，但"双肩挑"政治辅导员制度在未来若干年岁里仍然给他带来了许多积极而深远的思想影响。即使远在日本，他也不忘将"又红又专"的思想贯彻到底。

在日本留学期间，除认真完成学业外，罗毅还参加了日本的留学生组织，热心帮助在日本的中国留学生。因为在学生时代有过学生干部的工作经验，再加上工作能力十分出色，他被推举为东京大学中国留学生学友会会长，随后担任了东京地区中国留学生学友会会长，在此期间还作为入党介绍人发展了两个党员。他组织了好几次大型的交流活动，参与交流的既有中国的留学生，也有中国驻日本大使馆的工作人员，通过这些交流活动大家互相认识、互相帮助，同时也增进了感情、增强了凝聚力。

1989 年 10 月 1 日，恰逢中华人民共和国成立 40 周年，罗毅在东京主持组织了庆祝晚会。当时有些留学生为了避免可能的麻烦，提议将晚会主题更改为留学生联欢会，立马遭到了罗毅斩钉截铁的反对。"我们都是中华人民共和国的公民，中华人民共和国是全世界国家都承认的，我们就是要旗帜鲜明地纪念中华人民共和国成立 40 周年。"于是，罗毅一干人力排众议，顺利举办了国庆联欢会，并坚持悬挂了相关的国庆横幅标语，最后这件事还获得了大使馆媒体的专门报道。

"也曾经有人问过我为什么要做这些，我做这些事只是因为我想。"罗毅回想起来，或许正是"双肩挑"政治辅导员的经历在他心里埋下了这样一颗种子，让他无论身处何地，都拥有身为中国公民的认同感，愿意不掺杂任何功利心地为集体、为国家做一些实事。

回国以后，罗毅鲜少再担任类似的职位、承办相关的学生活动，而是把更多精力投入到了他的学术研究当中。但是，每当有类似的活动邀请他参加，他都会尽全力去积极配合，将学生时代在清华学到的"又红又专"的思想发扬光大，甚至用他的力量去影响更多年轻的清华人。

时光荏苒，一转眼已是"双肩挑"政治辅导员制度建立的70周年，距离罗毅从彼时的无线电系毕业也已经过去了40载。40年的岁月并没有使罗毅忘记"双肩挑"的过去，这些宝贵的精神财富反而在他多年的坚持践行中历久弥新。他也希望未来"双肩挑"政治辅导员制度能够培养出更多有能力、有担当的辅导员，将清华"又红又专"的优秀文化基因传承下去。

教学相长，创新突破

——访朗新科技董事长徐长军

文 / 数学系　李沛桐　郭润涛　马克思主义学院　温新泉

　　徐长军，男，1982 年进入清华大学应用数学系学习，1986 年起担任辅导员，就读期间曾先后担任应用数学系学生会主席、团委书记。1989 年毕业后，进入原电子工业部第十五研究所（简称十五所）从事国产操作系统研发，1992 年任十五所通信产品事业部副总经理，1995 年调入原电子工业部信息化总体中心，1996 年初下海，创办朗新科技公司。现任朗新科技集团股份有限公司董事长、北京长林公益基金会名誉理事长等职。

　　虽然已经离校 30 多年，但谈及在清华园中担任辅导员的经历，徐长军依然记忆犹新，如数家珍。辅导员是清华面向高年级同学的一项"历史悠久"的特殊制度，学校鼓励高年级、学有余力的同学更多地承担社会工作，担任"双肩挑"政治辅导员。因此，徐学长在担任了系学生会主席后，积极响应学校号召，加入了辅导员的队伍，并担任系团委书记的工作。在担任团委书记期间，他带领系团委、系学生会的同学，组织开展了大量学生课外活动、学术讲座、辩论赛、桥牌比赛等一系列活动，留下了难忘的回忆。

　　采访中，徐学长热情健谈。谈到曾经的辅导员经历，徐学长感慨道，服务同学的过程，也是他学会平等沟通、教学相长、获益良多的过程。做辅导员带来的"独特经历"给徐学长后来工作带来了不小的帮助。用他的话说，是更加开阔的视野、更加综合的心智、乐于助人的习惯以及不轻言放弃的内心。20 世纪 90 年代中期，徐学长和很多当年的创业者一样，放弃公职，下海创业，希望用自己掌握的知识和技术创造新的社会价值。而在学校的辅导员经历，对于徐学长创业过程中坚持创新突破、合作共赢，应对市场、技术、管理、融资等各种挑战，以及打造企业持续奋斗团队等方面都有着积极的意义。

平等沟通、教学相长

1987 年，在担任两年系学生会主席之后，徐长军在本科毕业之年承担了系团委书记一职，正式进入"双肩挑"政治辅导员队伍中。在任职系团委书记期间，徐长军一方面要圆满完成繁重的课业和本科毕业论文，另一方面要配合学校和系里组织、协调大量的学生课外活动、讲座等。在采访中，徐长军特别提到了组织首次全校桥牌比赛的经历。20 世纪 80 年代的清华，喜欢桥牌的同学众多，平时各系各专业的同学们都自己组队、自己比赛，但全校范围的桥牌活动还未开展过，也没有相应的全校赛事。为了进一步提高全校同学的桥牌热情和竞技水平，1987 年春季，系团委决定组织一次全校范围的桥牌比赛。然而，一个小规模的院系组织全校性比赛是困难的。为了组织好这次赛事，徐长军和系团委的同学们充分调动起近乎全系同学的力量。历时近一个月的赛事活动，在大家的共同努力下，迅速得到全校其他院系同学的积极响应，赛事非常成功。数学系的同学在比赛中发挥出色，展现出了很高的水平。徐长军总结认为，当时能发动全系那么多同学积极参与活动组织的秘诀在于平等的沟通并激发集体的热情。全系同学充满激情地投入赛事组织工作，大家群策群力、相互配合，保证了这场大型桥牌比赛活动的成功举办。

从高年级学生到辅导员，身份上的转变促成了徐长军在"教"中学的工作模式。徐长军认为，"教"同学们的过程中也是在"教"自己，"教中学、学中教"。大家都是学生身份，在这种同龄人相处的模式中，辅导员扮演的是一个过来人的角色：更早地进入大学，更早地学习功课，更早地了解大学生活……无论是在学习上还是在生活上，辅导员作为一个经历者，也是一个先行者，在和同学平等沟通的过程中，既是在传递自己所获取的经验和知识，也是在教育自己，让自己学会换位思考、反思曾经走过的路，从而进行校正。徐长军说：在和同学们建立起信任后，在很多问题的讨论上可以相互学习，教学相长。"闻道有先后"却不必在于年龄，很多低年级同学在很多问题上都能有非常独到的见解。

平等沟通、合作共赢

1989 年，徐长军硕士毕业，被分配到十五所从事国产操作系统的研发工作。到研究所的第一个月，恰逢所在研究室党支部改选，他被选为了党支部的宣传委员。刚到工作单位便被选为党支部宣传委员的经历让他对自己的要求进一步提高，更加自觉主动地投身到工作当中，很快便和单位里的同事建立起了良好的关系。徐长军在采访中表示，过去的一些学生工作经历让他学会了和不同的人交流合作，不仅是在工作方面，和团队里不同性格、不同兴趣的人建立良好的个人关系，还学会了换位思考。特别是，单位里并不都是高学历同事，有些同事甚至没上过大学，在进入工作之后如何和他们沟通便是一个重要的问题。他特别强调了平等沟通的重要性，要在一个平等的状态下互相交流，取长补短，共同努力将事情办好。

1992 年邓小平南方谈话后，徐长军所在单位开始进行市场化改革，他被调任至通信产品部任副总经理，直接面向市场，面向行业应用。邓小平南方谈话之后，各项改革如火如荼，徐长军参与了研究所和产业线结合的应用开发项目。在那个年代，这被称为"研究面向市场一线"。在改革大潮中，徐长军和同时代的很多人一样面临着选择问题，究竟是继续留在研究所还是自己创业？在时代的召唤下，徐长军学长相信为这个社会创造价值是最为重要的。最终，在研究所工作 6 年多之后的 1996 年年初，徐长军和另外 4 个志同道合的朋友（其中还有他的大学同班同学）毅然放弃公职，下海创办朗新科技。在改革开放的时代浪潮下，各行各业都释放出了蓬勃向前的生机，朗新科技乘着这股东风，从一家为电信运营商提供计费软件服务的小公司，发展成了如今能源数字化与能源互联网领域的领先科技企业。

27 年的创业难免经历困难与波折，但学生工作锻炼出的开阔视野、综合素养和坚强内心或多或少帮助徐长军渡过了创业中的种种艰难时刻。他直言道："我在学校承担学生工作的经历和历练，在我毕业早期，助力我更快、更好地融入单位、融入社会，也对我近 30 年的创业生涯产生了积极的作用。"

最后，徐长军寄语新一代的辅导员们："我们如今的社会正面临着新的更高水平的改革开放。这是一个科技勃发的时代，也是一个创造价值的时代，无论是从事学术研究，还是进入企业，或者是进入公共部门，或者自己创业，希望同学们追求创新、追求卓越、创造新价值，在这个伟大的时代创造属于自己的辉煌。当你回首往事时，会欣喜地发现自己曾经和伟大时代同频共振。希望各位同学在辅导员这一宝贵的平台上，在帮助同学、成就自我的过程中，胸怀更加开阔，意志更加坚定，善意更加充足，我们终会发现，我们的获取会远远超过我们的付出，我们会变得更开放、更真诚。当然，我们还要做好自己的学业。在清华，学业是基础。"

永不放弃，把不可能变为可能

——访诚志股份董事长龙大伟

文/新闻学院　胡嘉树

龙大伟，男，1981 年进入清华大学热能工程系学习，1986 年起担任辅导员。曾任清华大学校团委副书记，清华大学企业集团副总裁，清华同方股份有限公司董事，诚志股份有限公司副董事长、总裁，清华控股有限公司董事长，诚志科融控股有限公司董事长等。现任诚志股份有限公司董事长。

"什么是企业家精神？我的定义是：永不放弃，把不可能变为可能。"这是诚志股份董事长龙大伟所理解的企业家精神。接受学校采访时，龙大伟刚刚结束一场工作会议，虽然日程安排"无缝衔接"，但龙大伟并未显露出任何疲惫的神情，而是亲切地询问学弟学妹们的情况、充满激情地为学弟学妹们分享自己从学生到辅导员，再到企业家的过往经历和感悟。

1981 年，龙大伟从黑龙江省考入清华大学，先后在热能工程系、社会科学系、经济管理学院学习。在校期间，龙大伟担任过班长、系学生会副主席、系团委副书记、本科生辅导员等学生干部职务，后又担任过研究生辅导员、青年教师辅导员。1988 年，龙大伟毕业留校，被分配到党委学生部工作，担任学生党建工作组组长、毕业班工作组组长，兼任毕业生分配办公室副主任。1990 年，龙大伟转岗到校团委工作。自 1994 年起，龙大伟开始在清华大学产业系统工作，参与组建清华科技园，主导推进清华同方股份有限公司重组和上市方案，主持诚志股份的成立和运营。龙大伟后担任清华控股有限公司党委书记、董事长，推动企业发展，参与校企深化改革。诚志股份成立于 1998 年，2000 年于深圳证券交易所公开发行上市。目前，诚志股份总资产突破 200 亿元，营业收入已连续两年超百亿元。

在清华大学和中国科学院大学的学习经历以及在清华的辅导员工作经历，都对龙大伟的企业家生涯大有裨益。龙大伟说，欢迎同学们"解剖我这只麻雀，品尝我这片梨子"，通过他的过往经历，总结提炼出可以学习的地方，日后能比前人做得更好。

作为学生：清华让我们学会学习

1981年，龙大伟以500分高分报考清华大学，进入热能工程系学习。龙大伟回忆，热能系对数学要求很高，他在热能系共修了6门数学课。"后来我在经管学院学习，我觉得学经济的人数学一定要好，我走到企业家这条路上，跟在热能系学了6门数学有很大关系。"龙大伟说。

1986年，龙大伟从热能工程系毕业，并担任学生辅导员。在此期间，龙大伟进入清华大学社会科学系思想政治教育专业学习，获授法学第二学士学位。这段文科学习经历，让龙大伟打破了工科数理化思维的局限，更兼具人文情怀和社会关切。1993年，龙大伟进入经管学院攻读工商管理硕士学位。"经管学院教会我一些基本技能，如看会计报表、做雷达图，还让我明白了期货对冲、客户黏度等基础知识，奠定了我经营企业的基础。"龙大伟说。

2011年，时年48岁的龙大伟已是上市公司董事长，他又选择回到学校读博。谈到读博的原因，龙大伟说，一是自己在工作中总被戏称作"龙博士"，觉得不能给学校抹黑、做冒牌博士，必须读一个真博士；二是自己经营企业已经很长时间，需要"充电"。董事长的判断能力对企业未来的发展至关重要，龙大伟觉得，对于如何审时度势、在别人尚分析不清楚的时候做出正确的判断，自己还有欠缺。"'三十而立，四十而不惑'，但我仍然有疑惑。我愿意去向有经验的、行业灯塔级的人求教。清华让我们学会学习，而不断学习也正是我几十年来一直坚持在做的事。"龙大伟说。

抱着修炼本领、充电解惑的目的，龙大伟进入中国科学院大学攻读管理学博士学位。"我学习非常认真，一次课都没有旷过。"回忆起10多年前的读博经历，龙大伟依然记忆犹新。有两门课让龙大伟印象尤为深刻：一是复杂博弈，这门课研究在无限轮、无规律可循的博弈过程中，应该采取何种策略。"这门课对我今天处理一些难以拿捏分寸的事情甚有帮助。"二是从中国古代哲学课程中学到的禅宗思想的人生三种境界——"见山是山，见水是水""见山不是山，见水不是水""见山只是山，见水只是水"，这给他的心境和眼界带来了不小的提升。

龙大伟的博士论文选题是企业协议收购过程中的博弈定价研究。与这项研究相关的公开案例数据稀少，支撑资料难以寻找，龙大伟向导师成思危汇报后，得到了鼓励，导师建议他以实证为基础，充分发挥自身具备的多年企业经营和跨国并购实操经验优势，对课题进行研究，并指出如果能扎扎实实把研究做出来，将对学术界意义深远。导师的指导和鼓励使龙大伟豁然开朗，坚定了继续研究的信心和决心。龙大伟最终顺利完成了学业。"我答辩时，5个答辩评委一致给我 A 评级。"回想起博士论文获得的成绩，龙大伟十分自豪。

谈到几段求学经历带来的收获，龙大伟说："我的成绩不是最拔尖的，但我的特点是注意积累、实时复盘总结，我走的路相对扎实一些。回顾过去，这些经历都指引我正确看待已有的经验和成就，让我对自己的优点和缺点有清晰的认知和判断。"

作为辅导员：要有服务集体的精神

在清华学习时，龙大伟大一和大二担任班长，大三担任系学生会副主席、系团委副书记，毕业时仍是班长。龙大伟入学时比较瘦弱，但有着为同学们服务的精神和充足的干劲儿，龙大伟说，自己中学时就是校学生会主席，有为同学们服务的经验和传统。考入清华后，因年纪小、高考分数高，被老师选中担任学生干部，为同学们服务。

1986 年，龙大伟开始担任学生辅导员。"我当辅导员，是被选上的，因为我'又红又专'。当时的系主任倪维斗院士提出让我留在系里，我很高兴，就留下了。"但辅导员工作并不轻松，龙大伟几乎没有在晚上 12 点前睡过觉。当时大学校园不提倡谈恋爱，龙大伟也一直"干巴巴一个人"。龙大伟说，当时，清华园里像他一样的人很多，这是 20 世纪 80 年代清华的一个剪影。虽然任务繁重，孤身一人，但龙大伟的工作热情非常饱满，"当时精力非常旺盛，非常投入。我跟所有学生都打成一片，和他们成为了非常好的朋友"。从社会科学系毕业后，龙大伟又在校党委学生工作部担任党建工作组组长、毕业生工作组组长，兼任毕业生分配办公室副主任。现在清华大学职业发展指导中心章程的第一稿，就是由龙大伟撰写。龙大伟是 1984 级毕业生工作组组长，共带过 4 届学生。他带过的学生，不少后来成为了清华的知名校友。

谈及做辅导员工作需要具备的能力和品质，龙大伟说，首先要有服务同学们的精神，因为做辅导员需要牺牲自己的时间；其次，要更努力、勤奋，即使把时间花在了做社会工作和帮助别人上，自己的事情也不能落下，要不断总结提升做事效率的经验，努力做到事半功倍。

对于辅导员经历带来的收获，龙大伟说："做辅导员给我带来了额外的压力，但这份压力也锻炼了我的做事效率。"这段学生工作经历，也对龙大伟后来经营企业有所助益。"经营企业后，我经历了从众星捧月到万事求人，有很大的心理落差，但我也很快适应了，做学生工作、做辅导员的经历起到了一定帮助作用。"

作为企业家：要做篮球，不做气球

1992 年邓小平南方谈话，中国改革开放进入新阶段。在这样的时代背景下，清华大学也开始创办自己的企业。作为经管学院首届 MBA，又是清华科班出身，兼具理工、社科和经管背景的"又红又专"的"通才"，龙大伟被学校选拔，从校团委副书记转岗到产业系统筹备校办企业。1994 年 5 月，龙大伟开始筹备清华大学企业集团，后续又参与了清华科技园、清华同方的创立过程以及同方股份、紫光股份的上市工作。龙大伟说，自己是科班出身，希望能为学校做贡献，所以立志为清华的产业不遗余力、持续奋斗。

1998 年，龙大伟在江西南昌创立诚志股份。谈起创立诚志股份时遇到的最大困难，龙大伟说，有三个方面：一是没有产业基础。最初，诚志股份是由同方股份和几家江西日用化工国有企业共同发起设立的。当时，改革开放政策推动了国内市场的对外开放，宝洁、联合利华等跨国日化公司迅速占领中国市场，但开放并没有换来国外先进的产业技术，诚志股份的一切都需要自力更生。二是学生"半路出家"创立企业，没有行业经验。"我们清华学子，因为有情怀、有理想，总把个人的事业和国家的发展联系起来，走到哪里都被高看一眼。但经营企业后，万事都要求人。"一切都要"摸着石头过河"，这让那时的龙大伟感受到很大的心理落差。三是创立诚志股份时国内正经历经济体制机制的转换和调整，社会仍然普遍追求"铁饭碗"，但诚志股份作为上市公司，是市场竞争主体，没有"铁饭碗"一说，在聘用员工时遇到了困难。

这三大困难如同三座大山，摆在了几位参与创立企业的、初出象牙塔的清华人眼前。龙大伟说，自己当时抱着"不把诚志带出江西，就无颜回清华"的决心，立志一定要经营好上市公司。"受了任何挫折，我都不会回学校哭诉。当时，都是靠着我们干事业的拼劲来感动江西当地的企业家和有关人士，博得理解和支持。"龙大伟与团队共同付出了艰辛的努力，通过讲述"江西的国企改革跨上清华的高科技骏马"的故事，勾勒出企业的发展蓝图，促成了最初的合作以及后来公司的成功上市。"创业时不能后退，要一步步坚定地走过来。"回忆起企业初创时的经历，龙大伟有颇多感慨，"忆往昔，峥嵘岁月稠。一个企业从无到有、从小到大不容易，背后都是九死一生"。

如今的诚志股份，已是以清洁能源化工为核心产业的高科技上市公司。"美国 AP（Air Products，空气产品公司）的全球董事长曾说，'诚志股份在清洁能源行业气化炉工艺的控制效率方面，已经做到世界第一'，他还提出要让员工来中国学习、向我们看齐。"龙大伟曾到 AP 公司美国总部交流，对方为了表示尊重，特地升了中国国旗，给中国人准备了热汤。"如果我们实力不够，他们连一个微笑都不会给我们。如今，中国经济体量巨大，我们的头部企业也可以跟他们平起平坐地交流讨论。见山只是山，见水只是水。"龙大伟说。

经营上市公司二十余载，龙大伟将企业家精神总结为"永不放弃，把不可能变为可能"。从刚进入清华时的瘦弱学生，到兼顾学业与学生工作、和同学们打成一片的辅导员，再到带领诚志股份由日化起家的校企蜕变为拥有百亿资产的高科技上市公司的董事长，龙大伟一直践行着这样的精神。龙大伟曾给过自己一个告诫：要做篮球，不做气球。"气球一拍到地上，遇到尖锐物就泄气了；而篮球，往地上拍的劲儿越大，反跳得就越高，这就是越挫越勇。"龙大伟说，"'失败是成功之母'这句话并不全面，成功更是成功之母。在很难的时候克服万难最终取得成功，会激励你不断地在遇到困难时超越困难，最终把不可能变为可能。"

在访谈的最后，龙大伟学长寄语同学们："在学习方面，不要认为读书无用，要脚踏实地、认真学习、广泛涉猎。在生活方面，要自律、培养好的习惯，有好的身体。热爱学习、广泛涉猎、有好的身体，是经营企业的基础。在眼界格局方面，要培养大国国民的心态和精神，关注国家发展和人类进步，这是清华人的责任。在未来规划方面，不要想太多，要在适应现实的基础上，锻炼自己的意志力和耐压能力，让自己的内心变得强大。走向工作岗位后，要证明自己能做事、不怕吃苦、能把困难的事做成。希望同学们以天下为己任，能够做得比前人更好。在行业选择和职业发展规划方面，非常欢迎、渴望有志者加入我国工业战线的奋斗队伍。我希望在我退休的时候，能欣慰地把产业的接力棒交到学弟学妹的手里。"

钟灵毓秀显光辉

    在新时代十年的奋进征程中，中生代辅导员在祖国最需要的地方建功立业，把个人的理想追求融入党和国家事业之中，彰显中生代辅导员榜样的力量。

脚踏实地，服务国家

——访中化国际党委书记、董事长、总经理张学工

文 / 化学系　李哲威　陈璟涵　刘佳慧　吴　磊　杨金磊

张学工，男，1987 年进入清华大学化学系学习，1991 年起担任辅导员。1995 年毕业进入中国化工进出口总公司（中国中化控股有限责任公司的前身），曾任集团公司总裁办公室主任、中化国际（控股）股份有限公司副总经理兼物流事业总部总经理、中国中化集团有限公司总经理助理兼中国种子集团有限公司总经理、中国中化集团有限公司战略执行部总监等。现任中国中化化工事业部总裁兼中化国际党委书记、董事长、总经理。

张学工的工作地点在上海中化国际总部，借着他因工作原因临时来到北京的机会，我们有幸线下采访他。初见张学工，他热情地和我们打招呼，这种平易近人的亲切感一下子打破了我们心中的忐忑感。在得知我们的年龄和他的女儿接近时，他自豪地谈起自己和女儿消除代沟的方法：平等地交流、关心她，学会用她的方式说话，善于倾听，尽量避免说教。这种春风化雨般的育人方式，似乎把我们拉回了 20 世纪 90 年代初，看见了当年那位与同学们真诚地交朋友、坦诚地表达意见的张学工辅导员。接着，张学工带着我们回顾了他在清华担任学生政治辅导员期间所受到的熏陶，使我们进一步理解了他脚踏实地的成长经历和服务国家的赤子情怀。

缘起："是组织挑选了我"

张学工先后担任了 4 年学生政治辅导员：1991—1993 年担任化学系 9、0 字班（1989 级、1990 级本科）辅导员；1993—1995 年担任化学系党委学生工

作组组长。当被问及"您为什么选择成为一名辅导员"时，张学工首先改变了这个问题的主语："不是我选择，而是组织挑选了我。"他表示，在当时的辅导员和学生组长与他谈话了解意愿时，他首先感受到的是化学系党委对他的信任和肯定，也为组织愿意给他提供一个锻炼和成长的机会而感到幸运，故而很快就答应了。此外，张学工认为自己本科期间受辅导员的帮助很大，在前辈的影响下，也非常希望能有机会帮助学弟学妹，在后辈成长的路上给出一些建议，帮助他们更好地成长。

当谈起辅导员对自己的影响时，张学工介绍说，他的辅导员都是名人：大一入学时的辅导员是李艳梅（现为清华大学化学系教授，任清华大学致理书院院长），学业优秀，是初入大学的他们的学习榜样；大二到大四，他的辅导员是邱显清（现任清华大学出版社党委书记、董事长），他认为邱显清辅导员待人真诚，思想成熟，具有像兄长一样的行事风格，还曾获得清华大学第一届特等奖学金，非常优秀，对他的影响最大；在大五，也就是张学工自己也开始担任辅导员时，他的辅导员是赵燕来（现任清华控股有限公司党委副书记、总经理），也是当时的化学系党委学生工作组组长。

张学工特别指出，化学系学生工作系统具有非常好的历史传承。例如，邱勇老师是他担任学生组长时系里主管学生工作的党委副书记，尉志武老师是邱显清和赵燕来的辅导员，而他们都是化学系的杰出代表人物。历届辅导员即使在毕业后也联系密切。例如，张学工目前不仅与自己带班的1989级、1990级同学有密切联系，而且与邱显清、赵燕来等辅导员前辈，以及自己所带班的同学，后来成为辅导员的张德强等同学，都有很好的感情联络。

张学工至今还记得在1995年，自己和所带的1990级本科生同学毕业时一起聚餐的场景，大家说了很多知心话，同学们也没有把辅导员当成外人，有很亲近的感觉。他感慨道，在所带班同学的大学5年中，自己有4年的时间以辅导员的身份与他们相伴，双方的关系并不像很有距离感的师生关系，同学们有直呼其名的，有叫他外号的，有叫老师的，也有叫辅导员的，但不管怎样的称呼，都能感受到大家的心是在一起的，这样的相处所形成的情谊，比进入社会之后的工作关系更加纯粹，非常值得怀念。正是这样的感情基础，使得共同成长、"老带新""传帮带"的优良传统深深刻入每一位清华辅导员的文化基因之中。

而在秋风萧瑟的秋季学期开导同学的场景，也为张学工所铭记。他笑着说，虽然每次期中之后自己心情也不好，但好像开导完同学之后，他们的心情都有在变好。一位同学期中考后找到他，谈及了低落的情绪：感觉自己的生活就像满地的落叶一样，飘落到冰冷的地面上。张学工开导他说："其实换一个角度，叶子落在地上也可以联想到春天的，树枝上总会长出新的绿叶，植物的生长是有周期的，我们情绪低落的情况肯定会过去的。"他总结道，帮助同学化解负面情绪，是很有趣的一件事情，也可促使自己成长。

张学工将自己担任辅导员的工作经验总结为两点。一是加强班集体建设，且在班集体建设的过程中要注意到不同班级所具有的不同特点，例如：1989级同学普遍个性比较强，毕业后在创新创业等方面人才涌现，包括后来创办了完美世界集团的池宇峰；而1990级同学们更像"乖孩子"，品学兼优。但无论班级特点如何，打造集体凝聚力、向心力，培养集体认同感，发展真诚的同学情谊和培养对外开放的胸怀，都是重要的。二是要抓两头、带中间：对于品学兼优的学生骨干，要鼓励他们自由探索、全面发展；而对于家境、生活、学业、身体等方面有困难的同学，则需要重点关注，不应让任何一个同学掉队。

传承："'又红又专'和'双肩挑'是值得发扬光大的优良传统"

当谈及对"又红又专"的理解时，张学工特别提到"辅导员"的全称为"学生政治辅导员"，其中体现着浓厚的政治色彩。他认为，"红"在不同的历史阶段的基础逻辑是一样的，但是，在不同阶段的表现形式，特别是辅导员的具体工作内容可能有较大差异。他谈及，在20世纪90年代做辅导员时，苏东剧变刚刚结束，国内的思想文化界也相对比较混乱，他自己首先想通了，中国这么大的国家，绝对不能发生混乱情况，从而能够自信地向同学们讲解，稳定住学生的思想；而对于进入中国特色社会主义新时代之后的辅导员，向同学们讲政治仍很重要，这就要求辅导员自己要理解新时代的内涵，增强"四个自信"，才能够有逻辑地与同学们交流，避免说教，使同学们更易于接受。在"专"的方面，张学工认为在不同时代的差异不大，首先要对同学们起到积极的专业引导作用，学业方面的表现就不能太差，但也难强求在学业方面做到顶尖水平，需要自己做好平衡。

张学工认为，辅导员的工作对自己有四个方面的锻炼：第一，辅导员工作倒逼着自己对三观进行更多的思考，这是因为辅导员要和同学们做思想工作、讲党课，如果自己不能思考清楚世界观、人生观、价值观，很难对同学们起到很好的引导作用；第二，培育家国情怀和清华传统，辅导员会比一般同学受到更多的熏陶；第三，锻炼统筹兼顾的能力和培养大局观，这是在平衡学业和辅导员工作的过程中做到的，更是辅导员或学生组长，站在院系或学校全局的高度进行思考所需要具备的素质；第四，培养团队合作意识，带班本身就是一种带团队的经历，这种意识和能力对于后来的工作很重要。张学工目前在1万多人的中化国际担任主要领导职务，不可能事无巨细地关心每个人的工作，团队带领工作仍然是重点对领导层的十几个人展开的，小到会议组织，大到分工负责，都需要班子领导具备团队合作意识。

选择："了解社会大局，发挥自身才干，服务国家发展"

关于辅导员经历对于个人职业选择的影响，张学工表示主要有两个方面：一是担任辅导员能提升沟通、协调、组织能力，培养大局观，这可能是不当辅导员难以积累的素养和经验，一直到现在，张学工看待问题的视角都与只具有纯粹专业视角的同学、同事不同，能够在国家和行业发展大趋势上考虑得更加深入；二是能够更好地去认识自己和社会的关系，早在清华学习期间，张学工就不仅仅从化学专业发展的角度思考个人未来规划问题，还会考虑国家和社会的未来发展大趋势，也正是看到了实业迅速发展对于人才的需要，他才结合自身实际，积极争取，最后如愿以偿来到中化集团施展自己的才华。

张学工结合自身体会，总结了走出校园后的清华辅导员所具备的四个主要特质：一是人品端正可靠。他表示，现在中化集团内部好几位同事都有过辅导员工作经历，在工作中能够得到上下级、同级的认可，最基本的还是人品可靠；二是追求上进、事业心强。这与清华大学"自强不息，厚德载物"的校训密切相关，辅导员普遍具有很强的责任心；三是专业学习能力强。张学工回忆起先前上级委任其为中国种子集团公司总经理的经历，该领域的工作内容和化学直接联系并不大，而较强的学习能力正是他快速适应新环境的关键；四是具有团队精神。清华人本身的团队意识就较为强烈，而辅导员更是如此，在工作环境中，大家更容易坚持相同的价值观，为同一个目标而共同努力。此外，张学工建议学弟学妹，在校期间也可以培养大局观，尽量做到"走好每一步，看到三四步"，为自己的人生确立长远方向，并做好终身学习的准备，如此，在离开校园后一定能够很好地适应多变的社会环境。

回顾："继续坚持 70 年来的优良传统"

总结我们今天的访谈内容，张学工指出，"双肩挑"政治辅导员制度是清华大学一个非常优秀的传统，这不仅是一种制度设计，而且已深深融入清华大学"又红又专"的文化氛围之中。在未来，我们应当继续将"双肩挑"发扬光大，除了"又红又专"、家国情怀等不变的底层逻辑，更要与时俱进。他提醒我们在校辅导员，要注意到学生的思想会随着社会的进步而不断变化，如果用旧的方式来面对学生，等同于刻舟求剑。只有与同学们展开真正平等的交流，真心关爱同学，我们所想要传递的思想才能像春风化雨一般渗入同学们的心田。

最后，张学工对母校和"双肩挑"政治辅导员制度表达了美好的祝福。从学长亲切的眼神中，我们也感受到了前辈对我们的殷切期望，清华大学"双肩挑"政治辅导员制度，一定能够历久弥新、发扬光大，与我们的新时代同行。

奋斗的价值在于人

——访中国人民银行金融研究所副所长雷曜

文 / 经管学院 孔奕淳 申 悦

雷曜，男，1992 年进入清华大学经济管理学院学习，1996 年起担任辅导员、清华大学经济管理学院学生工作组组长。曾任中国人民银行上海总部公开市场操作部副调研员、中国人民银行研究局金融市场研究处副处长，挂任山东省发展改革委副主任、党组成员。出版专著《次贷危机》《利率市场化的全球经验》《金融基准》等。现为中国人民银行金融研究所副所长。

某个夏日黄昏，从李华楼门口走进来一位穿着运动装的"老师"。远远地我瞧不真切，走近发现竟是雷曜师兄，紧张感一下子冲淡了不少。初次见面，师兄亲切地问我们好，解释说家就住在附近，很方便地就能过来。随着话匣子被打开，安静的李华楼流淌起过去 30 年的故事。

我们是那幸运的 3%

谈及蒋南翔校长"又红又专"的教育理念，雷曜表示，在他念书期间，这样的人才培养导向对他的影响是潜移默化的。

"清华从我们入学第一课就开始强调'又红又专'，切入点就是新生最自豪的考进清华'过五关斩六将'，"雷曜回忆道，"我从事的金融政策研究也与人力资本结构有关。20 世纪 90 年代我入学的时候，全国高等教育毛入学率只有 3%，能进入清华这样条件的高校更是万里挑一。我们是幸运的 3% 乃至万分之一。"雷曜也是从那时起意识到，考入清华依靠的不仅仅是个人的能力，更是无数人的托举。作为享受到最优质资源的，不能忘记 97% 的群体，应当承担起更大的责任。

当时雷曜的本科专业是五年制，他在大五时成为了本科新生的辅导员。那一年他有本专业和自动化双学位的毕业设计要做，同时还在自己所在的班级担任班长。因此，新生辅导员的工作给他带来了不小的压力和挑战。但是谈及辅导员的工作时，师兄表示十分荣幸："作为党员，受到组织的信任和托付，我非常高兴承担这个责任。"当时有两个群体对雷曜都产生了深远的影响。一个群体是雷曜所带的两个班的新生，作为辅导员在对他们言传身教的同时，也被教育、被约束、被感动着；另一个群体就是辅导员的前辈同事们，如杨斌老师、曲庆老师、钟笑寒老师，他们对人、对事、对学习、对生活都充满激情，感染着每一位辅导员尽全力把良好传统传承下去。

雷曜至今对于入学时党委书记贺美英老师讲的一句话记忆犹新，叫"大家在感情上要粗糙一点"。"当时我们的第一感觉是说不要一天到晚卿卿我我的，要专心学习。后来我的导师赵纯均老师教导我说其实还有另外更重要的一层意思：从他们那个年代看，在很多方面我们每个人人生的际遇都各不相同，有的很幸运，有的受了委屈——但是我们不要因为一些小的波折，就轻言放弃自己的目标和信念。"雷曜师兄感叹道，现在他更加理解先生们讲的人生际遇、人生选择、国家的选择、国家的方向、社会的发展这些更宏大的背景。正所谓"行胜于言"，"又红又专"深深地烙印在清华人做出的选择和实际行动当中。

保持国际视野，投身中国特色货币政策工具体系建设

他来到中国人民银行后的第一个岗位是探索开展流动性监测工作。"进入21世纪，随着中国融入全球化，开始成为世界工厂。这个历史时期的特征是外汇储备得到快速积累，学术界和实务界开始讨论流动性过剩的问题，"雷曜如是说，"但是无论是学术界，还是实务界，还没有对所谓流动性的含义达成一致，更不用说作为政策指标去监测、分析和操作了。"借助发达国家中央银行公开积累的历史材料，雷曜以美国联邦储备委员会、英格兰银行的货币政策和公开市场操作为研究对象，对发达国家现代中央银行的起源、公开市场操作等政策工具进行了系统研究。

特别是次贷危机爆发后，正在中国人民银行纽约办公室的雷曜被派往纽约联储银行交流了解危机发展情况。次贷危机是美国 20 世纪 30 年代"大萧条"以来最为严重的一次金融危机，金融市场迅速产生强烈的流动性紧缩效应，造成的危害向实体经济蔓延，各主要经济体中央银行、政府机构和金融机构对危机做出的反应前所未有。当讨论到危机造成联邦基金市场冻结、交易量少、利率飙升时，雷曜提出前一天日间利率出现突降为零利率的反常现象。对方惊讶于问题的细致和专业，中国央行同行从一瞬间捕捉到了市场异常，因而更加全面认真地介绍纽约联储公开市场团队因为没有先例，在操作时可能注入了过量的流动性。中国经济金融的政策制定者和市场人士，第一次与欧美同行们同答一份考卷。"我觉得从那一刻起，从教科书中走出来，对美国金融市场和政策开始平视。"记录这一段学习工作的文字，也以专著《次贷危机》的形式出版，成为许多业内专家学者重要的资料来源。在次贷危机 10 年后，这本书还入选了中国社科院世界经济与政治所"改革开放 40 年 40 本世界经济学优秀中文图书"。

进入新时期，我国在金融服务实体经济方面有了新探索，国际社会在新形势下对中国也有了新的期待。例如，气候问题、环境问题、生物多样性问题越来越成为各国和经济金融界关注的焦点。中央在 2015 年就制定了生态文明体制改革的总体方案，要求建立绿色金融体系，实现"绿水青山就是金山银山"。雷曜和他的同事就承担了政策研究制定工作，为全球领先的绿色金融市场形成和运行，提供了《绿色债券目标》《金融机构碳核算指南》等关键性公共产品和服务。雷曜介绍说，我国是全球首个制定绿色金融顶层设计的国家，其绿色金融的政策措施有着鲜明的特点：以正向激励、自我激励为主，坚持适度激励、科学评价，不搞指标任务，避免了因过度使用非价格型激励工具可能带来的市场扭曲问题，极大地减少了监管博弈，没有产生明显的"洗绿""漂绿"现象。这些努力也获得国际社会的高度认可。从 2016 年我国作为 G20 轮值主席国首次将"绿色金融"纳入 G20 峰会议题，到中国人民银行联合法国、荷兰、德国等多国发起央行与监管机构绿色金融网络（NGFS），与欧盟发起可持续金融国际平台（IPSF），重启 G20 可持续金融工作组，我国开启和推动了绿色金融国际主流化进程。

奋斗的价值在于人

当雷曜被问及该如何引导本科生，特别是学习金融相关专业的本科生时，他说："经济金融类的学生研究金钱，特别要注重建立正确的个人价值观。作为辅导员，有机会和同学们一起追寻人生价值的实现问题，也是一种特殊的缘分。从小处说，辅导员的价值就在于被周围或者更多的同学需要；从大处说，清华的学生一定要有社会责任感和历史责任感。"

雷曜认为这体现在对"人"的因素的重视上。"做辅导员乃至工作后，你会发现很多细节藏在人与人的交流当中。学生、合作者、同事不仅仅是经济学中的'理性人'，也不仅仅是完成某项任务的'机器人'，他们有着不同的偏好、能力和情感。辅导员在这'一亩三分地'上，要尽可能理解学生偏好、能力和情感，相互理解、相互支持。"他建议辅导员和同学们"多搞班级活动，不停地搞，反复地搞"，以此增强班级的凝聚力，让同学们在身边人中体会到付出的快乐，也获得温暖和满足感。

雷曜提及自己在央行参与金融史研究的经历，强调历史责任感、民族责任感的重要性。谈到庚子赔款规模巨大，使得全国多年财政收入都不足以偿还，清政府不得不将关税抵押给英国来借款，不仅失去了财政主权，增加了利息和汇兑负担，外国银行成为代理税库、汇兑、结算等领域的"万能垄断者"，进一步扼杀了民族金融业的活力时，雷曜师兄的情绪变得有些激动："清华与这段历史有着特殊的联系，清华经管人对建设中国特色金融体系应该担负特殊责任。"他继续讲起近代金融历史上的故事，在全球大国纷纷选择贵金属本位以提供发展的稳定货币环境时，中国多次建立银本位的努力都没有成功——"没有党的领导中国近代金融史就是一部心酸史"。雷曜告诉我们，央行从今年开始，专门拿出《金融研究》的版面，每一期放一篇金融史方面的研究。"这也是当时的中国人民银行行长特别关注的。易行长亲自带着经济学家们计算中国历史上的货币规模、债务规模，研究历史上的储备是怎么管理的。"雷曜说。

雷曜鼓励在校的辅导员们要引导同学们从历史中寻求中华民族伟大复兴的意义。他希望在读的师弟师妹们把专业学好、把基础打牢："价值观解决方向的问题，但是能力不足也难以做出贡献，还需要不断提升学识水平和解决问题的能力。"

根植地方砺科研，深入人心聚思想

——访浙江清华长三角研究院生态环境研究所所长刘锐

文 / 环境学院　张唯唯　胡邀月　欧阳子路

刘锐，女，1991 年进入清华大学环境工程系学习，1995 年起担任辅导员。2001 年毕业后，先后在日本产业技术综合研究所、日本横滨国立大学开展研究工作。现任浙江清华长三角研究院研究员、生态环境研究所所长、浙江省水质科学与技术重点实验室常务副主任，享受国务院政府特殊津贴，当选第十三届、第十四届全国人大代表。

初知刘锐学姐的经历，我们不免对这样一位"高高在上"的前辈心怀敬畏。师长辈的年纪、牵头重大科研项目、全国人大代表，每一条都不禁让人望而生畏。但初见本人，我们不免惊讶于其诸多亮丽头衔下亲切温柔的声音与风趣可爱的谈吐，虽是未曾谋面，刘锐学姐却一见面就像熟识多年的老朋友一样和大家谈笑风生。而在访谈的过程中我们越发感受到，这一份光鲜的履历下是数十年的打磨与沉淀。

缘起清华成长引导

谈到自己的大学阶段，刘锐直言当时的自己"比较懵懂"。选择环境专业是机缘巧合，成为辅导员是系里的安排，自己没有太多的深思熟虑，一切是那么"自然而然"。

懵懵懂懂地成为了辅导员，在工作中刘锐也遇到了各种各样的困难。例如，在担任团委书记期间，时常有不知道如何开展的工作，一筹莫展的她也只能让系团委的骨干们各自提出"试错方案"，多方尝试、取长补短；在担任带班辅导员期间，最初对班里同学的家庭情况了解不够，对全国各地的经济差异认识不多，在民主调研中沟通技巧也有所不足，导致评定助学金时考虑得相对简单、产生了一些不够公平的情况，直至事后有同学找自己哭诉谈心，她才认识到自己工作的欠缺，这件事成为她辅导员工作期间最大的遗憾。通过深刻反思她认识到，调研和沟通对于做好工作至关重要。"象牙塔"里的同学实际非常缺少对社会的真实了解，因此在平时多听、多看、多见识，在做决策时广泛征求意见。时光无法倒流，但这份跨越20多年的遗憾鞭策着刘锐不断自省与改进，从一位全心关爱同学、尽力引路的辅导员成长为如今深入基层、严谨求实的全国人大代表。

"辅导员经历是对我最系统的走向社会之前的训练。"纵然辅导员工作磕磕绊绊，但这一段经历让刘锐受益良多。负责院系团委工作时，刘锐会将任务性工作以大家能接受并能有所收获的方式分解布置到每一个团支部，这"很考验大家的创造力与阅历"。在担任带班辅导员期间，她走近一个一个的个体，了解同学们的思想动态、平时学习生活中的困难，努力做同学们的引领者与榜样。这些锻炼在她今天的工作中仍然受用——如何将一个大的科研课题分解落实，如何通过与成员沟通分工来调动大家的主观能动性，如何关心爱护团队中的每一个成员、获得大家的信任和理解，这一些实际工作中遇到的问题都与当年的辅导员工作有很大的相似性。与此同时，担任辅导员期间面对的困难与压力也让曾经束手无策的刘锐拥有了更强的心理承受能力和抗压能力。但要论辅导员经历带给刘锐最宝贵的财富，还是那一群志同道合的人，"他们会和你成为一生的朋友"。刘锐细细列举了当时系里的社工骨干，其中很多后来也加入了辅导员队伍。虽然时隔多年，但当年那一份并肩作战的情谊依然历久弥新。

对于清华这一独特的"双肩挑"政治辅导员制度，刘锐也有自己的认识。专职的辅导员老师固然更加成熟，也能有更多的时间精力，但高年级学长学姐的身份对同学有着别样的引领作用。相较于老师可能会存在的距离感，学生辅导员与同学们年龄相仿，相似的成长阶段与经历给予了辅导员和同学更多的共通之处，使辅导员能够更加贴近同学，更好地理解与体会同学的想法、发现同学的困难和问题，从而也能更好地给予引导。与此同时，同学们也会不由自主地关心学长学姐是如何成长的，效仿辅导员的成长经历。一名优秀的辅导员就是一条成长的参考路径,这是清华"双肩挑"政治辅导员制度的独特优势所在。

面向实际科研探索

辅导员的经历让刘锐深刻体会到了解生活实际、深入认识社会的重要性,而这一点她在自己的科研探索中再次有了深刻感受。

在外界通常的观念里,像刘锐这样卓有成就的科研工作者自然是一开始就热爱科研并始终乐在其中的。但她却坦言,自己在博士甚至出国留学阶段都没有那么喜欢科研,在科研中的成就感不高,甚至有时会有些痛苦。真正喜欢上科研,是到地方工作并在自己的研究中产生获得感以后。

初到位于嘉兴的浙江清华长三角研究院工作时,刘锐仍埋头于实验室。然而有一天,当地一位农民企业家的话给了她巨大的震撼:"你们在实验室里倒腾来倒腾去,到底能为我们做点啥?"于是在此之后,刘锐开始走出实验室,到嘉兴的田间地头去走、去看、去做调研。在这一过程中,她看到了当地现实存在的环境问题,听到了诸多"活生生的"、急切的呼声。群众迫切而真实的需求让刘锐发自内心地与他们产生了共鸣,也给予了她研究的动力。她开始以实际需求为出发点,从中提炼科学问题,做一些"力所能及的小事"。"虽然我们没有特别大的原理突破和原始创新,但能够发挥才智去解决一些实际生产生活中的应用难题也是很有挑战、很有收获的。当问题解决的时候你就特别高兴,因为你有了用处、帮助了他人。"养猪废水无害化处理与资源化利用、环境污染溯源排查与精准防治,刘锐倾听着一线的、现实的声音,把研究做在了祖国大地上。紧密贴合实际、解决现实问题让她获得了很多社会上的认可和鼓励,也给予了她前所未有的价值感。

对于在学校的同学,刘锐认为在学习专业理论知识的同时,面向实际、深入一线同样也非常重要,这是一个认识专业、认识自己的窗口。同学们现在普遍存在对未来的迷茫与纠结,对此刘锐认为"纠结是因为没有去看社会"。她建议大家进行更多"脚踏实地"的实习实践,真正融入工作环境体验和感受——不是仅仅一两天的参观,也不能有老师们的特殊呵护,而是深入行业的长期实习。"不要把自己封闭在象牙塔里,多看看想法就会不一样。"

根植人民凝心聚力

刘锐在2018年和2023年分别作为专业人员代表与归侨代表当选为第十三、十四届全国人大代表，她将自己的两次当选归结为国家高质量发展对创新驱动与专业人才的重视。这一份国家和人民的信任让她惶恐，也更让她感受到自己肩上的责任。

人大代表代表人民的利益和意志。走访联系选民、听取和反映人民群众的意见和要求、向国家传递人民的呼声是其重要职责。在刘锐看来，人大代表的重要作用是呼吁，而呼吁的最终目的是解决问题。只有了解了人民需求，党和政府才能找准发展方向；而只有解决好民众切身的问题，办实事、办好事，政府才能更多地获得人民的信任。为了更好、更真实地反映人民需求，刘锐在自己所见所闻的基础上深入调研，发现问题，提出建议。"促进农林生物质能源化利用""让科研人员更愿意去做有挑战性的科学研究"，一份份根植于实际的提案背后是刘锐的求真务实。

而作为国家和人民的"桥梁"，除了"上传"之外，人大代表的另一重要职责是"下达"，即向人民传达党和国家的方针政策，协助政府推进工作。但传递国家的方针政策并非易事，做不好容易变成照本宣科，不仅枯燥乏味，还会引起群众的反感。要传递好国家的声音、讲好中国故事，刘锐认为还要从人民出发："人和人之间是会有共鸣的，从大家关心的、感兴趣的角度去讲，听众就愿意听、愿意接受。"因此在进行此类宣讲时，刘锐总会精心"备课"，联系实际去寻找听众感兴趣的切入口。例如，在带领研究院的同事学习"千村示范、万村整治"（简称"千万工程"）时，她以自己农村污水治理的经历为切入点，挖掘"千万工程"中蕴含的科技创新，号召大家"在坚守中砥砺创新"。在学习的过程中有共鸣、有收获，宏大的大政方针才能获得理解与支持，而只有获得发自内心的认可，党和国家的政策才能被更好地落实，真正做到集中力量办大事。

这一点与校园内的主题教育活动也是相通的。刘锐认为，现在的同学们对思想政治教育时常有负面情绪，一部分原因也是这些工作没有真正开展好，大家反感的并不是主题教育本身，而是僵化的、形式主义的主题教育。"精彩的、有营养的，大家是愿意听的"，而脱离实际、与受众无关的思想灌输，大家得不到启迪、没有收获，认可度自然不高。因此在组织主题教育时，要拉近与参与者的距离，从大家关心关切的问题出发，激发大家的兴趣与获得感，让大家在活动中有思考、有收获。"切入点很重要。"为了活动而活动很难得到大家的认可，立足同学、有益于同学的主题教育才能真正深入人心、凝心聚力。

一晃20多年过去，刘锐在一次次的困难与挑战中成长。如今回首，刘锐最大的感受是"要肯摔打自己，舍得脸面，下得了身段"，只有敢拼敢闯，多经历、多锻炼，用一颗"强大粗糙的心"应对风风雨雨，才能走得更远。而除了自己，朋友是前进路上不可或缺的助力，要"多交朋友，开拓思路"。刘锐认为，借助外力很重要，接触得越广，获得的帮助和资源也会越多。很多时候一个人的想法有限，大家遇到的多数困难是因为自己的认知水平和能力有限，扩大自己的活动圈，发挥周围人的能动性，多看看，可能就会海阔天空。而这一切的基础，是去做自己喜欢的事，"喜欢会成为你不断进步的动力"。但找到自己喜欢的事并不容易，刘锐也坦言，它需要不断探索和尝试，需要有过程，"不能太着急"。

在环境学院2023年毕业典礼上，刘锐学姐回到这片承载着汗水与收获的启航之地，寄语学弟学妹们"埋头苦干不忘抬头看路；保持定力，追求卓越，坚持做出自己的特色；深入调研多学习"，这是她从辅导员到研究员再到全国人大代表，一路仰望星空脚踏实地、与国家和人民血脉相连的写照，也是对所有清华环境人的期许与祝愿。

辅导员工作的育己与育人

——访清华大学电机系教授，系党委书记于歆杰

文／电机系　刘至真　张　灵

于歆杰，男，1991 年进入清华大学电机系学习，1997 年至 2001 年担任清华大学电机系政治辅导员，2001 年博士毕业后留校任教至今。电路原理课程负责人，从教 20 余年始终奋战在教书育人一线。曾荣获国家级课程思政示范课程、杰出教学奖、北京市教学名师奖，牵头荣获国家级教学成果二等奖等荣誉。获学生评选的"清韵烛光·我最喜爱的教师"和良师益友奖。现为清华大学电机系教授，2018 年起担任清华大学电机系党委书记。

1996 年，正在清华大学电机系攻读博士学位的于歆杰被时任电机系分管学生工作的党委副书记朱守真老师叫到办公室，告诉他 95 级电 51 班的班主任离职了，希望他可以接替一学期班主任的工作。自此到博士毕业止，于歆杰在班主任和辅导员的岗位上连续工作了 4 年。参加工作后，他下定决心，每 10 年至少担任一次班主任。2011 年他担任了电 11 班的班主任，如今，他正担任未央书院－电 11 班的班主任。

"做事先做人"

当于歆杰和他的搭档第一次接触新同学时，他们面临的第一个困难是与同学们并不熟悉。于歆杰回忆，虽然本科期间做过很长时间班长，但辅导员的角色不同于班长在班级中的角色，辅导员更需要关注年级的每个个体的感受与成长，而这要求与同学们有充分而深入的交流。于是在离开本科宿舍一年后，于歆杰决定搬回 28 号楼，与同学们住在一起。同学们常常来宿舍与他

聊天，当然也遇到了五花八门的问题，诸如宿舍又吵架了、家里又发生了事情。通过倾听和尝试处理这些复杂的情况，于歆杰逐渐与同学们建立起了深厚的友谊。

95级作为清华学制改革的过渡年级，面临了巨大的转变：从五年制转为四年制本科培养方案。在这个过渡过程中，根据学校的安排，部分95级同学要按照原本的五年制毕业，而另一部分同学则按照四年制毕业。对同学想法的了解与学制确认的重要工作就落在了辅导员身上。为了保证同学们能够顺利过渡，于歆杰与同学们进行了充分的交流，他帮助同学根据自身情况分析不同学制的得与失，最终圆满地完成了这项工作。

"这项工作其实是比较棘手的，最重要的是同学们相信你能够站在客观公正的立场帮他们分析情况，给他们提出建议。"于歆杰回忆起这项工作，总结出他认为辅导员工作的一个关键，就是"做事先做人"。"你是全方位暴露在同学当中的。与同学们住在一起，他们会经常见到你。你做人是什么样的态度？说话做事方法是如何的？经过长期相处同学们都会有很深的了解。"因此，辅导员只有首先做好自己，才能赢得同学们的认可，在面临真正棘手、复杂的工作时，才能让同学们敞开心扉与你交流，并充分信任你的立场。

"在育人中育己"

担任辅导员不仅仅是育人的重要环节，更是帮助自己成长的好机会。

一是能够提升自己的全局观。与班级工作不相同，辅导员不仅仅要带着同学们一起开展活动，以增进同学感情；还需要有思想引领、有工作推进与落实，有时也要处理自己没有预想过的问题。每项工作，要尝试站在不同的角度思考与看待。二是能够增强自己与人交流的能力。与同学们交流的过程实际上也是提升自己的过程，在这个过程中，辅导员需要学会倾听，学会从同学的最初表达中迅速猜测出同学的想法，学会从同学的情绪中迅速判断问题所在与严重程度。

于歆杰所在年级之前的博士毕业生，留校任教并不是最主流的选择。但在博士三年级，于歆杰就明确了留校的想法。尽管有不少同学不理解，他仍坚定愿意留下。支持他留校的一个重要原因是能够与来自各行各业、不同年龄段的人接触和交流，这其中最值得重视的就是学生。留校任教后，无论工作压力如何，于歆杰始终坚持与自己课堂的同学建立紧密的联系，倾听他们的想法，在课堂之外也常与他们交流。同时，他给自己定了一个目标，无论如何，每10年内至少要做一次班主任。这也推动着他在教学领域坚持创新，不断前进。

对清华辅导员工作的寄语

谈起清华辅导员共同的特质，于歆杰表示，他所感受的清华辅导员往往有个共同的特点，就是"稳"，这其实是与全局观密不可分的。清华辅导员在离开这些岗位后，通常仍有着做事比较缜密、考虑问题比较全面的特点，但相对而言锐气会弱一些。

对于辅导员工作体系，于歆杰有两点思考与建议。

一是要重视辅导员制度本身在人才培养中的价值。辅导员一定是先把业务做好，然后才能担任该职务吗？在于歆杰当下的视角里并非如此。他认为，辅导员以及其他社会工作岗位，并不一定是先要学习成绩好、各方面优异。辅导员制度本身就是人才培养的一环，应该给更多人提供机会尝试，以发现和培养能够统筹好自己时间和精力的优秀人才，他们将来很有可能有大出息。因此，希望相应的岗位能够再多一些。

二是要正确认识辅导员能力边界，多关注学生中的"中间群体"。个别人工作是辅导员工作中很重要的一部分，但实际上，有许多情况超出了辅导员能够处理的范围。应当认识到辅导员能力是有限的，引入专业人士处理个别情况。而且辅导员的精力不应局限于年级中比较活跃的"三驾马车"等同学以及情况较差的"个别人"，更应该关注"中间群体"，主动与他们交流，对这部分同学的成长以及更全面情况的了解都很有帮助。

用三十年写一段好故事

——访新疆哈密能源化工有限公司党委书记、董事长张明辉

文 / 化工系　黎雨晗　白一铭

张明辉，男，1994 年进入清华大学化学工程系学习，1998 年起担任辅导员。毕业后曾先后担任神华包头煤化工有限公司工程师、中国神华煤制油化工有限公司战略规划部高级主管、神华集团战略规划部投资处主管、神华集团战略规划部前期管理处处长、国家能源集团对美合作办公室副主任、国家能源集团化工产业管理部副主任、国能新疆化工有限公司总经理。现为国家能源集团新疆哈密能源化工有限公司党委书记、董事长。

2005 年 1 月，张明辉在"立大志，入主流，上大舞台，干大事业"的感召下，从清华化工走向神华集团，开始书写自己与煤化工的故事；时隔 18 年，他又重返清华校园，以国能新疆化工有限公司总经理的身份参加为期两个半月的央企培训班。"百战归来再读书"，坐在清华的课堂里，阳光洒过他的笔记本，张明辉一瞬间思绪万千，仿佛时光又倒退了 20 年——眼前的他，还是当初那个心有宏图、脚踏实地的他，出走半生，归来仍是少年。

把思想工作做在 BBS 上

1994 年 9 月，来自江西省玉山县的张明辉来到清华园求学。出于对化学的热爱，他在填报志愿时首选了化学工程系。最终如愿以偿地进入自己喜欢的学校学习喜欢的专业，他觉得自己是既幸运又幸福的。可在进入清华之后，张明辉却短暂地迷失了自己——第一学年结束以后，未能及时找到学习状态的他以一名之差与奖学金失之交臂。看着仅差一名的成绩单，张明辉痛定思痛，快

速调整了心态，在学习上奋起直追，最终以专业排名第四的优异成绩赢得了在本系攻读博士学位的机会，并荣获"清华大学优秀毕业生"荣誉称号。

或许是因为这一小段波折，又或许是因为本科当过班委，张明辉在学校鼓励同学们从事社会工作的号召下，成为了一名"双肩挑"辅导员。本科阶段当过班长的他知道，同学们在不同的阶段会有不同的发展需求，组织活动的出发点要为大家着想：电脑刚刚兴起那会儿，他邀请编程厉害的同学来给大家办讲座；大家都觉得物理化学太难学，他就邀请助教给大家组织集体答疑；班上喜欢排球的同学多，他就和排球队长一起组建了班级排球俱乐部去学校打比赛……可当了辅导员之后，他要怎么了解学生们的需求呢？

张明辉把目光转到了 BBS 上。那个时代，计算机网络刚刚兴起，在系里的BBS 上，同学们可以匿名发表评论，其中也不乏一些敏感言论。面对一些不当言论，张明辉更愿意以朋友的身份和学生们进行平等交流，用疏导的方式解决问题，想学生之所想，急学生之所急。正是这样的处事态度，让他和学生们打成一片，结下了深厚的友谊，成为了学生们口中那个亲切的"辉哥"。

"其实我挺内向的，不太愿意主动和他人交流。"张明辉坦言道，是当班长和辅导员的经历让他努力克服了这一点。这么多年实践下来，他知道真诚才是必杀技，辅导员工作使他学会了与不同的人谈论不同的话题，得到了很大的锻炼。就在前段时间新公司成立的时候，他进行了一场和所有员工的单独交流，一时间好像回到了那时与学生们的谈话场景中，只不过当年谈论的学习发展问题变成了如今谈论的职业发展问题，不变的还是那个将心比心、以诚相待的他。

选择与国家发展相适应的事业

张明辉一直坚定地选择自己热爱并相信的事业。高中毕业，他选择了热爱的化学工程系；本科毕业，他选择了留在本系继续深造；博士毕业，他选择了自己坚信能成功的煤化工事业，走进了神华集团。

受辅导员工作的影响，张明辉清楚地认识到将个人命运发展与国家发展相结合的必要性。正值毕业季的他，从系里已经毕业的师兄那里得知了神华集团打算筹建新的煤化工项目的消息，煤化工在当时算是一个全新的产业，充满着诸多不确定性。在请教了导师魏飞教授之后，他更加清晰地看到了煤化工广阔的发展前景与神华集团的雄厚基础，最终还是毅然决然地选择了加入新型煤化工的投产建设队伍中，在内蒙古包头开启了自己的职业生涯。

就像当年如愿地选择了清华化学工程系一样，张明辉又如愿地选择了朝阳产业煤化工，贡献了自己的青春。回顾近20年的职业生涯，从内蒙古包头到新疆哈密，那个刚刚毕业的稚嫩小伙变成了能够独当一面的领军人物，煤化工也逐渐从新兴走向成熟。每每提到煤化工的发展，张明辉都为自己能够全过程参与煤化工的各个环节感到荣幸与骄傲，"将个人命运发展与国家发展相结合"的信念在他身上体现得淋漓尽致。近20年的光阴告诉他，当时的坚定选择没有错，他的相信是正确的。

坚守问心无愧的选择

当提到给学弟学妹的寄语时，张明辉几乎是毫不犹豫就说出了"要耐得住寂寞，坐得住冷板凳"。这冷板凳，他一坐就是11年。

立大志，入主流，上大舞台，成大事业。在清华这样的号召下，张明辉带着自己的坚定和热爱走向了煤化工。张明辉的职位变化并不迅速，但他从来不是一个看中名利的人，"无论是否有职位，只要把自己分内的事情做好"——这样的好心态成就了他，也助力了他在煤化工事业中走得更远。

多年来，他本有许多选择，但他始终做出同样的取舍。毕业时，他放弃了出国的热门选择，因为他坚信到国家所需的重要行业发展才是主流的舞台，才会有更大的发展空间；工作时，他没有因为得不到提拔就跳槽，而是坚持做好本职工作——正是这样的坚守才让他有了更多的发展和机会。

从江西到北京，从北京到包头，再从包头到哈密，几经辗转，岁月在他的身上留下了难以抹去的痕迹，但他好像还是那个意气风发的他。在20年前的访谈中，他曾说过"不管在最终是否会有腾飞辉煌的瞬间，只要回首时能心中无愧，就够了"。他，真的做到了。

30年的时间不短也不长，张明辉用自己的30年诠释了一段主题统一的好故事。开拓很难，但总会有人选择拼个痛快；坚守很难，但总会有人选择坚持一生。心有宏图，路在脚下，心中无愧，安得自在。

辅导员是一项做"人"的工作

——访复旦大学附属肿瘤医院、生物医学研究院双聘教授徐彦辉

文 / 生命学院　李梓晗

徐彦辉，男，1995 年进入清华大学生物科学与技术系学习，2000 年起担任辅导员。主要致力于利用生化和结构生物学方法研究基因转录、染色质结构调控、表观遗传调控、DNA 损伤修复、肿瘤发生信号通路等关键蛋白质的结构与功能。以第一或通讯作者在 Science、Nature、Cell 等期刊上发表论文 40 余篇。现为复旦大学附属肿瘤医院、生物医学研究院双聘教授，博士生导师，新基石研究员，"长江学者"特聘教授，国家杰出青年基金获得者。

虽然毕业多年，但徐彦辉始终忘不了在清华当辅导员的日子。回想过去，当辅导员的经历已成为他清华生活中最精彩的一部分，给他带来的是持久而深刻的影响。在磨炼中提升能力，在酸甜苦辣中也有甘甜芬芳，辅导员身份为徐彦辉留下的印记，注定深深浅浅地嵌在他的生命里。

辅导员是做"人"的工作

在探讨辅导员工作对于自身科研生涯的益处时，徐彦辉认为这份经历有力促进了他的职业发展和个人素质的提升，特别是增强了他的交流沟通能力和理解多样性的能力。他认为，辅导员工作就是做"人"的工作，与同学们进行思想交流是最重要的一部分。"双肩挑"辅导员的经历，提高了个人的交流沟通能力，而在科研工作中，无论是学术报告、建设团队还是日常交流，这种能力都越发重要。

除了交流沟通能力，辅导员工作还让他意识到了个体思想的多样性和独

特性。在辅导员工作中，他会接触到不同的同学和不同的想法，这种经历让他在与他人沟通过程中能够寻求共识，更有针对性地表达自己的观点。如今，作为一名博士生导师，徐彦辉在与课题组学生交流时，就从其担任辅导员的经历和锻炼中得到了很多启发。他认为，要给予不同想法充分的尊重，多换位思考。因此，在实验室里，他很关注学生的感受。在指导学生时，往往不会强调大道理，而是选择"身体力行"地影响身边人，向大家展示如何去思考和推进课题。当然，与学生谈话还是有的，但他经常会说"这样的谈话只谈一次，以后不会再提了"。他认为学生可以与导师共同探讨学术或其他开放性的话题，但是老师也要以身作则，"浸润式"地感染到同学们。

现在回想起来，徐彦辉笑着说，最初选择担任辅导员，可能并没有想这么多，而更多是出于对辅导员身份的认同和责任感。但毫无疑问，正是"双肩挑"辅导员的经历，包括在其中遇到的困难，给他带来了能力上的提升，并帮助他在事业上不断进步。

科研是一件公平的事情

要秉承"双肩挑"的精神，就自然要在业务上下功夫。在学期间良好的科研训练，为徐彦辉日后在工作中不断突破奠定了良好的基础。在访谈中，他自豪地说，我国生物专业领域的研究水平日益提高，在国际上的影响力和竞争力也越来越强，同时我国生物产业也在快速发展。他提到："从事基础研究工作虽然很难直接显现为这些进步，但是对于应对新冠疫情等挑战，以及对于人才培养和产业进步等方面都有不同程度的助力。只要做好本职科研工作，就是为国家和社会做出贡献。"

然而，科研道路并非一帆风顺，徐彦辉也遇到过许多困难和挑战，但他始终坚持不懈，持续努力前行。他认识到，科学研究的过程必然伴随着许许多多的随机事件，会有不计其数的"瓶颈"，但从长远来看，不懈努力总会有回报。徐彦辉提到，实验室从 2015 年开始的 4 年多时间，所在单位因场地建设工期等原因没有可用的冷冻电镜设备，只能去其他单位测试样品、收集数据，这在很大程度上减缓了研究的进度，很多课题在激烈的国际竞争中处于劣势地位。虽然有挫折、有曲折，但他坚信条件可以一点一点改善，就像做辅导员工作，是一项"精细活儿"，只要方向正确，就不能太过心急，需要持之以恒，有多少投入就会有多少产出。这种信念驱使着他"敢坐冷板凳"，不断克服困难，追求真理梦想，在为学科发展做出贡献的同时，实现着自己的人生价值。

不要受限于框架之中

当被问及毕业时是否有过科学研究以外的其他职业规划时，徐彦辉分享了自己在博士期间对不同职业道路的思考和探索。他曾经对公共服务、生物医药产业和自主创业等领域感兴趣。在这方面，学校提供了丰富的资源，让他能够了解职业发展情况。担任辅导员的经历，也增进了他的职业认知。

通过与不同行业的人交流沟通，徐彦辉发现自己更倾向于发挥生物学专业优势来实现个人的价值——他相信，通过自己从事的科学研究，他能够更好地发挥自己的才能。徐彦辉认为，做科研最大的乐趣之一就是有选择的自由，可以做自己想做的、感兴趣的事情。这也是科研的魅力所在——我们应当去探索最感兴趣的领域，而不是去做大家都在做的事情。虽然某种程度上科研投入就像"风险投资"一样，可能会遇到失败，但不同的人做不同的事情，总会有成功的。

在明确了自己科研道路的选择之后，徐彦辉开始全身心地投入课题研究中，并变得越来越专注和平静。他深入研究领域内的问题，不断提高自己的专业知识和技能，同时也在追求科学真理的道路上不断前行。此外，徐彦辉也并非一成不变，他认为无论是从科研的角度，还是从产业发展的角度，如果真的在做有创新性的事情，都是很有意义的。"有时候我们会被一些条条框框限制，哪怕是在科研上，主流观念往往倾向于在一个特定领域深入研究。但其实也可以大胆突破，深入思考最核心和最根本的问题。只要有兴趣，能力可以达到，就要勇于尝试。"徐彦辉说。

胸怀理想 脚踏实地

——访北京高孚动力董事长魏大忠

文 / 机械系 李鹏飞

魏大忠，男，1995 年进入清华大学机械系学习，2000 年起担任研究生工作助理。2004 年博士毕业后加入航天科技集团五院（简称航天五院）502 所，主要从事动量轮、反作用飞轮、控制力矩陀螺等航天器姿控产品的研制，承担了多个国家重点型号研制任务。2011 年负责研制的天宫一号单框架控制力矩陀螺产品成功在轨应用，使我国成为第三个在轨成功应用控制力矩陀螺产品的国家。历任航天五院 502 所机电技术事业部控制力矩陀螺产品高级主任设计师、设计部主任。2019 年之后，创办高孚动力科技有限公司（简称高孚动力），主要从事磁悬浮电机产品和相关技术开发。

"受多大委屈，成多大事"

从出身农村的"小镇做题家"到央企的技术带头人，再到高科技企业的创始人，清华大学在魏大忠的成长经历中留下了深刻的印记。他的故事，充满了挑战、成长和不屈的精神，正如他所说："一个人能受多大的委屈，才能成多大的事。"魏大忠出身农村，他形容自己是一个"小镇做题家"，性格内向，不太会与人打交道。但是大学生活里团委、学生会工作以及后来在研究生阶段担任辅导员、党支部书记的经历，给了他与同学、同事、领导和社会打交道的机会，锻炼了他的交流表达能力、组织协调能力，也雕琢出他更为坚毅的品质。

谈及深刻的经历，他提到了两件事。一件事是因为 SARS 疫情，校园生活被打乱的特殊时期。2003年，SARS疫情在北京暴发，当时的清华大学严格按照疫情防控要求进行封闭，学生们不能去实验室，不能随意出入校门，每天都需要测体温、上报数据。而他作为一名辅导员，工作中的压力可以想象：一方面，要确保每一位学生的健康和安全；另一方面，要平息学生的不满和怨气，让学生们理解和支持学校的决策。"那时候，每天都在学生和学校之间做沟通，真的非常难，但也是一种非常宝贵的经验。"这些经历对于魏大忠来说，既是挑战，也是成长的机会。

另一件事则是博士生学术论坛。"博士生学术论坛，我们当时是第一次搞！"魏大忠谈及这段经历，脸上透露出一丝自豪。这是清华首次举办大型博士生学术交流活动，从筹备到实施，再到每一个细节的处理，都是第一次，需要魏大忠和院系研工组全心全意投入。那次，正赶上北京的沙尘暴，让原本困难的组织工作更加复杂。他和其他辅导员们尽心尽力，即使面临诸如突然停水的尴尬情况，也都妥善解决了。魏大忠和工作团队面对困难，毫不退缩，成功完成了论坛的组织工作，也得到了学校和学生的高度评价。"我们辅导员们总是尽心尽责，因此，尽管遭遇了这么多困难，那次论坛还是办得非常成功。"他骄傲地说。这次经历培养了魏大忠的合作意识和服务意识，也为他日后工作期间的成绩打下了坚实基础。

当被问及辅导员经历对他产生的影响时，魏大忠深思了一会儿，然后说："辅导员的工作，就是服务。而为人服务，会让你遭受很多委屈，但也能够让你获得很多成长。"辅导员的工作锻炼了魏大忠的抗压能力，他说，有些人生来就有这种品性，但在当前这个时代，这种优良的品性正逐渐变得稀缺。为了大家的利益，为了完成工作，辅导员经常要受到委屈，但正是这些委屈，锻炼出了魏大忠坚韧的性格。

"一个人能受多大的委屈，才能成多大的事。"魏大忠如是说，这也是他的人生哲学。他认为，每一个工作都是一个锻炼，每一次的委屈都是成长的磨砺。在职场上会遭遇各种各样的委屈，而能够吃得住这些委屈，坚持下去的人，才能真正成就大事。他希望通过自己的经历，告诉学弟学妹们：人生中的每一次经验，无论好坏，都是宝贵的。遭受委屈时，不要轻言放弃，而应该坚持下去，因为只有这样，你才能真正地成长，真正地做出一番大事。

"响应号召，迎难而上"

提起工作经历，魏大忠面容平和但眼神坚定，用简洁的语言描述了自己的职业生涯："我的工作经历其实比较简单，2019 年以前在航天五院 502 所，2019 年后则是高孚动力的创始人。"他的话虽简短，但背后的故事却是丰富而深沉的。

魏大忠所说的"简单"的工作经历其实包含了太多汗水和泪水。作为清华大学的辅导员，他学到的不仅仅是知识，更多的是一种责任感。当学校呼吁毕业生去大平台、做对国家更有意义的事情时，他选择了响应学校号召，前往航天企业。这一决定，成为了他人生道路上的一个关键分水岭。

2004—2019 年，魏大忠在航天五院 502 所度过了自己职业生涯的第一段时间。回忆起那段日子，魏大忠的脸上显现出一丝满足与骄傲："在 502 所，我和团队从零到一完成了天宫一号和中国空间站等航天任务中的部分关键技术。""天宫一号"控制力矩陀螺的成功在轨应用，是魏大忠职业生涯中最有成就感的一段经历之一。"天宫一号"控制力矩陀螺是载人航天二期的四项关键技术之一，他带领团队克服重重困难，填补了多项关键技术的空白，确保了整个任务的成功。在此过程中，他承受了巨大的压力，其中的努力与艰辛，对于普通人来说难以想象，但魏大忠凭借不服输的精神，成功克服了重重困难。

魏大忠回忆起了 2011 年天宫一号的控制力矩陀螺研制任务："当时发现天宫二号出现的问题在天宫一号也存在，天宫一号控制力矩陀螺也受到影响，然而，面对这样的重大任务，只能成功不能失败。"魏大忠描述了当时的紧迫情况，他和团队连续数月努力，几乎每天都工作到凌晨两点。在紧急的时刻，他毅然决然地住在研究所附近的宾馆一个月没有回家，一心一意地投身于问题的解决。这段经历充分体现了"双肩挑"辅导员"不轻易放弃，为国家争光"的精神。这份精神在他的工作中起到了重要的作用，让他不仅追求技术创新，更坚持迎难而上，为祖国航天事业的发展贡献自己的力量。

在经过航天五院的锻炼后，魏大忠选择走出 502 所，开启创业之路，创办了高孚动力。他认为，为了国家的产业升级，现在的企业必须由一大批懂技术、懂管理的人来带领。这样的观点得到了国内外众多企业家的认可。魏大忠更是坚信，清华的毕业生应当在自己的领域内为国家做出更大的贡献。

在对魏大忠的访谈中，我们不难感受到一个清华人具有的坚韧不拔的性格和不断挑战自我的决心。对于清华的学弟学妹，他的建议是"不要跟风，要冷静思考一下你真正需要什么"。他坚信，每个人都有自己的人生赛道，关键是要找到一个能够长远发挥自己价值的地方。他认为，选择一个有挑战、有发展的平台，承担一些重点任务，将会使人生更有价值。这也正是清华精神的体现，不仅要在学业上追求卓越，更要在事业中取得成就，为社会做出贡献。

"为祖国健康工作五十年"

清晨的第一缕阳光尚未洒落，魏大忠已在园区里跑步了，这种习惯源于他在清华校园里的跑步时光。如今，身为北京高孚动力的董事长，魏大忠依然保持着那种充沛的精力和对生活的热情。谈到自己的身体健康情况，他言辞热切，提到了那些年在清华的 3000 米跑，还有大四时每天晚上锻炼的日子："那些年的锻炼为我后来在社会上的奔波打下了坚实的基础。身体是革命的本钱，清华的学弟学妹们也一定要珍惜自己的身体，为自己的未来打好基础。"

"清华的大学生活和学习是我人生的宝贵财富。"魏大忠怀念地说，"清华培养了我扎实的工程能力，但我更希望学弟学妹们能够在这里平衡好自己的学术和生活。"魏大忠相信，清华的教育理念是全面的，培养的人不仅要做技术上的佼佼者，更要在人文、金融和经济这些领域有所涉猎。这是为了更好地理解这个世界，为了在未来的职业生涯中能够做到跨界合作，更好地与人沟通交往。

谈到职业选择和发展，他思考了片刻后说："职业选择不应该是短视的，更不能跟风。每个人都有自己的人生，都有自己的目标和追求。最重要的是，要有自己的思考，要相信自己的价值和能力。"他认为，职业选择不仅仅是找一份工作，更是寻找一个可以施展才华的舞台。他强调，"要立足长远、立足高远"，清华学子应该更加自信、大胆地追求自己的梦想，不要过于拘泥于现状，更不要随波逐流。他坚信，只要付出努力，社会总会给予相应的回报。

与魏大忠的交谈中，我们能深深感受到他对国家的热爱与担当。当魏大忠回忆起自己创业的初衷时，眼神中闪烁着坚定的光芒："那时，我也有过犹豫，也有过迷茫，但我坚信中国的国运。这是最基本的逻辑，是我决定创业的最大动力。我相信，只要和国家的发展紧密结合，个人的价值必定能得到最大的体现。"他的话语充满了对国家、对社会、对清华的深沉热爱和期许。他希望每一位清华人都能够持有一颗赤子之心，勇敢追梦，用自己的智慧和力量为祖国的繁荣作出贡献。"为祖国健康工作五十年"不仅仅是一个目标，更是一种坚持、一种追求、一种承诺。

最后，魏大忠给予同学们宝贵的建议："相信自己，相信祖国，未来的路，有无限可能。"他鼓励每一位清华学子都要有一个宏大的目标、远大的志向和踏实的态度，为祖国健康工作五十年，为中华民族的伟大复兴做出自己的贡献。

家国情　能源志　数智梦

——访新奥股份总裁郑洪弢

文/能动系　李德政　孙　雪

郑洪弢，男，1994 年进入清华大学热能工程系学习，1995 年起担任研究生德育助理。2013 年 7 月至 2017 年 12 月任中海石油气电集团国际贸易分公司副总经理；2018 年 1 月至 12 月任中海石油气电集团贸易分公司常务副总经理；2019 年 1 月加入新奥集团，负责国际及国内天然气贸易，2020 年 9 月起任新奥天然气股份有限公司总裁、董事，并在新奥能源控股有限公司先后任联席副主席、执行主席。

感恩宝贵经历，磨炼责任担当，夯实能力基础

作为在 21 世纪初新上岗的中生代辅导员，郑洪弢回顾自己担任辅导员工作的经历，深感此段经历对他产生了重要影响。1995 年，清华大学设立"研究生德育助理"制度，并将其作为"双肩挑"政治辅导员制度的重要组成部分。有着在本科阶段担任团支书经验的郑洪弢在进入研究生阶段后积极响应"双肩挑"的号召，上岗成为了新一批的德育助理。在此期间，郑洪弢热情负责的态度和出色的组织能力得到了同学们的广泛认可，他所在的研究生班被评为"北京市五四红旗团支部"，党支部也荣获"清华大学优秀党支部"的称号。此外，他个人也获得了林枫辅导员奖。

一段经历，受益一生。回顾辅导员经历带给自己的锻炼，郑洪弢提到了 3 个关键点：首先是政治站位、家国情怀和大局观的培养；其次是组织协调能力的提升；最后是面对困难不气馁精神的锻炼。这些经验深刻影响和塑造了他。

2002 年，郑洪弢组建了家庭，和妻子在北京五道口附近的小区居住。同年 SARS 爆发，考虑到进校、隔离以及家庭等因素，是返校工作还是留守家中，他犹豫不决，时任系党委副书记李宇红老师打电话对他进行了思想教育，导师倪维斗院士也教导他关键时刻应该以身作则，返回学校内居住和坚守工作。郑洪弢对此深受触动，他领会到作为一名学生辅导员责任与义务之重大，在关键时刻必须知重负重、冲锋在前。随后郑洪弢立即返回学校响应指挥、坚守工作。这一经历对郑洪弢产生了深远的影响。在新冠疫情暴发后，在新奥集团进行抗击新冠疫情工作的郑洪弢就具有很高的敏感性和责任感。2020 年 12 月底在武汉出现疫情，2021 年农历大年初四郑洪弢从新加坡回国后就马上前往浙江，把公司筹措的医用物资亲自护送捐赠给浙江舟山当地政府和医院，保障国际进口 LNG 通道畅通，并在一线组织抗疫工作。辅导员的经历使他在关键时刻能够系统地采取相应措施。

郑洪弢认为，一个人的能力是在逐步进阶和成长的，德育助理的这段经历使他的组织协调能力得到了很大的提升。从最初面对十几个同学进行组织协调，考虑如何让大家形成共识并展开行动，到后来面对几十个同学、上百人的团队，再到后来更大规模的组织，他都能够应对。学生时代的经历使他变得敢于、善于组织协调。在组织协调的过程中，他注重倾听大家的意见，做到综合各方意见和集结集体智慧，激发出组织最大合力，同时对做朋辈的工作甚至长辈的工作也能得心应手，这些都成为了他日后工作的一大助力。

德育助理工作也锻炼了郑洪弢面对困难不气馁的精神。开展辅导员工作时常常面临经费不足、集体凝聚力不够或者同学们参加活动积极性不高等困难，郑洪弢认为困难存在是常态，重要的是面对困难时的想法和行动，在平时应该不断积累和培养在哲学、历史、社会、人文等方面的智慧。只有这样，才能在面对决策时从容沉着，做出具有智慧的正确选择。这也是清华大学"又红又专，全面发展"的内涵之一。

郑洪弢特别提到了他的导师倪维斗院士对他的影响。他曾连续 3 年担任倪老师的助理，而倪老师的榜样行为一直在影响着他的做人和做事。郑洪弢一直珍藏着一张倪维斗老师写给他的小纸条，上面写着："勤奋、乐观、真诚、实事求是、助人为乐是做人的准则，进而争取人与人、人与自然的和谐是更高的要求。"这句话也成为了他的行为准则，深深地影响了他后来在学习、工作和生活上的态度。郑洪弢一直在通过自己的实际行动努力践行着倪老师的期望，并以身作则，影响着身边人。

心怀国之大者，在清洁能源保供中争创一流

作为清华大学的学生，郑洪弢深切感恩国家的大力培养和支持。他坚信应该依托自己的专业知识和能力去创造价值、回馈国家和社会，在祖国需要的地方建功立业。从清华毕业后，他放弃了外企工作机会，选择前往中国海洋石油集团有限公司（下称中海油）工作，进行历练。尽管起初工资不高、工作繁忙，但他珍惜央企平台带给他的机会，不断学习成长。

我国是一个煤炭资源丰富而天然气资源缺乏的国家，在实施煤改气等能源转型项目后需要大量的天然气供应，而天然气的来源是一个非常关键的环节。我国的天然气自给率约为55%，剩余的45%需通过进口，其中大部分是液化天然气，天然气能否充足稳定供应直接关系国家能源安全问题和民生保障。作为中国国内进口液化天然气最多的公司，中海油对天然气领域的安全稳定供应承担了很大的责任，与长期稳定的卖家达成协议非常重要。郑洪弢在中海油承担国际液化天然气采购和贸易这件责任重大且充满挑战性的工作，成为了国内最早从事液化天然气短期和现货贸易的交易人员，此后又负责长期资源采购，一干就是10余年。作为主谈，郑洪弢已组织谈判并签署了每年2000多万吨的中长期液化天然气资源，合同金额上千亿美元，这些资源有力支撑了我国能源结构调整和节能减排的顺利推进。

回忆自己在中海油的工作，郑洪弢提到这些项目的成功谈判同辅导员工作经历密不可分。他认为，越是勇敢地面对挑战，与高手交流越多，进步的速度也会越快。他在本科期间曾随倪维斗老师、李政老师与不少国外学者、企业高管、政要交流，在交流中不断拓展了国际视野和格局。因此，当年轻的他面对英国石油公司、壳牌、道达尔、卡塔尔天然气等合作伙伴时，他也能不卑不亢地展开工作，以才智和努力维护国家和公司利益。

加入新奥集团后，郑洪弢在清华大学"争创一流"精神的指引和影响下，迎接全新的工作挑战，积极推动新奥集团在能源产业生态方面进行探索，涉及天然气下中上游、综合能源（泛能）和氢能等领域，为推动双碳目标实现

积极工作。

在这个过程中，郑洪弢认为学生时代辅导员经验同样对他的工作产生了重要影响和帮助，让他能够在工作中不断精进，在实现自身持续成长的同时，也为国家需求和社会发展做出相应的贡献。

把握时代趋势，全面投身产业数智化建设

"做数智化这件事让我很兴奋，为什么？因为我在跟时代同频共振！"每当谈及天然气行业的数智化转型时，郑洪弢都显得十分兴奋，对当下的 GPT、人工智能和机器学习等热点话题总是滔滔不绝。郑洪弢认为当下工作的主流是要把握时代发展的趋势，面向国家的需要与数智化产业化进程。二者都与中国建设现代能源体系密切相关。

郑洪弢认为："好气网和泛能网是我们推进天然气和泛能业务的重要策略。通过数智化手段，以客户需求为导向，实现能效提升和低碳转型。"虽然从事传统能源产业，但他的职业选择一直是与时代需求保持一致的。现在他从事天然气相关的工作，使得他能够站位在产业互联网的前沿阵地上，甚至在整个行业中承担了引领业务架构、产品架构和技术架构等方面的探索。如果在未来能够推动产业数智转型，那将意味着他从一个传统能源从业者转型为产业数智人。对于公司、产业以及他个人而言，这都将是一件非常有意义且充满成就感的事情。

作为在新时代十年奋战在能源产业一线的中生代辅导员，郑洪弢回顾他的德育助理经历，这段经历深刻地提升了他的领导力和坚毅品质。通过政治站位、家国情怀和大局观的培养，组织协调能力的提升以及面对困难不气馁的磨炼，他逐渐成长为一个有担当的领导者。受导师倪维斗的榜样行为影响，郑洪弢始终秉承着勤奋、乐观、实事求是的准则。他选择了天然气和产业互联网领域的工作，紧跟时代的步伐，成为引领产业数智化转型的探索者。他对数智化转型的激情与奋斗精神感染带动着团队投身转型浪潮，积极探索能源产业数智未来，为保障国家能源安全和可持续发展贡献智慧和力量。这些都是辅导员经历为他带来的财富，也是"又红又专，全面发展"的清华育人理念在中生代辅导员中最好的诠释。

创新笃行　红专致远

——访清华大学航天航空学院教授，院长曹炳阳

文/航院　张　旭　郭立本

　　曹炳阳，男，2001 年进入清华大学航天航空学院学习，2001 年起担任辅导员。2005 年毕业后先后任清华大学航天航空学院讲师、副教授、教授，2016年起先后担任清华大学航天航空学院副院长、党委书记、院长。曾获国家自然科学基金委杰出青年基金、中国工程热物理学会吴仲华优秀青年学者奖、教育部自然科学一等奖、爱思唯尔"中国高被引学者"奖等，担任国际传热大会常务理事会理事、国际传热传质中心科学理事会理事、亚洲热科学与工程联合会秘书长、中国航空教育学会常务理事、中国复合材料学会导热复合材料专业委员会副主任、中国工程热物理学会理事等学术职务。现为清华大学航天航空学院教授。

　　在航院同学们的眼中，曹炳阳既是一位严谨治学的科研工作者，也是一位风趣幽默的导师。一进到办公室，他便热情地招呼我们坐下，介绍起他曾经担任带班辅导员、党建辅导员、研究生德育助理等辅导员岗位的经历。原来他担任过这么多辅导员岗位！一瞬间，我们感觉坐在面前的不仅是一位老师，更是一位经验丰富的辅导员前辈、一位亲切的学长。

辅导员要做同学们的榜样

　　在谈及为何选择担任辅导员时，曹炳阳向我们描述了他心目中的优秀辅导员形象——一个"又红又专"的楷模。清华大学的辅导员队伍由学习成绩优异、政治素质过硬、注重全面发展的同学组成。他们与同学们联系紧密，

成为其他同学学习的榜样，在学生群体中具有极大的影响力。曹炳阳表示，他一直把辅导员视为自己的榜样，因此，当被学院选拔为辅导员时，他感到无比自豪和光荣。

辅导员的主要职责包括思想政治教育、学风建设、集体建设等方面，"可以说与学生相关的工作都是辅导员的职责所在"。要真正做好这些工作，对辅导员的要求非常高。面对高标准、严要求，曹炳阳表示，"打铁还需自身硬"：首先，辅导员需要自己做到思想端正，才能有效地开展同学们的思想政治教育工作；其次，还需要提高自己的学习效率，平衡好学习与工作的关系，为同学们树立榜样。

创新思考，求实笃行

当谈到辅导员工作实践中积累的宝贵经验时，曹炳阳分享了他担任航院2001级本科生辅导员时的故事。那时个人笔记本电脑刚刚开始在学生中流行，部分同学出现了沉迷电脑游戏的现象，导致学习成绩受到了不小影响。这个现象引起了曹炳阳的高度关注。为了帮助同学们的学习、生活回归正轨，曹炳阳和当时的年级主任杨京龙老师一起研讨对策，率先提出了周一至周五统一管理电脑的举措。同时，曹炳阳还动员班级同学制定电脑使用公约，细致规定了电脑使用的时间。这一举措取得了比较好的效果，大大减小了电脑游戏对同学们学习生活的负面影响，使他们将更多的时间投入到学习和课外活动中去。

然而，在所带班级升入大三、大四的时候，笔记本电脑已然进一步普及，越来越多的同学拥有了自己的电脑。这时，作为辅导员的曹炳阳意识到统一管理已经不再适用。于是，曹炳阳调整了班级公约，鼓励同学们养成自律的好习惯，进行自我管理。他鼓励同学们自觉合理安排时间，充分利用电脑来辅助学习和提高自己的学习能力。通过这种调整，同学们不仅在电脑使用方面更加自律，也使电脑成为提升自己学习效率的工具，学习成绩也逐渐向好。这充分证明了在时代不断变化的背景下，辅导员需要因势而变，灵活调整工作方法以适应学生的需求，帮助学生更好地成长。

"时代会发生各种各样的变化，形势和环境也会发生各种各样的变化，作为辅导员，要采取不同的方法开展工作。"曹炳阳如是说。

他期待新时代的辅导员在工作中坚持创新。在自媒体十分发达的今天，青年学生更加依靠网络获取信息，但纷繁的网络信息真假难辨，容易对价值观还未成熟的青年学生的思想产生影响，这时就需要辅导员协助区分信息的虚实，把握好同学们的思想发展方向，传播社会主义核心价值观。

而如何开展思想引领工作？"就是要真学习！"曹炳阳强调说。清华大学素有"红色工程师的摇篮"的美誉，这得益于学校一直将思想教育作为学生工作的重要一环。在基层党支部、团支部中，每学期都会开展丰富多样的思想教育活动，以引导学生树立正确的世界观、人生观和价值观。曹炳阳认为，作为辅导员，不仅要带头学习，还要从形式上进行创新，让思想学习更加被青年学生喜闻乐见。这样一来，同学们才能真正参与其中，达到"真学习、真思考、真实践"的目的。他强调，辅导员应带领同学们将理论知识与实际相结合，培养同学们的创新精神和实践能力。

多年来，曹炳阳从未停止学习、思考与实践的脚步。担任航院院长期间，每当学校的重要会议、培训结束后，他会进一步研究相关材料，深入思考并应用于实际工作当中。曹炳阳用自己的亲身经历向新一代辅导员证明，求实笃行是至关重要的。辅导员们应该不断学习，将理论知识与实际工作相结合，努力提高自己的业务水平，才能为同学们的成长提供更好的引导和支持。

辅导员经历使人一生受益

多年的辅导员经历也让曹炳阳收获良多。当我们问起辅导员经历对他的职业选择有着怎样的影响时，他首先讲到了这一段经历对他价值观的塑造。他说："做过几年辅导员之后，我总是会从更正面的角度看待问题，总是更多地考虑集体和社会。"

在与曹炳阳的交谈中，我们深刻感受到了他作为一名教育工作者和科研工作者所具备的社会责任感。他告诉我们，他之所以选择教育事业，是因为他坚信教育对社会具有重要意义。通过教育，可以培养出更多有才华、有担当、有责任感的年轻人，为社会的发展注入源源不断的动力。而之所以选择从事科研工作，是因为他相信科研可以为社会带来更大的贡献。通过不断探索和创新，可以推动科学技术的进步，为国家和民族的事业发展提供有力支持。

曹炳阳认为，他的这种选择与辅导员经历密不可分。在担任辅导员期间，他深入了解了学生的成长需求和社会的发展趋势，更加坚定了他为国家和社会培养更多人才的信念。同时，辅导员的工作也让他认识到，教育不仅是传授知识的过程，更是传递价值观和培养人格的过程。这让他更加注重在教学和科研中培养学生的社会责任感和创新精神，使他们成为具有国际视野和民族情怀的优秀人才。在曹炳阳身上，我们真切感受到，他不仅关注个人的成长和发展，更关心国家和民族的未来。他的选择和信念，为我们树立了榜样，激励着我们在追求个人发展的同时，也要牢记社会责任，为社会进步和国家繁荣贡献自己的力量。

除了价值观的塑造，曹炳阳还强调辅导员工作是一次难得的实践经历。在日常工作中，担任辅导员所积累的方法和经验使其能够更好地处理人与人之间的关系、个人与集体的关系。作为"双肩挑"辅导员，需要在完成自身学业的同时关注学生的成长，这就要求辅导员们提高学习效率，培养出终身受益的优良素质。此外，辅导员的工作对心理素质、组织能力、管理能力、沟通表达等方面的锻炼，也会对其日后的工作产生重要影响。这些能力的提升不仅帮助辅导员在学生工作中取得更好的成绩，也为未来的职业发展奠定了基础。

清华大学的"双肩挑"政治辅导员制度已经走过了70个春秋，70年的实践证明，清华的学生完全有能力承担"双肩挑"辅导员工作。辅导员们用自己的实际行动诠释了"又红又专，全面发展"的深刻内涵。

在访谈的尾声，曹炳阳对辅导员和"双肩挑"政治辅导员制度留下了意味深长的四个字——"红专致远"。这四个字寄托了他对新一代辅导员们的殷切期望，期望他们在继承传统的基础上，始终保持"又红又专"的品质，坚定信念，笃行致远，为培养一批批优秀的学子而努力奋斗。

通过曹炳阳的寄语，我们可以看到他对"双肩挑"政治辅导员制度的认同感。我们也相信，一代又一代"双肩挑"辅导员们，将不断追求卓越，坚持"红专致远"，为社会、为民族、为国家培养更多可堪大任的时代新人。

初心刻画未来，坚守浇筑梦想

——访清华大学软件学院副教授刘玉身

文 / 软件学院　黄碧婷　张后斌

刘玉身，男，2000 年进入清华大学计算机科学与技术系学习，2001 年起担任软件学院辅导员。曾任软件学院 2009 级本科生软件 92 班班主任、2013 级本科生年级主任兼软件 31 班班主任、2018 级本科生年级主任兼软件 81 班班主任。曾获清华大学"一二·九优秀辅导员奖"、清华大学优秀班主任一等奖、清华大学精品课程、清华大学年度教学优秀奖等。现为清华大学软件学院长聘副教授。

"辅导员工作是身份角色的转换，也是一个挑战，会很忙碌，会遇到不好处理的事情，但是既然选择了，就坚定走下去，做有效的时间规划者。成为辅导员，会结识很多朋友，会有很多快乐，也会得到人生独一无二的回忆。"

情谊永存：院首批辅导员担大任

"学院需要一位辅导员，我就选择担任了。"

在 2001 年软件学院成立之初，刘玉身老师担任了软件学院首批带班辅导员。回想起当时的选择，他表示："并没有想太多，学院需要一位辅导员，我就选择担任了。"而当时的辅导员工作也没有现在这么规范化和体系化，两个班级的带班和思政等各方面工作均由刘老师一个人负责。"吃住都在一起，每天晚上通过邮件交流，开学、期中、期末前都会找每一个同学谈话。"他定期与学生面对面交流沟通，了解学生各方面情况，主动开展一对一帮助，及早发现并解决问题。

充分接触让刘老师与同学们之间建立了深厚的情感，一起爬香山是他们共同的美好记忆。回忆起当时带过的同学，刘老师表示时隔多年仍然很亲切，大家见面依然称呼他为刘导，同学之间的绰号也没有变。每逢去某个地方开会，他都会与在当地的同学见面合影，校庆时大家也会回来相聚，"就像老朋友一样"。这份永存的情谊是刘老师在辅导员工作中收获的无价的精神财富。

提起辅导员工作对自身发展的影响，刘老师回忆道，确实会消耗一些精力，不能把所有时间投入到学习上。但在他看来，人是社会的动物，情商和交际能力也很重要，把全部精力用于学习不一定是好的选择。而作为辅导员，能够结识很多优秀的同学，结交很多朋友，看到人的多元性、社会的多样性，是非常锻炼人的。

"班主任是个良心活"

2009 年，刘玉身老师开始在清华大学任教。在至今 14 年的教学履历中，他有 12 年担任班主任的经历，并曾两次荣获"清华大学优秀班（级）主任"一等奖。提到选择担任班主任的初衷，刘老师表示最初希望通过担任班主任的方式认识更多的同学、和大家相互了解，后来是希望延续之前的工作经验、弥补前一次担任时的遗憾，就选择了继续担任，慢慢持续到了现在。对他而言，班主任不仅是一份工作，更代表了一种责任，让有温度的教育春风化雨般沁润每一位同学的心田。

"其实有时候，我感觉做班主任也是对自己生活的调剂，和同学谈话也是转换一种思维方式，也是放松。"刘玉身老师这样描述班主任的工作感受，这也是和辅导员工作相似的地方。而谈起两者的区别，刘老师认为，辅导员处于阵线的最前沿，和每一名同学都很熟，班主任则更多是和家长沟通，与一些重点同学较为熟悉。班主任需要和辅导员相互配合、保持良好联系，通过辅导员了解重点同学的情况，以及做好应急处理。

刘玉身老师的班主任经历也受益于曾经的辅导员经历。一方面，辅导员工作使刘老师对学生工作比较熟悉，也更加喜爱和学生们一起生活、共同成长；另一方面，刘老师认为二者的工作方式有很大的继承性，工作方式方法差不多，只不过身份做了转换。刘老师在和同学沟通时依然采用了辅导员的工作方式，这使他在工作中更加得心应手，也更容易与同学增进了解。"班主任是个良心活。"刘玉身老师用始终如一的温暖和耐心陪伴耕耘，为学生的成长铺路架桥。

投身科研：勇创新为祖国拓未来

"脚踏实地，志存高远，归来仍是少年！"

从清华博士毕业后，刘玉身老师选择了出国做博士后，并回来任教。提到这样选择的原因，他表示自己还是比较喜欢科研，而且也比较喜欢做学生工作，就顺其自然做了老师。刘老师的主要研究方向包括三维计算机视觉、计算机图形学、CAD等。在他看来，盖房子、造汽车都需要设计，需要三维的展示，因此视觉重建、三维视觉都是十分重要的研究领域；而CAD也是国家重要的"卡脖子"关键技术，研究创新的同时也能够为祖国攻坚克难。

在刘老师看来，辅导员经历对其如今的职业发展有着间接的影响。一方面，辅导员期间的"双肩挑"锻炼了时间管理的能力，使刘老师在工作中能够把"做'人'的工作"当作一种放松和思路的转换，没有感觉到很大的冲突，也能够从别人身上汲取力量；另一方面，学生工作对表达能力也有很大的提升，使刘老师在课堂上能够深入浅出地讲授知识、与同学们深入接触，也给同学们留下了深刻的印象。

忆起刘老师作为辅导员带出的软件学院首届本科生，他们如今在各个地方散发光芒，有国务院港澳事务办公室的中流砥柱，有快手的创始人，也有国内外各大互联网公司的骨干。而如今作为老师与班主任，刘老师也对同学们的职业发展提供了寄语。尽早确定规划和目标是他认为至关重要的一点。很多同学在初入大学时是没有目标的，树立切实可行的目标、制定学习规划、尽快选择人生道路则是职业发展的关键。正如刘玉身老师在软件学院2022年毕业典礼上的发言所说："我愿同学们在未来的日子里既有鹰飞长空的雄心，更有不忘初心的坚守，脚踏实地，志存高远，归来仍是少年！"

厚积薄发，追求卓越

——访北京市经济技术开发区工委副书记、管委会主任孔磊

文／车辆学院　邢益宁　张　双

孔磊，男，1997年进入清华大学汽车工程系学习，2002年起担任辅导员。曾任清华大学团委副书记、常务副书记，共青团北京市朝阳区委书记，北京市朝阳区委香河园街道工委副书记、办事处主任，北京市朝阳区委八里庄街道工委副书记、办事处主任。2013年起任北京汽车集团有限公司副总经理。2017年起任北京市经济和信息化委员会党组成员、副主任。2020年起任北京经济技术开发区管委会工委委员、管委会副主任。现任北京经济技术开发区工委副书记、管委会主任。

不知不觉间，清华大学的"双肩挑"政治辅导员制度已走过了70年。借此机会，我们采访了同为二字班带班辅导员的孔磊。20年的时光，如梭般逝去，孔磊也向我们回忆起20年前的点点滴滴。

传承经验，担起责任

在孔磊看来，担任"双肩挑"政治辅导员，更多是源于经验的传承与责任的担当。清华大学培养的人才是全面的人才，学习是基础，而社工则是在学业基础之上的重要培养体系。从入学开始，孔磊便参与到院系和学校的学生社工体系中。在本科期间，他承担了包括班级管理、服务同学、服务社会等社工，同时也积累了丰富的经验。"既然有机会可以把经验传承下去，那我觉得担任辅导员是一个很正常的选择。"正是怀着这样的想法，孔磊在清华社工育人体系潜移默化的影响下，选择成为了"双肩挑"政治辅导员。

担任带班辅导员后，孔磊希望能将方方面面的经验毫无保留地传授给同学们。新生刚入学时，他便常常到同学们的寝室里和大家聊天，了解每个同学的情况。通过沟通，他也能及时发现同学们在适应大学生活过程中出现的问题与困惑，并及时帮助他们解决，让同学们能够更快、更好地适应大学生活。"我和同学们的关系挺亲近的，很多同学现在都还有联系。"他丰富的学习与社工经验，让同学们受益匪浅，即便是走出校园，直到 20 年后的今天，很多同学仍与他保持着联络往来。

统筹规划时间，全面提升能力

在传授经验的同时，如何处理与同学们、与其他辅导员以及与课题组同门等的关系，也成为一项新的挑战。不同的学生，往往有着不同的想法，存在着不同的问题。孔磊需要服务好、管理好各种类型的同学，解决他们的问题，创造更好的环境，给同学们带来更多发展机会；同时，他也需要和其他辅导员建立良好关系，学习不同院系的带班经验，并为自己所用；在后来担任学生组长等职务时，他还需要协调并管理好院系的辅导员们……这些都极大地提高了他的管理能力，而这些能力在如今的工作中也给孔磊提供了更大的帮助。

清华大学"双肩挑"政治辅导员，一肩挑业务学习，一肩挑思想政治工作，需要充分统筹时间，实现学习、辅导员工作以及其他事务之间的平衡。"重要的是学会怎样在每一个环境中去提高效率，不浪费不该浪费的时间，在做一些事情的时候提高效率。"在辅导员工作期间锻炼提升的统筹规划和时间管理能力，也帮助了孔磊在工作中提高效率。在北京经济技术开发区工作的经历中，很多事务都需要统筹规划——既需要建设好中小学，为当地居民服务；又需要建设好产业园，为产业发展服务；还需要引进大企业，为企业建立配套服务。这些工作都要做好，但人的时间与精力又都是有限的，这时，优秀的统筹能力便能帮助他更好地完成各项工作，做到在兼顾各项工作的同时，能够优先并高质量地完成最紧急、最重要的事情。

"做辅导员是大有出息的负担"，一个人的担子越多，成长的速度就越快，而往往缺乏压力时，时间便会在一些无聊的事情中流逝。辅导员工作带来的管理上、社交上、统筹上的各种"负担"，都在不断督促着孔磊全面发展。"你经历的东西越多，其实对你在年轻时候的成长就越有利。"在开展辅导员及其他社会工作期间，孔磊遇见了各种各样的人，解决了各种各样的问题。这样的问题，与工作中遇到的现实问题或许会有一些区别，但在逻辑上是大致相通的。这样的锻炼，也能够帮助他更好地适应不同的工作环境。

做足准备，迎接挑战

博士毕业后，孔磊的第一选择是留在汽车系当老师。后来校团委换届，需要他承担校团委的工作，他便欣然前往。有一天，学校告诉他北京需要一个干部，希望他能担任，孔磊便接下担子。后来，他前往北京汽车集团担任副总经理，后又前往北京市各部门工作。谈到这些经历时，他说道："无论把我们放到任何一个地方，我们都有信心也有能力去把它做到最好。"他认为，既然学校给他提供了条件和广大的舞台，他便应该做足准备、迎接挑战。"这些工作上的选择，都是来自之前的自我准备。剩余的事情，其实来自环境给你打造的舞台。"在一个个水到渠成的机会背后，是他丰富经验和扎实基础的支撑。而其中，从辅导员工作中得到锻炼、提升的各种能力，也发挥着重要的作用。

孔磊提到，在清华从事辅导员工作给他带来最大的认知，就是没有什么困难和问题是解决不了的。在当时的工作中，可能会有一些事情，觉得大得不得了。但事后再看，再大的事也是可以妥善解决的。所以之后在工作中再遇到类似问题时，便能以更好的心态面对一切。当然，孔磊也谈道，我们不能孤立地看待辅导员工作带来的成长，辅导员工作只是清华培养人的一个重要环节，从各个环节中经历了全面的培养和锻炼，才促成了个人综合而优秀的素质和能力。在工作中，他也发现，再见到一些清华的校友，特别是需要配合时，大家都能更好地协作，这是因为大家判断事情的基本逻辑和方法是一致的。"我们说学习马克思主义，主要学的是立场、观点、方法；今天我们学习习近平新时代中国特色社会主义思想，学的是总书记的立场、观点、方法。清华教给我们的也是这样的一套东西。"他认为，辅导员工作能加深我们对这一套方法论的理解与应用，帮助我们更好地步入社会。

　　最后，孔磊给在校学生赠予几句寄语："学校已经给我们创造了很好的条件，要把学校的资源用好，把学生时期的这些实践用好，不要辜负清华，也不要辜负学生时期最有学习能力、最有发展潜力的时间段。""在有限的精力和时间条件下，多尝试一些选择，多做一些东西。大学是百花齐放的，每个人都可以五颜六色。""如果有能力的话，其实做一些学生工作确实有利于同学们走向社会。完全没有从事过学生工作的同学走向社会，和从事了很多辅导员之类的工作的同学走向社会，适应能力还是会有较大差别的。""用好在清华的时光，做好清华学生该做的事，在力所能及的情况下多做一些学生工作，丰富自己的人生阅历，增强自己的本领。"

从"双肩挑"辅导员到"热心肠先生"

——访北京热心肠生物技术研究院创始人蓝灿辉

文 / 生命学院　翟紫含

蓝灿辉，男，1998 年进入清华大学生物科学与技术系学习，2002 年起担任辅导员。蓝灿辉是经历丰富的连续创业者，中国肠道健康领域的知名科普人士，学术期刊 iMeta 执行主编，《热心肠日报》主编，中国生物物理学会肠道菌群分会副会长，清华校友总会生医药学院校友会创始秘书长。现为热心肠生物技术研究院创始人和董事长。

从清华学子到连续创业者，再到如今的肠道健康领域知名科普人士、热心肠生物技术研究院创始人，蓝灿辉在他的传奇经历中，始终葆有一份独特的精神底色，那就是自"双肩挑"辅导员的经历中闪耀出来的勇于担当、敢为人先、细致工作与踏实奉献。

1998 年，蓝灿辉从迢迢福建走入清华园，成为第一批见证了生物新馆建立起来的学子。2002 年，本科毕业直接攻读博士学位的蓝灿辉又加入了清华大学"双肩挑"辅导员的队伍。春华秋实，系馆中那间举办了无数场大小活动的 143 会议室，亦见证了他与清华园和学院的深厚联结。在"双肩挑"政治辅导员制度设立 70 周年之际，我们也正是在这里，对他进行专访，邀请他与在岗辅导员们分享工作心得、传授宝贵经验。

采访当日，蓝灿辉早早便来到了 143 会议室，利用正式访谈前短暂而宝贵的时间，与在座同学进行了亲切的交流，并提出了许多推心置腹的建议。

一脉相承的精神力量

蓝灿辉回忆道，担任辅导员、为学院的学生工作贡献一己之力的想法，早在本科阶段就埋下了种子。本科期间，他担任过班长以及院系团委实践组组长，曾组织同学们前往沂蒙老区、福建古田等地支教，还参与编写了当时的系刊《忍冬》。他坦率地表示，本科期间丰富的社会工作经历，不仅全方位锻炼了自己的综合能力，也使得后来读博期间担任辅导员成为一种自然而然的选择。

求学路上的几位恩师，则发挥了领路人的重要作用，促进了蓝灿辉心中那颗种子的萌芽，尤其是他的本科班主任饶子和院士。彼时，饶老师刚担任班主任不久，管理经验不足，但凭一腔热情，竭尽所能地为学生们提供帮助与支持。就连班会这样一个微不足道的学生活动，饶老师都能亲力亲为，力求精彩，总是想方设法邀请一些知名教授出席，让学生们开阔眼界。在专业领域内，饶子和老师更是以身作则，不断攀登着一座又一座学术高峰。在社会工作方面，饶子和老师也不懈追求，后来又担任了南开大学校长、天津市政协副主席等职务。饶子和老师用实际行动为学生们树立了值得追随一生的榜样，也给蓝灿辉带来了深远的影响。饶老师当年的殷殷期盼，蓝灿辉仍记忆犹新，并深受启发："班级里30%的人做科研，30%的人去从政，30%的人去经商，就很好。"饶老师当年的谆谆教诲，蓝灿辉也铭记至今，并始终践行："清华人，要么不做，要做就去做大手笔事业。"

本科毕业后，蓝灿辉进入陈应华老师的课题组直接攻读博士学位。这个课题组涌现出了多位优秀的辅导员，被誉为当时的"辅导员之家"。在这种社工、科研双肩挑的氛围中耳濡目染，蓝灿辉心中那颗热心学生工作、情系辅导员岗位的种子终于生长绽放。

细致入微开展学生工作

蓝灿辉的辅导员经历，集中在2002—2004年攻读直博的前两年：2002—2004年，担任带班辅导员；2003—2004年，又兼任网络辅导员。

在 21 世纪初的大学校园内，网络尚不如今天这般发达，学子们发表观点的平台主要是校园 BBS。当时，学院还提供了几万元的资金支持，在宿舍中配置服务器，为学生们传输文件、下载资料提供了诸多便利。生物系自己的BBS——荷塘月色站也应运而生，蓝灿辉则敢为人先，担任了首任站长。凭借出色的运营能力，他将系里的 BBS 运营得风生水起。从奖学金的评定，到食堂饭菜的口味，或是篮球比赛的小小口角……凡是学生们关心的事情，都有人在这里表达与交流。荷塘月色站成为学生们畅所欲言的空间，同时也是收集学生工作意见和建议的直接渠道。在担任网络辅导员期间，蓝灿辉便展现出了对计算机、互联网等新事物、新技术的敏锐感知——这种能力也在后来促使他走上了创业的道路。

学生们普遍的心声，可以从网络平台获悉；而每个独一无二的学生个体，则需要具体去了解。蓝灿辉的秘诀，是从自己的辅导员那里继承来的，即一对一谈话的工作方式。他将班上的学生依次排序，一年下来，与每位学生都有深入交流。他用超过 80% 的时间，来聆听他们的心声，并切实帮助他们解决问题。当时，本科生们的家庭经济情况普遍好转，但他们的心理问题则日渐凸显。蓝灿辉直言，20 岁左右的年轻人有学习、生活、情感等多方面的烦恼，他们能选择与辅导员袒露心声，是一种亲人般的信任，身为辅导员一定要接住这份宝贵的信任，尽力对他们给予真心实意的支持。

相比于组织轻松愉快的团建活动，蓝灿辉认为，能在带班的 4 年内将"一对一谈话"这件事坚持到底，深入了解学生们的思想、学习、生活等各方面动态，并提供精准及时的支持，才是对他们最大的帮助。对于学生党建工作也是如此，蓝灿辉回想起，就算在 2003 年 SARS 时期，党支部组织生活也一次都没有耽搁，就在老生物馆后的紫藤架下开展。那一季盛开的紫藤花，还历历在目。

这样细致入微的学生工作，虽看似费力，甚至有些笨拙，但往往越"笨"的方法越有用，若持之以恒，则能润物无声，水滴石穿。时至今日，蓝灿辉与所带班级的很多同学依然保持着良好关系，正是他在辅导员岗位上细致扎实工作的结果。而一对一谈话、深入基层、及时复盘、不吝批评与自我批评等工作经验，也对他如今的公司管理大有裨益。

从"双肩挑"到"热心肠"

世事洞明皆学问。担任辅导员期间形成的工作方法与优良习惯，被蓝灿辉带入到日后的职业发展道路中，成就了自己的 3 段创业经历。

2003 年，他首次创业，在清华学生宿舍中开了一间图文打印社——这也为之后创立广告公司打下了基础。清华多学科交叉的环境以及本科期间积累的学生工作经验，帮助他在大学校园里找到了自己真正的兴趣所在。而大学时代结识的计算机、美术设计等专业的校友，后来则有一些成为了他创业的合作伙伴。2008—2014 年，蓝灿辉与来自北京大学、中科院的团队合作，运营一家个性化定制在线平台。虽然这个项目最终没能成功，但不轻言放弃的精神让他继续前行。2014 年年底，他创立了基于肠道健康的内容平台及转化项目——"热心肠"，并运营至今。目前，"热心肠"已是国内肠道健康领域最具影响力、规模最大的内容平台，同时也不止步于内容，还包含领域内的文献库、专家库、企业库、产品库，以及与肠道微生物相关的药品、器械、食品等产品的产业化投资。"热心肠"生物技术研究院也深度参与组织举办中国肠道大会等学术会议，2023 年会议吸引了上万名专业人士参加。

细究起来，"热心肠"之名的由来，还有一段与学生工作相关的佳话。"热心肠"项目创立之初，尚只是一个用蓝灿辉本名命名的科普公众号，初衷是与 1987 级的邹爱标师兄合作，用线上科普的方式推广肠道健康相关产品。2015 年校庆，蓝灿辉返校看望博士导师陈应华教授，恰逢他当时正积极参与筹办校友会，陈老师因此称他"热心肠"。蓝灿辉敏锐地感觉到，这不经意的评价一语双关，既暗合了肠道健康这一创业方向，又体现了自己乐于分享、乐于助人的性格特点。在与陈老师分别后不久，他就决定将项目更名为"热心肠"。就这样，一个朗朗上口且契合肠道健康主题的名字便沿用至今。

工作之余，蓝灿辉一直秉持着"热心肠"性格，将勇于担当、踏实奉献的辅导员精神发挥到极致。早在运营图文打印社和广告公司期间，他就赞助了清华生物系的"生辉"学生节，其中的"辉"字便取自蓝灿辉之名。2015 年，他担任了清华校友总会生医药学院校友会创始秘书长。如今，尽管工作极其繁忙，但他仍然坚持接受学院老师的邀请，在百忙之中屡屡返校，与在校同学们交流自己的创业经历以及肠道健康领域的发展等前沿资讯。

能力培养受益终生

回顾曾经的辅导员工作，蓝灿辉认为，"双肩挑"政治辅导员制度是在全方位锤炼辅导员的综合能力。其中，最重要的是专业能力，另外还有组织能力、资源整合能力、解决困难和处理具体事情的能力等。辅导员本人要发挥模范带头作用，为人正直、做事端正、全面思考。

他与我们讲述了当年的一件小事。那时有一条不成文的规矩，晚上9点半各处场馆的保安会准时断电，各院系在晚间举办学生活动难免会有延时，这就是考验辅导员综合能力的时刻。面对这种情况，首先，要提前制订详细的流程计划表，现场精准把控进度，预防超时；其次，遇到突发情况，保持自信而谦逊的态度去沟通，力求化解矛盾而非引发对立。功夫在诗外，要做到这一点，就需要在日常生活中时刻保持对所有后勤人员的尊重，学会与他们打好交道。辅导员这种自信而谦逊的态度，对于那些尚还欠缺历练不擅长与人沟通的学生们来说，自有一种春风化雨般的效果。这种风度，也在之后的创业之路上，帮助蓝灿辉与各行各业的人士建立起良好的关系。

清华辅导员的工作理念和工作方法，也让蓝灿辉在日后的工作中受益匪浅。他将这些优良模式植入自己的工作中，例如：学院内部设置学生组、研工组，实行自上而下、多线并行的有序管理；数字量化的工作方法，如奖学金评定中清晰的人数比例规定、"为祖国健康工作五十年"的口号中量化了的时间目标，定量的工作思路能让每一个工作目标更为具象、有确定性。辅导员体系中的"传帮带"，也对应着公司运营中的组织模式，即使是学历、专业背景与公司岗位都非常匹配的员工，来到一个新的公司环境，面对新的企业文化，也需要有人带一段时间，蓝灿辉对此也深有感触。

蓝灿辉独特的个人经历可能难以复制，但对当今学子来说，他有很多与职业发展相关的经验值得借鉴。很多学生凭借着聪明的天资，在大环境的推动下，或是仅为满足来自父母和家庭的期望，一路从本科读到研究生，但其实并不知道自己真正喜欢什么。在担任辅导员期间，蓝灿辉便在一对一谈话过程中帮助学生梳理个人兴趣爱好以及可能的职业方向。对于辅导员自身而言，虽然在和学生的互动中比较容易收获成就感，但有时工作内容毕竟是重复而枯燥的。例如，开展一对一谈话，同时还要面临科研压力或学生的紧急突发情况。蓝灿辉认为，越是面临种种困难和挑战，越要坚守清华人的志气，将才智与勤奋相结合，抓住主要矛盾，迎难而上，做简单和纯粹的人。

谈到对在岗辅导员们的建议和期望，蓝灿辉希望大家能够首先把握好科研和学习的本职工作，这也是在给本科学生树立要专注投入本职工作的榜样；其次，还要以身作则保持积极向上的态度，做一个有大爱的、有趣的、负责任的人，争取不只发现问题，更能积极解决问题，向着远大而可行的理想目标坚定前进。

愿我们同蓝灿辉师兄一起，在充满机遇与挑战的当下，保持自信谦逊的态度，不忘初心，守正创新，奋发前行。

争做锐意进取的医疗器械守门人

——访国家药监局器审中心审评一部副部长彭亮

文/医药卫健学院　任冠霖　梁长烨　何藻蓁

彭亮，男，1998年进入清华大学电机系生物医学工程专业学习，2002年起担任辅导员，其中2005—2006年担任医学院党委学生工作组组长。2007年毕业后，长期从事医疗器械上市前技术审评工作，现任国家药监局医疗器械技术审评中心审评一部副部长，兼任国家级检查员。

拼搏与创新并重的辅导员之路

为什么选择成为一名辅导员？对于这个问题，彭亮回忆道，当时医学院成立不久，亟须建成一支有战斗力的辅导员队伍，学院党委主管领导找他谈话，他作为一名党员，深感义不容辞，应该勇挑重担；同时，他也深知，辅导员是一份光荣的工作，能够在年轻学弟学妹们的成长道路上做一个引路人，帮助他们少走一些弯路，是一件有意义且幸福的事情。

初任辅导员之际，彭亮很忐忑，生怕自己做得不好。为此，他认真接受学校辅导员的培训，阅读了大量管理类书籍，并加强与同期其他院系辅导员的工作交流。最终，在院里老师的鼓励和关心、导师的理解和支持、老辅导员们的帮助和支持下，彭亮快速进入了辅导员角色，并与班主任紧密合作顺利开展了各项工作。彭亮表示，正是这些充足的准备工作让他收获颇丰。

回顾学生工作组组长工作经历，彭亮坦言当时医学院学生工作面临不少困难和挑战。一方面，当时医学院处在初创期，学生工作体系尚待建设；另一方面，学生干部队伍力量相对薄弱，整体工作经验不足，开展工作缺乏信心。面对种种挑战，他同辅导员和学生干部们发扬拼搏奋斗精神，积极开展各项工作，逐个突破问题并取得成效。首先，他积极推动院系学生组织改革，针对分团委、学生会、科协、TMS 分会等不同学生组织的部门重叠设置、主要学生干部负担过重、学生干部队伍人员不足等问题，在保证各学生组织核心工作的前提下，整合重叠部门，建立大部门为全院学生组织提供支持，同时将班级干部作为常设干事纳入院系学生组织统一管理，从而减轻主要学生干部压力，让更多学生得到锻炼。其次，他非常重视制度建设，组织制定辅导员工作手册和学生组织工作手册，结合年级特点明确工作重点，及时积累工作经验，并将之用作辅导员、学生干部的岗前培训材料，进而强化干部培训工作。同时，他也努力探索学生综合素质测评工作，参考经管学院老师提出的学生综合素质测评试点方案，结合院系自身特点改进学生综合素质测评方案，引入多维度评价指标，引导学生全面发展，成长成才。最后，他强调了对学生职业发展引导的重要性，当年他大力开展职业发展引导工作，邀请多位校友返校分享职业选择思考和职业发展感悟，让在校同学深入了解专业特点和职业发展方向，增强自身的职业规划意识。在全校学生教育工作研讨会上，彭亮介绍这些工作情况时得到认可，被学校选派到韩国参加国际学生领导力论坛，他表示因自己的工作得到肯定而深感欣慰，这也是他至今难忘的一段回忆。

虽然辅导员工作占用了不少时间和精力，但他的科研并没有落下，博士期间他发表的一篇 SCI 论文至今已被引用 180 余次；而辅导员的历练让彭亮的能力得到全面锻炼，思考问题更为深入，解决问题更加务实，养成了高效的工作习惯，更为重要的是明确了职业发展方向。彭亮强调，"双肩挑"担子虽重，但一生受益。

正是在这条"双肩挑"的道路上，他逐渐发现了自己的职业兴趣。在开展学生工作的不断探索之中，他渐渐对技术管理方向产生了浓厚的兴趣，毕业后进入科技孵化器开展技术转移工作，探索高新技术产业化评估问题并研究相应扶持政策。随着时间的推移，彭亮意识到技术管理不能脱离专业，于是他最终立足专业选择了医疗器械监管工作。

立足专业锐意进取的职业发展之路

我国医疗器械行业虽然与美国、欧盟、日本等发达国家和地区相比存在较大差距，但近年来发展十分迅速，差距不断缩小，特别是在综合国力不断增强、行业人才持续回归、人口老龄化日渐严重等大背景下，医疗器械行业具有广阔的发展空间和良好的发展前景，我国必将由医疗器械大国变为医疗器械强国。

医疗器械与生命健康密切相关，在全球范围均属于高度监管行业，我国对医疗器械的监管也要走向"高质量"。医疗器械上市前技术审评是医疗器械监管的重要环节。彭亮进入国家药监局医疗器械技术审评中心工作以来，已完成近1400项医疗器械产品的技术审评工作，不乏碳离子治疗设备、人工心脏、手术导航机器人、人工智能独立软件等创新医疗器械；同时专注于医疗器械数字医疗技术的安全有效性评价研究，执笔医疗器械软件、医疗器械网络安全、移动医疗器械、人工智能医疗器械等审评指导原则。医疗器械体系核查亦是医疗器械监管的重要环节，彭亮经过系统培训和多轮考核成为我国首批国家级检查员，执行多次境外检查和境内飞行检查任务，牵头制定医疗器械生产质量管理规范独立软件附录、独立软件现场检查指导原则等检查规范性文件。彭亮表示，经过10余年的努力和奋斗，上述这些文件及相关文件的发布实施使得我国在医疗器械数字医疗技术方面的监管水平达到国际先进水平，特别在人工智能医疗器械监管领域更为突出。

回顾医疗器械监管相关工作，彭亮主要有两点感悟：一是国际监管经验只可参考借鉴，不能简单照搬照抄，监管要求必须要基于我国国情，原因在于不同国家监管的体制机制、资源条件皆不同。比如，中国审评员人数只有美国的1/10。二是监管面临的最大挑战在于"度"的把握，过严不利于行业发展，过松不利于行业升级，因此需要深入调研了解行业发展情况，平衡兼顾各方诉求。

在新时代背景下，清华大学"又红又专，全面发展"的优良传统仍然需要坚持并不断发扬。彭亮认为，红色基因和专业技能是清华育人传统的两大支柱，这两者的结合必然能够培养出"又红又专"的复合型人才，希望新时代的清华学子继承优良传统，在社会发展中贡献自己的力量，实现人生价值。

一生受益的辅导员经历

——访北京市丰台区政府党组成员、副区长孔钢城

文 / 人文学院　雷雨果　张　杨　公管学院　宋皓昕

孔钢城，男，2000 年进入清华大学人文社科学院学习，2003 年起担任辅导员。曾任共青团清华大学委员会副书记，中共北京市朝阳区平房地区工委（乡党委）副书记，共青团北京市朝阳区委员会书记，北京市朝阳区劲松街道工委副书记、办事处主任、北京市通州区玉桥街道工委书记、一级调研员。现任北京市丰台区政府党组成员、副区长，中共北京市丰台区第十三届委员会委员。

成为辅导员，是一件顺其自然的事

谈及加入辅导员队伍的初衷，孔钢城表示"一切都是顺其自然的"。本科期间，他在班级、院团委等集体中热心为同学服务，在积累了丰富经验的同时，也收获了一份对学生工作的"觉悟、意愿、责任心和态度"。大四年级时，孔钢城通过选拔成为了"双肩挑"政治辅导员队伍的一员，承担起了 2003 级本科新生的带班工作。

此后的研究生阶段，孔钢城也继续在学生工作中深耕，与前后多个年级的学生结下了深厚的友谊，至今仍然保持着联系。2007 年，他再度接过了"护送"2003 级学生毕业的重担，可谓有始而有终。

2012 年，孔钢城走出了校园，从朝阳区平房地区工委开始先后在朝阳团区委、劲松街道、通州区玉桥街道工作，开启了扎根基层的人生篇章。谈到初入基层时的心态，孔钢城表示，当时抱着一种"平和而渴望学习"的心态，与同事真诚相处、虚心求教，在工作中勇担责任、融入群众，用心做好社区

建设。而被问及如今的心态是否发生了改变，他思考片刻后微笑着回复道："除更加成熟稳重了一些以外，其他好像没有什么不同，依然只是努力做好本职工作，其余一切皆顺其自然。"

一生受益的辅导员经历

调解学生宿舍矛盾、为不能按期毕业的同学提供帮助等往事，都是孔钢城辅导员岁月中的难忘点滴。通过与个性鲜明、特点迥异的学生、家长、老师等群体的接触，他收获了对于人与社会关系更加客观、全面的认识，从而也更深刻地了解了自己。

不仅如此，孔钢城认为辅导员经历也在很大程度上帮助自己在"处理复杂状况、协调沟通、抓主要矛盾和综合判断"等方面，得到了工作技能的锻炼提升。他特别提到，公共部门的工作性质对于综合协调、交流沟通的能力要求较高，而这也正是辅导员经历所收获的主要财富之一。

当孔钢城回忆起在劲松街道工作时，引入社会资本参与老旧小区改造的经历，言语间满是欣慰与自豪之感，"这是我最有成就感的工作之一"。

劲松社区建于 1978 年，随着时间流逝出现了社区公共设施老化、社区配套服务落后等一系列错综复杂的问题，传统的老旧小区治理方式已很难从根本上予以解决。面对如此棘手的情况，孔钢城坚持以人为本，探索出了以"区级统筹，街乡主导，社区协调，居民议事，企业运作"机制为核心的"劲松模式"，耗时两年将这一城市更新项目落实落地，并被国务院住建部作为典型向全国推广。为百姓做实事，切实保障和改善民生工作，是孔钢城践行全心全意为人民服务宗旨的方式。

传承好"又红又专"的底色

谈到清华学生工作的传统，孔钢城认为学校对学生的态度一直以来都是包容和保护的，为同学们提供了坚实而温暖的成长环境。在此背景下开展的学生工作自然也是充满了人文关怀的特点，不仅在队伍建设方面代代传承，形成了良好的"传帮带"传统，文理科院系之间也能保持密切交流，为学生提供了广阔的视野和空间。

在孔钢城看来，蒋南翔校长创立的"双肩挑"政治辅导员制度充分体现了清华育人理念的高层次与高境界，如今已经融入学校整体育人体系之中，成为了教学以外的重要一环，是学生"自我成长、自我教育和自我管理"的一种途径。孔钢城认为，在清华辅导员校友的身上普遍能够看到"又红又专"的育人底色，"我们身处民族复兴的关键节点，在'红'的方面势必不能动摇，在'专'的方面则应学习国家所需要的知识，'全面'则意味着应当具有国际视野，更加自信的同时也更准确地认识所处的宏观大背景"。

面向目前仍在校园担任辅导员的晚辈学子，孔钢城强调要珍惜辅导员经历带来的宝贵经验和能力塑造，充分探索并利用清华园里的各类资源，在职业选择时"立大志，入主流，上大舞台，干大事业"，将清华辅导员"又红又专"的底色传承下去。

在国家需要中，追求自己的"代表作"

——访四川大学物理学院教授周荣

文 / 工物系　王怡丰

周荣，男，2000 年进入清华大学工程物理系学习，2004 年起担任辅导员。2009 年毕业后进入四川大学物理学院核工程系工作，历任讲师、副教授、实验室主任等职。主编高等教育"十三五"规划教材一部，主讲四川省一流本科课程"辐射探测与测量"，长期从事辐射探测技术研究，担任国家重大科技基础设施"高海拔宇宙线观测站"大气切伦科夫光望远镜电子学系统研发负责人，成功研制世界上首台可在满月天气观测的大气切伦科夫望远镜，参与发现人类有史以来最高能量 γ 光子和首次精确测定"宇宙标准烛光"蟹状星云超高能段 γ 能谱，相关科学成果在 *Nature* 和 *Science* 上发表。现任四川大学物理学院教授、副院长。

在清华的 9 年，周荣完成了从本科到博士的学习，也在辅导员的岗位上陪伴 2004 级同学从入学一直到毕业。对于周荣来说，这段在清华学习工作的日子不仅培养了他团队合作、解决问题的意识和能力，更丰富了与人打交道、处理复杂事务的经历，锻炼了组织领导能力，为后来的教学科研工作、对理想的追求打下了坚实的基础。

选择辐射探测，投身大科学装置建设

周荣的博士研究课题是核医学成像。他毕业后选择到四川大学物理学院核工程系工作，但入职后，他发现这里没有条件继续做核医学成像方面的事情，但是有很多机会做辐射探测及核电子学的工作，便走上了这个研究方向，其中最主要的工作就是配合国内的一些大科学工程设计研制各类探测器系统。他认为自己走上这个专业方向有两重原因：一方面是在清华大学工程物理系学习时打下了比较良好的基础，使得他自己有能力胜任这个方向的工作；另一方面是川大地处四川，和中国工程物理研究院、核动力院、稻城高海拔宇宙线观测站这些单位和项目有着天然的联系，因而有机会去围绕这些项目做科学研究。

2021年，国家重大科技基础设施高海拔宇宙线观测站"拉索"（LHAASO）经过4年的建设正式通过性能工艺验收，成为世界上规模最大、灵敏度最高的超高能伽马射线巡天望远镜和能量覆盖最宽广的国际领先的宇宙线观测站。周荣担任其中的大气切伦科夫光望远镜电子学系统研发负责人，谈起建设时的困难与解决经历，他感触很深。

最大的困难是工期紧张。原本在预研阶段，系统中所有的电子学都是按照PMT（光电倍增管）方案设计的，但项目正式立项后，由于SiPM（硅光电倍增管）产品的技术进步，最终使用SiPM替代了PMT作为望远镜的感光器件，这就造成了正式投产之前所有的电子学必须重新设计和测试。"拉索"是一个大工程，国内几十家单位，上千人参与建设，各自的任务环环相扣，一家的进度落后就要影响整个项目的工期。其他系统的方案都已经基本确定、开始进行量产，自己负责的整个电子学原型却还要从头设计；设计出来的电子学样机有很多问题，学生没有经验，无法独立定位问题和解决问题。面对重重困难，周荣和他的团队感受到了很大的压力。

之后的一年，周荣白天带着研究生在实验室做实验，一直干到晚上熄灯锁门，回家后还要独自查阅资料总结一天的实验结果，理清第二天需要测试的项目和方法。一年里，连走路、吃饭、睡觉时都是在考虑项目的问题和进展，好在最终完成了原型的设计和测试，各项指标均通过测试。可等到量产的时候又发生了问题，图纸交给工厂，小批量试制的合格率只有2/3。他连续将近两个月每天直接到工厂车间里去上班，把工厂从配料、贴片、焊接、清洗各个生产线的流程全部摸索一遍，找出其中可能出现质量问题的关键点，提出整改意见。工厂按照意见整改以后，重新批量试制的合格率达到了97%以上。

通过这个项目，他总结了两点深刻的体会：一是要完成一项大的工程，必须要有团队通力合作的精神和能力；二是实验室的成功和实际工程的成功完全不是一回事，必须要下沉到最基层，了解一线的情况，才能真正解决问题。在清华工程物理系学习的过程中，周荣这两个方面的意识和能力都得到了十分有效的培养和锻炼，这也为他后来在工作中克服困难和挑战打下了基础。

在辅导员岗位上收获甜蜜与成长

周荣曾经担任工程物理系2004级的带班辅导员，过程中难忘的事很多，他分享了其中一个细节。为了尽快熟悉同学，和大家建立密切的联系，他策划了一个"和辅导员过周末"的活动：每个周末晚上，他都会带着零食水果到其中一个学生寝室去，和这个寝室的同学聊一聊学习生活情况，有时候也设计一些游戏或其他的活动。通过这个活动，一学期下来，作为辅导员的周荣就和年级每一个同学建立了密切的联系，也熟悉了每个同学的家庭、性格、学习生活情况。就熟悉程度而言，他可以随口说出任意一个同学住在哪个宿舍哪个床位上，是哪里的人。在这个基础上，赢得了同学们的信任，其他工作就很好开展了。

回首自己担任"双肩挑"辅导员的初衷，周荣认为他的辅导员颜立新对他的帮助和影响很大，让他也想成为辅导员帮助师弟师妹。担任辅导员4年的时光中，辅导员工作对周荣的最大影响是让他发现了与人打交道的乐趣，锻炼了他与人打交道以及处理复杂事务的能力，对他的写作能力、组织领导能力也有明显的锻炼。这些锻炼对他现在的教学科研工作都有非常正面的促进作用。

周荣认为，一名辅导员最重要的素质是热爱这份事业，将帮助同学成长作为自己最大的乐趣。"如果未来有同学想成为辅导员，学长想对你们说，辅导员工作是一个甜蜜又大有出息的负担，'双肩挑'政治辅导员制度是清华大学最有特色、最有成效的育人制度之一，在清华学习的同时担任辅导员，你将成为一个'双料'清华人，一定会有双倍的成长和收获！"

投身国家需要，追求自己的"代表作"

清华人一直强调，要把个人理想追求融入国家需要之中，周荣对此也深有感触。每个人都希望实现个人的理想，但是理想的实现受到客观条件的制约，没有条件基础的理想难以实现。国家和社会的需要就是实现个人理想最重要的条件。就核专业的同学而言，目前国家在军事工业、医疗健康、绿色能源、高端制造、国家安全等各方面的需求和投入极大，核学科在其中大有可为，积极投身其中一定可以做出出色的成绩。

谈起给正在核领域学习的同学们的寄语，周荣基于自己的人生经历分享了自己的体会。成长过程中最重要的是要追求有自己的"作品"，特别是"代表作"，而不是所谓的荣誉。工程师要有自己设计和建造的设备，科学家要有自己解决的重大问题，教师要有自己编著的教材和建设的课程，等等，这些东西是一个人实实在在的成就和贡献。作品和荣誉的区别在于：荣誉是他人给予的，但作品是自己创造的，他人无法给予，也无法剥夺。

在党组织的教育和带领下成长

周荣选择入党主要是深受他高中英语老师何劲豪的影响。何老师是一位新加坡归国华侨，在中华人民共和国成立后回到了祖国，几乎经历了新中国成立以来各个重要的历史阶段和社会变革。他目睹了中国在中国共产党的领导下从贫穷落后走向民族富强的过程，真心地拥护和热爱共产党。何老师那时已经快退休了，还是党外人士，一直想加入中国共产党，未能如愿。但他还是以他的人生经历热情地向同学们介绍中国共产党，并鼓励同学们积极入党。周荣上大学后回去看他，和他就这个问题再一次进行了深入交流，坚定了入党的决心，最终在 2004 年加入了党组织。何老师也在十九大以后再次递交入党申请书，在 2021 年以 83 岁的高龄加入了中国共产党，实现了他一生追求的理想。

现在大学生党员越来越多，不可避免地会有部分同学随波逐流。对于这种现象，周荣认为，越来越多年轻的同学们积极向党组织靠拢是好事情，而大学生在刚加入党组织前后的一段时间对党的历史、党的使命和自己的信仰有一定的了解，但是理解得不够深刻，这是由他们的较短人生经历所决定的，是正常的。随着年龄的增长和经历的丰富，随着他们逐步深入地参与到各项社会生活中来，在党组织的教育和带领下，他们的认识会更加深刻，信仰会更加坚定，届时他们就会成为带领中国社会进步的中坚力量。

在担任辅导员的过程中，周荣也对班级层面的党建工作有了自己的理解。党建工作就是以优秀的组织培养优秀的干部，以优秀的干部支撑优秀的组织。具体到本科生而言，学长的做法就是动态梳理年级的每一位同学，把那些品行端正，乐于奉献，在学习、科创、文体等方面有能力特长的同学抓住，分批进行培养锻炼，让他们脱颖而出，成为班级的骨干，从而带领班级建设。

在国内高校里，清华大学的党建工作，在理念和成绩方面都是十分出色的。在清华学习，不但可以获取科学知识，而且在其各个方面会受益匪浅。这和清华对党建工作的重视是分不开的。周荣说，他很感谢在清华学习时从中受到的培养和熏陶。

"坦然去做"是最重要的事

——访财新传媒副总裁、财新智库执行总裁高尔基

文 / 经管学院　孔奕淳　陈鸿瑜

　　高尔基，男，2001 年进入清华大学经济管理学院学习，2005 年起担任辅导员，就读期间担任学院网络辅导员等。现任财新传媒副总裁，负责资本运作和商业拓展工作；兼任财新智库执行总裁，分管金融数据和信息服务。加入财新传媒前，曾在中信证券并购部担任副总裁，负责跨境并购工作。过往交易涉及美国、欧洲、亚洲等主要国际市场。加入中信前，高先生曾在汇丰银行环球投资银行部从事香港资本市场运作以及跨境并购交易多年。现担任财新传媒副总裁、财新智库执行总裁。

　　高尔基学长给我们的第一印象仿佛是一位侠客，武艺高强又豁达坦然。刚到学长办公室，我们就被学长爽朗的笑声吸引，学长热情地招呼我们坐下，跟我们拉起家常，让我们倍感亲切。访谈过程中，高尔基学长总能将回忆精确定位到 20 年前的具体某一天，说话时富有哲理的话语常常脱口而出，可见学长高超的记忆力和深厚的文学素养。而学长的回答见解深入独到、逻辑清晰且递进有序，让我们受益匪浅。

在辅导员工作中找到职业兴趣

　　2001 年，高尔基进入清华大学经济管理学院，在大四学期末开始担任经管学院网络辅导员。尽管距离他担任辅导员的年份已有将近 20 年，但当谈起这段往事时，他依然能轻松地回忆起每一个事件的时间节点。高尔基有着丰富的社工经历，从大一开始作为新生党员担任金融系两个班的新生班长，大

二在学院学生会担任体育部长，大三担任金融协会副主席和沟通中心副主任，这些工作经历都为之后的辅导员工作打下了良好的基础。

对于高尔基而言，成为网络辅导员是一件顺理成章但又充满挑战的事。顺理成章是因为，大三时高尔基作为老师和辅导员的得力助手，就跟时任网络辅导员董松挺共同创办了沟通中心，并整合了学院的两大学生媒体《经管专递》和《潮声》，也接管了水木 BBS 经管学院院版的工作。于是在董松挺毕业后高尔基继任了沟通中心主任和网络辅导员的工作。充满挑战的是，高尔基担任网络辅导员时恰逢 BBS 天翻地覆的时候，水木 BBS 的流量大幅下降，校内媒体在很大程度上受到人人网等外部社交媒体的挑战。谈起这段往事，高尔基感叹道："你其实抓不住一个即将溜走的机会""但是你可以自己创造机会"，这也正是高尔基的做法。

"创业"是高尔基对自己辅导员生涯的总结，"和带班辅导员家长一样的角色不同，我更像是一个创业者"。沟通中心本身就是一家整合了已经存在的媒体机构的创新机构，高尔基在担任辅导员后，也开始担任沟通中心主任的工作，他进一步将两个纸媒《经管专递》和《潮声》进行联动，并在 2004 年4 月学院 20 周年院庆期间成立了经管学生记者团；还创办了 apprentice 融媒体比赛，给经管学子提供了全新的培养和锻炼路径。"我觉得更像是成立了一个资管公司。当时创业的难度主要在于缺乏资源和需要创建新 IP。"尽管"创业"过程非常辛苦，但当年一起共事的学弟学妹现在也都在各行各业有所建树。谈到这，高尔基深感欣慰。

担任网络辅导员的经历仿佛是高尔基之后职业发展的预告，用他的话说就是"宿命"。在沟通中心合并两个媒体并进行管理的经历本质上就是一种并购和投后的工作，而沟通中心的主业正是媒体，同时当时采用的瀑布流直播等最新模式也是一种 media tech 的实践。高尔基在毕业后也一直在从事这三个方面的工作，从外资投行到内资投行，再从内资投行到传媒集团，在这三个方面也都有很深入的专业见解。

"又红又专"、吃苦在前的"传帮带"精神

"又红又专"的要求是特别高的：一是要在两方面都做到非常优秀，本身

就很具挑战性；二是需要在"又红又专"的基础上没有功利性，这一点是非常重要的。"高尔基谈及自己对"又红又专"的见解说道，"但清华做到了，我认为'双肩挑'政治辅导员制度是支持"又红又专"非常重要的一个制度。"

"清华的'又红又专'并不是一种 be given（被给予），而是让大家都成为集体建设的一分子，清华的'又红又专'是一届又一届的学生共建出来的。"高尔基认为"又红又专"体现了教育的引领性，而辅导员又在其中发扬了引领精神，"首先辅导员自己要'又红又专'，然后带出来的人才能知道什么叫作'又红又专'。作为学生对于社会序列的认知，辅导员、老师对于学生的整体形象以及社会性格的塑造都非常重要"。

"不宠溺、不放任、不强制、不压制"是高尔基对于清华辅导员的评价，"吃苦在前，享乐在后，从群众中来到群众中去"是高尔基对于清华辅导员的总结。谈到这个话题，高尔基也回忆起自己的带班辅导员。"对于清华的孩子来说，你想让他对你心服口服是不容易的，除非你真的让他们觉得很厉害，树立起你的榜样角色和权威。"高尔基这样描述自己的带班辅导员，接着给我们分享了一个让他印象深刻的事情：在一次党组织生活上，作为新生党员同时一直是辅导员得力助手的高尔基直抒胸臆，表达了不一样的看法，但在现场讨论后也很快对最初的提议表示赞成。结果当晚辅导员就找高尔基促膝长谈，进一步理解他的想法并做出引导。"我觉得其实是一件小事，但是他依然那么重视，而且我们班这么多人，辅导员自己还要发论文、当助教，又要把工作做得这么扎实，我觉得这就是奉献精神的指引。"高尔基自己也深受带班辅导员的影响，在担任网络辅导员期间也充分发扬了辅导员"传帮带"的精神，"又红又专，全面发展"。

给辅导员们的寄语：坦然去做

"目标长远，终身学习；泰然处之，勇敢去做。"是高尔基给学弟学妹的寄语。高尔基认为，首先，年轻人不应该太过于执着地追求眼下的最优解，应该去追求更长期的价值。从宏观的角度看，每个人去选择自己最喜欢的工作是更重要的，这样能够发挥自己的特长。其次，如果有机会去随大流找当时最好的机会，也不为错。也许大多数人迟早也都会出来，但这一段经历对个人成长也会有极大的帮助。最后，职业的起点很重要，但后续发展和发挥的作用往往更大。不要害怕竞争，不要害怕转岗，勇敢去做，终身学习。尽管可能会"短兵相接"，可能会事与愿违，但我们只需要泰然处之，接受变化。

高尔基也分享了自己写诗和写小说的经历："其实这些事都是很自我的事，就是 Mark 一下自己，人生总是要打很多卡不是吗？"但高尔基所做的远远不止打卡，他在 2014 年出版自己首部个人诗集《城市的味道》，也在网络上连载了投行题材的长篇小说《大投行家》，2022 年连载了另一部新小说《手游女皇》。正如高尔基给学弟学妹的寄语"勇敢去做"，他永远都在尝试很多新鲜的事情并且努力做好，"去写，即使未来机器能写，你也要写，你可以用机器写，但是得是你用机器写，不是机器自己写，这才叫表达"。

双肩锻能力，逐梦向航天

——访酒泉卫星发射中心发射任务副指挥长谷振丰

文/航院　马世育　李欣荣

谷振丰，男，2002 年进入清华大学学习，2006 年担任航天航空学院辅导员、校党委学生部政治辅导员等。2012 年起进入中国酒泉卫星发射中心工作，多次担任零号指挥员。现为中国酒泉卫星发射中心测发部门航天发射任务副指挥长。

坚守初心　逐梦航天

提及发射中心的工作，谷振丰回顾了自己决定到酒泉卫星发射中心工作的决策过程。这个问题确实已经多次被提及，因为他的学术之旅始于清华力学系，后来转入了航天学院。在大二时，正值中国神舟五号成功发射，这一重大事件深深吸引了他。杨利伟等航天英雄也曾到北京各高校作报告，其中一场就在谷振丰所在的清华大学综合体育馆举行。这些经历深刻感染了他。

尽管在正常情况下，他可能会选择毕业后在北京的院所从事与航天相关的工作，但正是这些报告和观看酒泉发射中心发射的经历，让他开始对前往发射基地工作产生浓厚兴趣。加之学校老师在就业方向上的引导，最终促使他做出了这一重要决定。综合个人兴趣、工作内容的吸引力以及老师辅导员的思想引导，他选择了投身酒泉发射中心的工作。

提及在本科阶段积累的学习经验和经历，谷振丰认为这对他目前从事的航天工程实践的帮助非常大。在清华本科的学习为他奠定了坚实的专业基础，这些基础知识在他的现实工作中发挥了重要作用。此外，他的博士科研经历培养了他的科研思维和创新能力，这些都对他现在的工作产生了积极影响。

在清华的社工经历，培养锻炼了谷振丰的组织协调能力，这在现实工作中是至关重要的。担任辅导员的经历锻炼了他的人际交往能力和思想工作能力。这些经验使他在工作单位处理好业务事务的同时，也能够更好地和团队合作，这对于航天工作的团队合作环节至关重要。

此外，清华大学的学风、校风以及对创新的追求也在他的工作中产生了深远的影响。这些价值观一直伴随着他，激励着他追求卓越和创新。清华对他的塑造和培养一直在他的职业生涯中持续产生影响，这种影响将会伴随他继续前行，为国家的航天事业继续贡献力量。

薪火传承　追求卓越

在谷振丰刚刚本科入学的时候，清华辅导员就给他留下了无比深刻的印象。辅导员在思想上、学习上、生活上给予了他全方位的关心，给他帮助很大，成为了他心中的优秀榜样。在他眼里，辅导员形象代表了这样一种状态——一个优秀的清华学生就应该是这个样子的。这在谷振丰的心里种下了一颗种子，如果有机会，他也想成为这样的人，担当这样一种角色。"正如我们经常给老师说的那样——长大之后我就成了你。"

在经历过本科时期学习委员、党课小组长、党支部书记等社工锻炼后，他这个想法愈发强烈了。在保研之后，谷振丰更加坚定地想要争取加入辅导员这个优秀的队伍。尽管他内心很清楚辅导员工作意味着科研学业和思想政治工作"双肩挑"，工作较为辛苦，对时间管理的挑战较大，但是出于对那份信念的坚持，他仍然决定挑战自我，做出更大贡献，毫不犹豫地同意了党组织的建议和邀请。

尽管已经过去了十几年，但是担任辅导员时的往事依然历历在目。"当辅导员每天都有故事。"在当时，优秀班集体和甲级团支部就已经是非常热门的奖项，他带领的班级多次成功争取到这份荣誉。班级荣誉源于班级同学们的突出表现，是大家一起努力的结果，也是辅导员在其中发挥了重要作用，因此谷振丰心中颇有成就感和自豪感。"在2009年国庆60周年庆典的群众游行中，我校一共承担了两个方阵，其中一个是在距离庆典还有一星期的时候临时承担的。"谷振丰记得，当时工作量非常大，组织了两三千名同学高频率集中训练，在合练和最终群众游行的时候，也都是凌晨就候场，非常辛苦。但是清华学子们出色地完成了这些任务。在这场群众游行中，谷振丰从辅导员的视角看到了清华同学们的家国情怀和集体主义精神，深受感动。

在辅导员工作中，在享受成就感的同时，也可能面临挫败感。当时，谷振丰所带的班级里有两位同学出现了思想上的波动，开始出现对本专业的抵触情绪，甚至通过去网吧沉迷游戏的方式来逃避。谷振丰联合老师、家长进行劝说、引导，让班级里学习优异的同学与他们一同自习、营造良好的学习氛围，并且帮助他们进行远景规划，最终这两位同学的学习生活重回正轨，顺利毕业，后续的发展也十分出色。

"辅导员就是这样一个传承的过程，就是咱们一届一届、一波一波地接力，对后面的同学都有影响。"也正因为有这样的信念，谷振丰在辅导员岗位上对自己要求很高，尽心尽力为同学们服务，全心全意帮助同学们发展。他也在用自己的实际行动展现辅导员的优秀作风，把辅导员的优秀榜样形象传承下去，吸引更优秀的同学加入到辅导员队伍中来。

我们听罢也想起了自己选择担任辅导员的心路历程，这份触动和责任感是何其相似啊！相隔十几年，清华园里的主人换了一拨又一拨，但是辅导员工作的这份热忱、这份责任感、这份精神力量，一直未变，而且历久弥新，将不断传承下去。

责任历练　人格塑造

辅导员工作不仅是一项助人的工作，也是一项磨炼自身本领的工作。"'辅导员'的全称叫作'双肩挑政治辅导员'，做思想工作，肯定需要比较强的人际交往能力、组织协调能力。"在走向工作岗位之后，这些能力仍然是谷振丰在工作中的制胜法宝。在航空航天等大工程领域，任何成果都是一群人的共同奋斗，团队协作尤其重要，在科研和业务工作之外还要做好沟通协调。思想工作是贯穿在团队管理全程中的，只有充分号召发动大家才能更好地完成团队协作。长期担任辅导员工作为他提高协作意识和提升思想工作能力提供了非常好的平台。

"双肩挑"辅导员要一肩挑学业，一肩挑思想政治工作，常常同时面临多重挑战和压力——既要完成好自己的学业，不能落下课题组的工作，又要关注、引导同学们，帮助他们处理各种困难。在这种多重磨砺下，谷振丰逐渐变得更加成熟，能够更加理性、全面地看待各种问题。作为学生工作的重要一环，辅导员在承担学生部、团委和院系的工作事项的同时，也要对班里的同学们进行管理、引导、教育与帮助。他的团队领导能力也在这个过程中得到了充分的锻炼。

谷振丰学长感叹说，"双肩挑"政治辅导员制度本身也是在培养辅导员。蒋南翔校长在创立"双肩挑"政治辅导员制度的时候，也是期待大家走到工作岗位上也能做到"双肩挑"，既能干好业务，也能做好组织管理工作。谷振丰在担任辅导员的过程中获得了实实在在的锻炼和培养，这对他未来胜任工作有着很大的帮助。清华对自己的塑造和影响是终身的！

身先率人　成长嘱托

当提及对新任辅导员的期望和嘱托时，谷振丰强调了责任心、榜样作用以及个人成长的重要性。

首先，他认为辅导员工作充满了责任。选择担任辅导员需要高度的责任感，因为这项工作涵盖了许多挑战，包括任务完成、思想管理和平衡个人学业等。尽管工作中会遇到很多挑战，但他鼓励新任辅导员要全身心投入，将责任视为推动自己前进的动力。

其次，作为辅导员，个人的行为和品质起到了榜样作用。他强调，只有通过自己的努力和优秀表现，辅导员才能真正成为学生们的榜样，提升说服力。他认为，做好自己是成为榜样的关键，这样才能更好地引导和影响学生。

最后，他对"双肩挑"政治辅导员制度有着深刻的感悟。他认为这项制度为学生提供了扎实的训练，使他们能够更好地应对各种挑战。同时，他希望这项优良传统能够传承下去，培养更多综合型的优秀人才，走向国家需要的各个工作岗位。

总结而言，谷振丰学长的期望和嘱托围绕着责任、榜样作用和个人成长展开。他鼓励新任辅导员将责任视为动力，努力成为学生的榜样，并认为"双肩挑"政治辅导员制度对学生和辅导员自身的成长非常有益。

树理想入主流，为大国铸重器

——访中国核动力研究设计院研究员孙永铎

文 / 化学系　杨金磊　李哲威　刘佳慧

孙永铎，女，2003 年进入清华大学化学系学习，2007 年起担任辅导员。曾任化学系团委书记、校团委青年工作研究中心副主任等职。曾获北京市优秀学生干部、清华大学"一二·九"辅导员奖、清华大学化学系本科生学业最高奖——侯德榜奖学金等荣誉。毕业后，孙永铎进入中国核动力研究设计院工作，曾入选中核集团首批"菁英人才"，现任研究员。

对于化学系的同学来讲，孙永铎不是一个陌生的名字。作为三字班的学姐，以孙永铎为代表的一批系友在清华求学成长、取得成绩、在国家和社会各领域投身重要事业的故事为同学们所熟知。2017 年本科毕业 10 周年时，孙永铎曾撰文回忆化学 31 班的人和事，其中幽默风趣地描述了本科生活的点点滴滴、班级同学的性格兴趣、班级的种种活动，还有"幼儿园阿姨似的"带班辅导员。2020 年校友对话活动中，孙永铎讲述了自己师从邱勇院士，在有机半导体方向上刻苦钻研的经历，感慨于邱老师严谨的治学作风和对研究生科研和成长全方面的关注。2021 年职业发展交流活动中，孙永铎回忆自己毕业时立下"上大舞台、做大事业"的理想，踏上岗位时许下"为核动力事业发展添砖加瓦"的承诺，自 2012 年博士毕业起深耕核动力事业以来的感悟和成长。以上这些，都是我们耳熟能详的故事。本次采访中，我们再次以一名"双肩挑"辅导员的身份和视角，了解到一位不一样的孙永铎学姐，记录了她走上辅导员岗位、树立初心理想并投身核动力事业的心路历程和成长经历。

团学岗位，历练成才

和众多清华辅导员一样，孙永铎之所以选择走上辅导员岗位，最主要是因为受到了自己本科辅导员的影响。自己大一年级时的带班辅导员李扬认真负责、处理工作尽心尽力、德智体美劳全面发展，为同学们起到了榜样模范作用，也得到了班级同学的认可和崇敬。自那时起，"辅导员"这个身份就成为了孙永铎的向往。在研究生一年级辅导员报名时，孙永铎毫不犹豫地选择加入"双肩挑"辅导员的行列。

由于组织的充分信任，孙永铎在上岗第一年就接手团委工作，同时她也面临很多挑战。在"边干边学"想法的支持下，她在岗位历练中逐渐度过新手期，并积累了很多经验，对团委学生会工作也有了自己的想法，从第二年起开始着手实施很多新举措。这种在新岗位上锻炼的机会和宝贵经历帮助她积累了接手一份新工作所必需的素质和经验。

孙永铎在化学系团委岗位工作的第二年，恰逢 2008 年北京举办奥林匹克运动会。这也是她在辅导员岗位上印象最深刻的经历。与我们亲历 2022 年冬奥赛事一样，北京奥运会向高校动员招募了大量的学生志愿者。较为特殊的是，由于专业背景，化学系分配到了反兴奋剂领域的志愿者任务。孙永铎回忆，当时通知时间很紧，距开幕只有几个月，接到了从系里同学中选拔反兴奋剂专业领域志愿者的任务，压力非常大。这种压力一方面来自需要选拔推荐有责任心、能力强的同学；另一方面同学们参与热情高涨，有很多同学报名，因此需要保证选拔的公平性。孙永铎带领团委骨干们加班加点设计组织了专门的笔试和面试，自己设计试题、阅卷评分，最终既保证了推荐志愿者的素质，也获得了同学们对于录取结果的认可，圆满完成了保障奥运的光荣任务，为奥运盛事做出了一份贡献。孙永铎还特别提到，当时她也参与到奥运志愿工作保障中去，作为"志愿者的二次方"，在北京奥运中获得了一段难忘的经历。

在院系团委工作两年之后，孙永铎来到校团委青研中心的岗位继续工作。期间，她既进一步提高了理论知识水平，也锻炼了撰稿成文的能力。博士第四年，孙永铎在学生部思教办担任《业余党校》报刊的主编，为自己的"双肩挑"辅导员生涯画上了一个圆满的句号。4 年辅导员的经历让孙永铎获得了全方面的锻炼和成长，在校系各岗位上她也交出了满意的答卷，得到了老师和同学的一致认可。担任辅导员期间，孙永铎曾获评北京市优秀学生干部、清华大学"一二·九"辅导员奖等荣誉。

双肩挑负重任，树理想入主流

在采访过程中，我们非常好奇，是什么原因支持着孙永铎坚持奋斗在"双肩挑"辅导员岗位上4年之久？对于这个问题，孙永铎回答道，最重要的因素是来自导师言传身教的影响。她的研究生导师，是时任化学系主任、现任校党委书记邱勇老师。邱老师本人在学期间也曾任"双肩挑"辅导员，因此邱老师很支持自己的学生参与辅导员工作，他的课题组中先后涌现出一批"又红又专，全面发展"的优秀辅导员。邱老师对学生的认可和关怀，坚定了孙永铎通过担任"双肩挑"岗位追求全面发展的信心和决心。

孙永铎笑称，虽然研究生阶段"双肩挑"辅导员时期感觉压力很大，但现在工作后回头再看，觉得那时还是相对轻松的。当时，她同样面临应对两部分工作时间不够用的问题，一方面是研究课题、文献阅读、组会汇报，另一方面则是学生事务、会议活动、与同学的谈心谈话。孙永铎回忆，自己充分利用等待化学反应期间的时间，整理学生工作思路、与学生谈心。她总结说，求学期间"双肩挑"辅导员的经历锻炼了她之后在面对工作上更多复杂事务时，合理分配时间精力的能力。

在辅导员岗位上，孙永铎还有一份收获，那就是结识了一批志同道合的朋友。孙永铎回忆，当时她参加了第一届的"思源"骨干培训班。她说，在进入骨干培训班之前，自己和其他院系的辅导员的交流不多，基本仅限于一些活动和例会。而在骨干培训班中，她和众多辅导员一起深入合作完成了很多培训和调研任务，并在其中获得了和不同院系同学朋友深入交流的机会，来自不同专业背景、怀着相同理想信念的思想碰撞，让孙永铎得到了很大的进步成长。在骨干培训班结识的很多同学也成为了孙永铎一直以来的朋友，不论是在求学时期还是在参加工作之后，这些朋友间的交流和支持都成为了一笔宝贵财富。

在辅导员岗位上，孙永铎感受到，除自身能力得到提升之外，有更多机会与不同学科背景的同辈交流、在实践中调研了解社会现实，自己的思想境界和理想信念得到了巨大提升。每一代人有每一代人的热点和思潮，在世纪之初外企可能是当时大学生更为认可和向往的职业选择。而在辅导员工作中，对社会不同岗位运作和职责的深入了解，让孙永铎逐渐明晰了自己的人生理想。在了解了不同的职业发展路径后，她坚定了自己的科研理想，决心投入到为国家和社会服务的事业中去，实现自己人生价值和人生抱负与国家需要的有机统一。孙永铎说，正是辅导员岗位上的锻炼和思考帮助她做出了两个人生的重大选择——硕转博和入职科研院所，也造就了如今的自己。

十年核研路，不负少年心

2012 年博士毕业后，孙永铎入职中国核动力研究设计院。毕业以来，她不仅没有换过工作单位，甚至没有换过科室，已在反应堆材料领域深耕 10 余年。虽然大部分人接触核研领域较少，但实际上这个领域是真正致力于造福国计民生的实用行业。在能源发展方面，核电已经为千家万户提供了充足能源，也是应对环境污染、能源枯竭问题的重要解决方案；在装备建设方面，核动力研究为装备提供了高效能源，是国防现代化要求的关键技术创新方向。孙永铎回忆，虽然自己研究生期间从事的主要课题是有机发光器件，和反应堆的金属材料不是非常相关，但是，邱勇老师"清华博士一定有学习新东西的能力"的支持和鼓励，给了她投身这一重要行业领域的信心。新的工作领域意味着更大的挑战（比如，金属材料的性质与有机半导体差别很大），但熟悉工作之后，孙永铎逐渐发挥出了自己博士期间所培养的科研素养，攻克了许多技术难题。

让孙永铎尤为记忆深刻的是，2016 年她曾申请一个项目，攻关尚不能国产的某材料。当时，该材料虽然不能国产，但完全可以靠进口供应。孙永铎所在的技术团队经过评估，认为还是需要将这种重要材料的产线供应争取到自己手中，于是在 2016 年申报了这个项目并开始研究攻关。而在项目推进过程之中，国际形势突然发生了大变化，该材料的进口渠道几乎被断绝，而孙永铎项目团队未雨绸缪的这项技术预研也从一项国产替代品的"备胎研究"上升成为解决卡脖子问题的"关键研究"。孙永铎感慨道，当时重任在肩，压力很大，又受到疫情影响，项目团队所有人加班加点奋战，终于在 2021 年年底完成了该材料的完全国产设计制造，真切解决了国家的重点战略问题。该项目也在 2023 年顺利完成结题并获优秀评价。

孙永铎回忆，自己是以新生党员的身份进入清华大学的，当时的新生党员培训的内容之一便是观看讲述"两弹一星"元勋的系列纪录片《我愿以身许国》，那是她第一次深入了解核工业发展历史及其对国家和民族的意义。这为她多年之后投身核动力事业悄悄埋下了一粒种子。2011 年年初学校招聘季，学校职业发展协会邀请了核动力院的党委书记到清华建馆报告厅作了一个专场报告，这次报告真正坚定了她投身这个行业的信念，也彻底改变了她一生的轨迹。

立德树人，行胜于言

工作期间，孙永铎从一名研究工作者逐渐成长为团队负责人。在这一转变过程中，她也更加认识到了研究生期间"双肩挑"辅导员经历对她成长的帮助。正是辅导员岗位上与人交流协作、任务分配方面的能力培养，让她能够顺利快速过渡到一个领导者的角色，带领技术团队攻克重点难题。孙永铎回忆道，辅导员经历给自己带来了太多宝贵的经验，正是研究生期间快速充分的经验积累，让她在投入工作后能够迅速掌握新领域、面对新问题、攻克新方法、带领新团队。"双肩挑"，付出的是双倍的努力，回报的也是双份的成长。

孙永铎分享道，工作期间，自己接触了形形色色的人，而在清华校友身上，她总能看到"行胜于言"的特质，踏实肯干、责任心强、主动肩负重任。孙永铎鼓励清华的辅导员和同学继续发扬这种吃苦耐劳的精神，更要加强自我表达能力的培养，追求全面发展。

从孙永铎的身上，我们看到了一位清华人、一名清华辅导员不忘初心、砥砺前行、深耕科研、为国筑器的成长经历。在和众多辅导员校友交流的过程中，我们也颇有感悟，不论是当年还是现在，这批辅导员们的初心未改，我们的理想不变。正如孙永铎在采访中所提到的，清华的"双肩挑"政治辅导员制度培养了一代又一代人，希望"双肩挑"政治辅导员制度历久弥新，希望每位辅导员都能常怀赤子之心，践行信念理想，实现人生抱负，上大舞台，干大事业。

以铜钱之姿，助少年之志

——访解放军报记者袁丽萍

文 / 新闻学院　魏小雯

袁丽萍，女，2004 年进入清华大学新闻与传播学院学习，2007 年起担任辅导员，曾担任清华大学新闻与传播学院国防班辅导员、清华大学定向生办公室辅导员，并于 2008 年兼任清华大学新闻与传播学院团委书记。2008 年 9 月，转为清华大学新闻与传播学院国防生，成为清华大学首位在研究生阶段投身国防事业的女生。曾获清华大学优秀共产党员、清华大学特等奖学金、全国高校百佳辅导员等荣誉。现为解放军报记者。

摸着石头过河

2007 年夏天，清华大学第一届文科国防班——新法 7 班以新闻、法学两个专业合招的方式，出现在新闻与传播学院的新生班级名单上。此时的袁丽萍即将升入大四，她并未想到，不久后自己将会以辅导员的身份，与这个班级产生紧密关联。

收到院党委书记周勇老师的通知时，袁丽萍有些惶恐。虽然社会工作经历丰富，但她认为，"做事的工作和做'人'的工作是不一样的"。新法 7 班作为首届文科国防班，其班级管理、学生成长等培养模式亟待建立，又无先例可供借鉴，只能"一切从头开始，摸着石头过河"。而模式建立所带来的影响具有滞后性，面对 19 张"白纸"，能否引导他们走出正确的人生路径、能否对他们负责，是袁丽萍心中最大的担忧。尽管任务艰巨，但带着那股"敢为人先"的韧劲儿，她最终还是欣然接受了这一挑战。

袁丽萍与新法 7 版的初次见面，是在学院迎新日。"一个个过来，都看着一脸懵懂，"她不禁暗自感慨，"这就是我未来要好好负责的一批人了。"怀揣这份热忱，袁丽萍提前熟悉了每位同学的背景资料，迎新当晚去宿舍看望大家时已经能"每个人都对得上号"。率真的性格更是让她具有一种天然的亲和力。"他们就跟小雏鸟一样，会下意识找我靠拢。"袁丽萍有些自豪地说道。

很快，她便与新法 7 班的同学们逐渐熟悉，但班级工作的困难也逐渐显现。

新法 7 班的大多数同学是从理科国防生中调剂，且分属两个院系，起初对班级的认同感低，对文科学习也有较强的排斥情绪，一位同学甚至表示要退学重考。袁丽萍顶住压力，积极采取措施、创新班制，"紫荆夜谈会"也由此诞生。从军训开始，袁丽萍每周会定下一天开展"夜谈"。20 个人在紫荆操场上围坐一圈，手捧西瓜边吃边聊，话题从过往延展至未来，而那些困惑与忧虑，在你一言我一语中，由心而出，又随风散去，只剩下清甜的瓜香和越发靠近的彼此。

如果说走心交流是班级凝聚的开端，那么，加深认知则是文科认同的关键。除进行情绪疏导外，袁丽萍还邀请了学院党委领导与同学们面对面交流，并组织了选培办老师座谈会、导师见面会、学风建设班会等多项活动，逐步提升了同学们对新闻、法学两个学科的认知度与认同感。

"就算这个班只剩下一个人，只要还成班，只要还需要我，那我就继续留下来做辅导员。"在一次紫荆夜谈会上，袁丽萍这样说道。她的坚定与付出，也让所有同学都有所体悟，最终让新法 7 班能够"留下来、稳下来、定下来"。

做一个"铜钱式"的辅导员

"像铜钱一样，外圆内方。"这是袁丽萍在"摸索"过程中，所总结出的与新法 7 班学生的相处之道。

外圆，是包容多样，融入支持。袁丽萍认为，辅导员作为与学生相伴 4 年的重要角色，必须与大家"融在一起"，因而要尽可能地包容每一个人，帮助其成长。她还记得，在新法 7 班开学初的某个夜晚，她接到了一位同学的电话，"袁姐，洗衣服是先放衣服还是先放洗衣粉？"电话那端的提问让袁丽萍有些哭笑不得，但她依旧耐心地进行了解答。后来，这位同学又有些沉迷游戏，袁丽萍便与他约定："每晚8点给你打电话，你就关掉游戏，下楼和我一起跑步，跑完回去你就不想打游戏了。"这一跑，坚持了两个月，这位同学也渐渐能够合理控制自己的游戏时间了。

此外，观察与记录也是"融在一起"的有效方式。竞选班委时，袁丽萍创造性地设立了"史官"一职，负责收集班级日记和班级照片，并将班级里发生的事情记录在册。而她自己也时常举起相机，定格军训会操、国庆游行、集体春游、男生节、女生节等大大小小的闪光时刻，见证新法7班及其中每一位同学的步步成长。至今，袁丽萍仍保留着两个硬盘，里面有数百吉字节与新法7班相关的文字和影像资料。

内方，是坚守原则、引领方向。在袁丽萍看来，辅导员不应过多介入学生的选择，但在一些原则性问题上要起到引领和辅助的作用。具体而言，一是自省。"'道'永远比'术'重要，那些技巧性的东西很好学"，她希望同学们能够守住内心的淳朴、善良与厚道，以赤诚的热爱与纯粹的态度对待学习和训练，努力提升思想政治觉悟。新法7班最初只有一名新生党员，后来19名同学均成为党员或入党积极分子。在民主生活会上，袁丽萍时常要求大家一定要"真刀真枪"地进行批评与自我批评，而由此产生的那份独属于新法7班的坦率与真诚，令她印象深刻。"大家都非常袒露、毫无隐藏，谈到最后有哭有笑。"二是立志。"知道自己要去做什么、什么东西是重要的"，这是袁丽萍对这群懵懂少年最大的期许。从大二开始，袁丽萍就帮新法7班的同学们做起了职业规划；"读研还是工作？留校还是去军校？招生信息如何了解？去部队对于体能的要求如何？"她找到大家一对一聊天，一条一条细致地讲解答疑。在这样的引领下，新法7班的同学们不断增强着对国防生的身份认同，也坚定了携笔从戎、从军报国的未来志向。"到大四路径选择时大家都非常顺利。"袁丽萍欣慰地说。

做一个"铜钱式"的辅导员，使袁丽萍在新法7班的同学们心中有了两种身份——既是无话不谈的朋友，又是尊敬信赖的姐姐。"他们什么都叫，'袁姐''袁妈''萍'……"袁丽萍笑着说道，"我最喜欢的还是'袁姐'这个称呼，能感受到他们对我的信任和依赖。"这一声声"袁姐"背后，是同学们在紫荆操场夜谈时与她交换心事，在迷茫受挫时向她寻求帮助，在偏离正轨时受她提醒教导；也是她事无巨细、尽心尽责地勾勒着新法7班的成长轨迹。

一段跋涉的、寻找自我的历史

新法7班的成长变化，迅速而耀眼，这让袁丽萍深感欣慰。

由于文科基础薄弱，新法7班第一学年的成绩排名位于年级末尾。此后，袁丽萍带领大家制定了"学风建设公约"，并组建学习互助小组，集合班级智慧、查漏补缺、备战考试。仅一年时间，班级成绩便升至前列，19名同学也成功完成了学科适应与转型。学业之外，新法7班的军政素质也提升巨大，在队列会操、体能训练、内务评比等各方面均获得佳绩，多次摘得流动红旗。此外，他们还创新训练方法，首创"晚操制度"，为全校国防班起到了很好的示范作用。校园内外，他们也关心时政国情、开展实践调研。

4年中，新法7班先后获得了"北京市先锋团支部""北京市十佳班集体""清华大学先进班集体"等荣誉。这个曾经差点"散掉"的班级，逐渐凝聚成一股强大的青年力量。"他们从一群高中生，真正成长为一个个成熟的人，从迷茫到有了自己清晰的选择和路径。"细数班上学生的变化，袁丽萍感慨道。

而在带领新法7班前进的过程中，袁丽萍也不断调整着自己的人生定位。

2008年9月，研究生新生入学后，袁丽萍提交了国防生申请表，成为清华大学首位在研究生阶段投身国防事业的女生。事实上，转为国防生的想法，早在大四就开始萌芽。接手新法7班的辅导员工作后，袁丽萍开始有意识地去了解部队，并与清华大学选培办的军人老师们建立了联系，"凌铁主任（总政治部驻清华大学选培办主任）他们算是我正式接触的第一批军人，干练、果敢、热情、直爽。"军人形象在她的心中变得立体、崇高。

与此同时，通过与新法7班的相处，袁丽萍更是直接感受到作为国防生的无上光荣。出于责任心，从新生军训到日常训练，再到部队军训，袁丽萍都亲身参与。"他们军训，我都是说把我编到女兵分队，我要去跟着练。"她认为，想让学生适应、认同国防生身份，那么首先带领他们的人需要去适应、认同。也正是在共同训练中，她欣喜于同学们出早操时的朝气蓬勃和会操表演时的整齐划一，也为同学们身上渐渐隐现的军人气质而心潮澎湃。渐渐地，"对部队的了解和感情"越发催动她，走向军营。

于是，当凌铁主任问她："你天天跟着他们一块训练，要不你也加入我们国防生队伍吧？"袁丽萍欣然同意，"可以的话，我当然转，我以后就到部队工作！"一年之后，转为国防生的机会惊喜而至。在申请书中，袁丽萍这样写道："未来，我要做一个军事新闻工作者，走遍祖国边防线上的每一个哨所。"

"很理想，满腔热血。"袁丽萍回忆道，"这是新的挑战，我会在这里找到自我。"于她而言，有理想的人生才是幸福的人生，且一旦探寻到理想的人生路径，便笃定前行，哪怕一路跋涉，正如《士兵突击》里钢七连的那句口号——"不抛弃，不放弃"。在转为国防生的同时，袁丽萍兼任院团委书记，忙碌的学生工作和繁重的研一课业让她"每天可能只睡4个小时"，甚至曾因过度疲劳而住院治疗。但她依旧选择坚持，"碰到问题，我不会去想把这个问题避开，而是想怎么去克服它往前走"。

也正是这段无惧挑战的跋涉之旅，对袁丽萍产生了深远的影响。"一方面，成为辅导员让我找到了新的人生方向和路径；另一方面，也对我的思维方式有所形塑。"袁丽萍认为，辅导员"既是连长又是指导员"，需要具备"均衡各方矛盾的能力"，即关注和协调各方面事务，并平衡好自己的学习、工作和生活。在她看来，这也是"双肩挑"的内涵所在："你既要负责你的学生，又要负责自己的学业；既要担负思想政治教育，又要在专业方向上有所引导。"这样的责任感与协调能力为她在部队的工作打下了坚实基础。研究生毕业后，袁丽萍进入解放军报社工作，很快适应了部队的相关工作。

2011年夏天，袁丽萍身着蓝色硕士服，新法7班的19名同学身着紫色学士服，站在大礼堂前的阶梯上，灿烂而幸福地笑着。相机定格下的这一刻，是袁丽萍4年来最有成就感的一刻。"每个人都没有长歪！"她打趣道，"各自都找到了好的前程。"

4年，20人，这两个数字早已深深刻进袁丽萍心中。那是"相互扶持、凝心聚力"的4年，是"胸怀军营梦、共寻少年志"的20人。在与新法7班相处的 4 年时光中，袁丽萍带动了一批学生，也促进着自身成长。她以"铜钱之姿"，助力那群懵懂少年探寻理想，又与他们一同志归军旅，投身于祖国的伟大事业。

一同毕业的那天，袁丽萍终于能为那个悬于心中的疑问——"能否对他们负责？"——画上一个笃定的句号。但她与新法 7 班的故事，还将在无数个夏日的晴空回响。

砥砺前行，润物有声

——访南宁市西乡塘区委副书记、区长韦矞钰

文/计算机系　王楚怡

韦矞钰，男，2002 年进入清华大学计算机科学与技术系学习，2007 年起担任辅导员，历任计算机系团委书记、党委学生组常务副组长等岗位。2009 年毕业后留校，担任校长办公室教师等职务，现任南宁市西乡塘区委副书记、人民政府区长。

缘起支教，实现价值

与大多数同学选择直接深造不同，韦矞钰在本科毕业后去西藏支教，这段"自找苦吃"的支教经历让他的视野得到了极大拓展，也产生了很多感悟。他非常希望能够与更多人分享他在支教期间的经历、探索与体会，让年轻的同学们多一种不同的视角认识与体悟世界。在完成一年支教任务后，他受到组织的充分认可，成为清华学生辅导员队伍中的一员，并担任计算机系团委书记一职。在他看来，担任辅导员是一个非常"自然"的选择，这个角色非常符合他的人生观和人生定位。他相信，担任辅导员不仅仅是自身思想磨砺、素质发展的机遇，更是能够尽己所能来帮助同学成长，这正是实现自己人生价值和追求的必由之路。

优良传统，担在"双肩"

宝贵的西藏支教经历使得韦矞钰对辅导员工作有了更高层面的认知与理

解。"师者，所以传道受业解惑也。"政治辅导员应当是同学们在政治素养和思想上的老师，而想要在思想政治方面做同学们的"引路人"，辅导员自身就需要不断提高政治素养，确保自身认识更透、想得更深、理论更实。正如习近平总书记指出要引领青年"在强国建设、民族复兴的历史潮流中确立正确的人生目标，为一生的奋斗奠定基石"。身为辅导员和系团委书记，韦蜀钰将青年马克思主义者的培养作为思想引领工作的抓手，以自身的所见所闻、所思所想为学生解惑，通过读书研讨、思想碰撞为学生们梳理思想，将共产主义的远大理想建立在同学们对马克思主义客观真理的理解上，建立在对历史唯物主义的深刻把握上。

开拓创新，勇于尝试

担任系团委书记的两年里，韦蜀钰观察到，在每年例行的甲级团支部评选现场，实际参与的同学并不多，纯答辩式的评选也使得每个团支部参与的同学局限于支部骨干。于是韦蜀钰创新性地举办了"甲团嘉年华"活动——各个团支部在指定场所，发挥主观能动性，自主安排支部内部活动，向全系同学展示支部特色和亮点，由全系同学们共同参与、互动、评选。

韦蜀钰认为，团支部在一年里的成效优劣不在于评选答辩展示出的结果。"人心有杆秤"，他说："团支部的工作自在同学心中，自在辅导员心中，甲级团支部应当是由年级同学、辅导员和老师共同选择出来的。""甲团嘉年华"活动极大地提高了同学们的参与感与集体认同感，各团支部也群策群力，竞相争优，对团支部的团结和建设起到了很好的激励作用。

过往所学，今日所为

韦蜀钰时常在心底自我拷问：人生的价值应该如何发挥？

毕业后，他先留校工作，后来进入地方党政部门工作。与大多数同学不同的是，他在最初进入党政部门时直接去往最基层——乡镇做干部。此后14年间，他一直在基层的党政机关。在大多数人的印象中，计算机系毕业的同学都会去从事科技、金融类相关的职业"赚大钱"。而在基层政府工作多年的他，时常会被问到，计算机系的同学应如何在党政机关发挥自己的作用，发挥自己所学的知识，在大学期间所学的计算机相关的知识会不会浪费了呢？

在韦矞钰看来，过去所学与现在所为是相通的。"从前为电脑写代码，现在给社会编程序。"韦矞钰说，"在网络层面，计算机可以抽象成一个个节点，我们于无差异性的计算机概念去设计协议。但是不同的是，社会上每个人都是具体的个体，每个人都有不同的诉求。所以步入社会工作是一个从抽象到具体的过程。"正如韦矞钰的硕士毕业论文就是与 P2P 网络协议算法相关，在该协议中每一个节点都可以视为具备相同的结构，但社会上每个人都是独一无二的。

在自身工作中，韦矞钰基于专业特长，探索基于大数据技术需求预测技术。韦矞钰设想，政府可以基于自身掌握的数据信息，建立模型进行精准计算，力争实现更高效且准确地"预测"人民的诉求，进而组织相关队伍将服务送到有需求的人民身边，从而为人民提供更好的服务，实现"民有所呼，我有所应"，多做"雪中送炭"的事。从这个理念出发，韦矞钰在西乡塘区基于大数据分析，出台针对性人身保险政策，为城区城镇低保、返贫监测等困难关注家庭中的 1724 个家庭"顶梁柱"赠送了人身保险，以保"顶梁柱"保家庭，兜住民生底线。同时将保险公司一次性赔付和事后政策帮扶相结合，跟进落实"一揽子"帮扶措施。在已赔付的 28 起案件中，涉及单项帮扶 24 人，开发式帮扶 3 人，兜底保障 1 人。累计帮扶 28 个参保对象的家庭成员 52 人次，实现零返贫。形成这样的理念，离不开韦矞钰多年来的专业知识学习与研究。他认为，自己学到的知识与概念对于党政机关的运作和更好地便民利民是有价值的。"每个专业的同学都有实现自己人生价值的方式，思考越早，意义越大。"

以情育人，润物有声

韦矞钰始终有一个非常明确的目标，即通过自己的努力，让世界变得更加美好。如今进入党政机关，他正在踏实努力地去实现愿景。"做更多的扎实的事情去改变，在能够影响的范围内让这个世界变得更加美好，真正自己动手去实践要远好于无谓的情绪宣泄的，就像校训说的那样——'行胜于言'。"

在基层的工作不免艰苦，但对工作的认同感是他坚定前行的动力源泉。"这使我避免了所谓的疲劳感，对党的认同以及忠诚可以推动我向前走，而不会选择躺平。"

韦嚣钰对学弟学妹们抱有很高的期望。他希望大家不要随大流，随大流只能说明这条路适合大部分人，但是未必适合自己。"我们自己的路应该通过自己的思考，结合自身特点和对人生价值的思考来定位，以自身成长带来社会价值。"韦嚣钰说。人类的意识形态是错综复杂的，但他的经历和思考使他坚定地选择到最基层的乡镇去，并且做好了一辈子都在乡镇工作的思想准备，严于律己，全心全意为人民服务。

韦嚣钰认为每个人都有自己想要做的事情和发自内心想要追求的梦想，都需要做出关键且重要的选择。他提倡大家根据自身禀赋，更早去寻找实现人生价值的道路，这条路确定得越早，走下去就会越坚定。"希望大家都找得到适合自己的路，规划美好的人生和未来，在人生价值和初心坚守上实现双赢。"

做一名长期的理想主义者

——访华科精准（北京）医疗科技有限公司首席技术官刘文博

文 / 医学院　刘乔治

刘文博，男，2003 年进入清华大学医学院生物医学工程系学习，2007 年起担任辅导员，历任医学院本科生带班辅导员、团委书记、校团委组织部辅导员、研工部德育助理、校研究生会副主席等。2012 年毕业后，一直从事手术机器人和手术导航方面的研究和成果转化。2015 年联合创立华科精准（北京）医疗科技有限公司，担任首席技术官。

"创业过程中带团队的能力都是当辅导员的时候训练出来的。"

"清华人应当把自己的命运同国家的命运紧密结合。"

"我觉得自己博士期间做的东西还是挺有意思的，应该接着做，没有想到这么多年就一直做下去了。"

从清华辅导员到华科精准首席技术官，从一个热爱的领域到另一个热爱的领域。前行路上，刘文博坚定做一名长期的理想主义者，以理想为帆，以实干为船，在"热爱"的海洋中探寻人生的坐标。

深耕学生工作，提升综合素质

谈起自己的辅导员经历时，刘文博脸上总是洋溢着幸福的笑容，他自豪地说，从班级到学院再到学校，都有他奋斗的足迹。在本科大一的时候，他担任班级的班长，在大二担任医学院学生科协主席，大三担任医学院学生会副主席，大四担任医学院学生会主席。进入研究生阶段，从 2007 年到 2010 年，他先后担任校团委组织部辅导员、医学院团委书记、医学院本科生带班辅导员、研工部德育助理和校研究生会副主席等。

"对学生工作确实比较有感情，辅导员队伍带给我家的感觉。"随着时间的流逝，虽然点点滴滴的工作细节早已模糊，但是由此汇聚而成的担任辅导员的幸福与收获却始终贮藏在刘文博的心中，永不枯竭。在 3 年的辅导员经历中，有因学生失联、发动班级力量四处寻找却最终发现的虚惊一场，也有与学生相约桃李地下畅谈人生规划的亲密无间。在刘文博眼里，自己与所辅导的学生既是无话不谈的朋友，更是愿意为之做出牺牲的家人。"'双肩挑'需要我们学生工作和学业都要做好，时间把握上还是挺吃劲的，很多时候是白天在做学生工作，然后晚上在实验室工作。"对辅导员工作的热爱与坚定，使刘文博克服了种种的困难，肩扛两条担子，在自己热爱的领域阔步前行。

担任辅导员的经历对刘文博的成长有很大的帮助。刘文博直言，如果没有这段经历，自己很可能是以纯技术为主的角色，辅导员经历让自己的综合素质全面提升，使自己在面对创业过程中团队组织、人际交往等困难时，处理变得更加游刃有余。刘文博看来，一家公司特别早期的时候，要关注和关照整个组织里面的每一个人，每个人的状态、发展和未来都要帮他去考虑去设想去探讨，这些其实和在校期间做辅导员的工作的本质是一样的。

辅导员的经历对于刘文博正确价值观的形成，也有很大帮助。作为创业领域的过来人，刘文博深知，创业的路上有很多看似的"捷径"，选择这些"捷径"其实很容易走偏。坚持扎扎实实地把事情做透、做好，是担任辅导员和创业都需要的宝贵精神。参与学生工作，也让刘文博结识了创业路上的同行者，公司的法规质量总监陈曦是他在学院学生会工作时的同事。刘文博回忆道，自己在学生会工作时就和陈曦搭配得特别融洽，两个人不同的工作风格能够形成互补。"进入企业后，我们的工作模式和当时还是一模一样，"刘文博说，"想一想还是非常有趣的。"

深耕医学工程，聚焦临床需求

成长于医生家庭，父亲是医生，母亲是护士，刘文博从小就对医学有着浓厚的兴趣，结合了自己在物理上的长处和兴趣，他选择了生物医学工程这样一个与医学紧密交叉融合的工科专业。在清华学习的 9 年里，刘文博在实验室努力学习技术，不断了解科研与产业前沿。他这样说道："研究生阶段，既要扎根在一个深入的领域做透，训练提出问题、分析问题、解决问题的能力，同时也要保持好奇心，广泛关注所有相关领域。"

毕业时面对未来的职业选择，刘文博有过不少思考和疑虑，当时毕业生大多倾向于选择央企和国企，然后是民企，但他还是坚持从事本专业。"自己做的东西还是挺有意思的，应该接着做，没有想到这么多年就一直做下去了。"刘文博的第一份工作是在一家医疗软件公司，从事神经外科相关医疗软件的开发，但他放弃了优厚待遇与安逸的工作环境，为了能实现用先进技术推动临床和行业进步的梦想，毅然辞职创业。

2015年，正值创业热潮，刘文博决定响应党和国家的号召，自主创业，在医疗行业里面做医疗器械。他和另外两名创始人一起创办了"华科精准（北京）医疗科技有限公司"，并选择了一条朴素又格外困难的路——自主研发磁共振引导激光消融治疗系统和神经外科手术机器人等创新技术。"在创业的过程中，你总会发现有这样或者那样的捷径，但是我们选择了一条技术上最难的道路，我们坚信，最难的路往往是最对的路。"刘文博说道。中国的癫痫患者占到总人口的8‰，这1000万癫痫患者及其他罹患神经系统疾病的患者，在决定接受外科手术治疗时，面临的最大困难是手术前和手术中的病灶定位精准性，手术中稍有不慎便会对患者造成不可逆的伤害，因此非常依赖于科技辅助手段的进步，这也是他为什么选择这个方向去深耕。让刘文博印象十分深刻的一个场景是，一次他带着产品去观摩临床使用，这是一场癫痫病手术，需要给病人上头架，用4颗钉子安装到头骨上，且必须在病人清醒状态下进行，无法进行全麻。刘文博永远记得那个场景和传到耳朵里的哭声，"那是个十一二岁的小女孩，表情疼到扭曲，全程在哭。"刘文博这样描述当时的感受："得病已经让病人很痛苦，这种手术无异于对病人的二次伤害，一定有更好的办法帮助孩子解决这样的问题。"正是这样的经历让他想要为医生提供更便利、更有效的手术手段，减轻患者痛苦的信念不断清晰和坚定。

不仅要打破技术上的壁垒，刘文博还需坚持关注临床一线的需求，做国人用得起的产品。"我们的产品都来自临床需求，以临床需求为第一出发点是我们在研发产品时最朴素的逻辑。"刘文博说。在毕业工作之前，由于科学研究需要，他接触了许多神经外科领域的医生与患者，并有幸在临床产品上摸爬滚打一年有余，对神经外科领域的了解从理论走向现实，也见证了这个领域的快速发展和未来空间，对临床需求有了更深刻认识。他每 2～3 周跟一次手术，每周与医院的专家会进行沟通，听取临床专家对产品、设备使用的感受与建议，反复修改完善，百炼成钢。也正是这一年近距离接触临床的经历，让刘文博对临床需求更为了解，也在潜移默化中形成了以临床需求为出发点，做医生和患者喜欢的产品的思维逻辑。

坚持理想，怀着医者仁心，以将世界一流技术落实到临床应用为目标，刘文博带领团队一步一步引领了技术发展潮流。

打破外企垄断，彰显中国智造

华科精准是国内第一批自主研发神经外科手术机器人的公司，由于进口手术机器人的价格十分昂贵，刘文博表示，"通过自主研发压缩医疗器械产品价格，让医疗器械在基层医疗体系也能实现可及性，提升我国整体医疗水平，是我们医疗器械公司的社会责任"。

因此，经过多年探索研发，华科产品价格区间广泛，可实现对大型三级医院及区县级基层医院购买水平的精准覆盖，且远低于进口产品价格。"目前，全球化的国际化交流、海外人才的回归，国内外的技术水平差距越来越'水'，随着国内工业水平和技术能力的不断提升，加之国人的拼搏和勤奋，我相信国产高端医疗器械很快就能从并跑实现领跑，这也是每个技术人员努力奋斗的目标。"刘文博对国产医疗器械行业的未来发展充满信心。

多年来，刘文博团队专注于手术导航和手术机器人领域，已经取得了不少成就。磁共振引导的激光消融术（LITT）是国外近年来迅猛发展的新技术，其融合了磁共振实时温度成像、消融效果预估、立体定向和激光间质热疗等技术，可以对病变组织给予精准消灭，在神经外科领域具有巨大的应用潜力。然而，由于技术门槛高，之前，海外市场主要被北美两家公司垄断，设备价格非常昂贵，且该产品未在我国开放使用，国内尚无应用该技术的获批产品，华科精准联合清华大学成功打破外企垄断，真正造福了国家和人民。目前，刘文博及其团队开发的神经外科产品已经在近 200 家医院投入使用。

刘文博作为公司技术带头人和创始人，始终坚信，创新是一场没有终点的长跑，华科精准坚持以临床需求为出发，大胆创新研发，形成手术机器人、手术导航、激光消融系统（LITT）、颅内电极的精准神经外科产品线，开启了国产神经外科手术机器人进一步领先的新时代，在市场覆盖上彰显了强大的中国智造实力。刘文博说："我们有能力做，也会做得更好，只不过需要一定的时间，我们一直在努力。"

对青年未来的发展，刘文博认为："国家目前最需要的是创新，清华人应该将自己的命运跟国家的命运紧密结合。一方面实现了个人对国家的价值，另一方面个人从事这个方向会有更好的发展前景。"他希望学弟学妹们在本科阶段学好通识教育，不要仅仅关注学习的东西短期内是否有用，而是要不断拓展自己的知识面。在校期间，他鼓励大家多参与学业与课题以外的活动，辅导员就是一个非常好的选择。刘文博相信，清华学生只要坚定信念，不忘初心，最后终能实现自己的理想。

人在年轻时候吃过的苦头，在未来都会开出花朵

——访北京空间飞行器总体设计部研发副总师夏彦

文/工物系　王泽涛

　　夏彦，女，2003 年进入清华大学工物系学习，2007—2009 年担任团委书记，2009—2011 年担任党建辅导员，2011 年担任带班辅导员。长期从事航天领域的核能应用以及核辐射探测的装备设计与研制，主持国家重点研发计划（首席）等重点一般项目 10 余项。入选中国空间技术研究院杰出青年、中国航天科技集团有限公司青年拔尖人才、北京市科技新星、国家某特支计划人才。现为北京空间飞行器总体设计部研发副总师。

　　在清华的 10 年岁月，夏彦一边畅游在大师引路的学海和研究中，一边承担着辅导员工作，以实际行动践行清华"又红又专"的传统。十年磨砺，清华给予她的既有扎实的专业基础知识，也有充分的社会工作锻炼。对她来说，前者能让她扎根自身专业长久发展，后者能让她应对全方位的问题。如夏彦所说："人在年轻时吃过的苦头，在未来都会开出花朵。"

结缘清华，十载扎根磨砺

　　2003 年，高中全科竞赛皆有斩获的夏彦，在报考清华的时候，选择了工程物理系核科学与技术专业，这里吸引她的，既有艰深的物理，又有实用的技术。清华讲究"又红又专"，她一边畅游在大师引路的学海和研究中，一边做着社会工作。"北京市三好学生""北京市优秀毕业生""清华大学优秀毕业生""清华大学优秀共产党员""清华大学社会工作优秀奖学金""国家综合奖学金"，这些荣誉集于一身，成为了她无负青春的见证。在清华求学的 10 年

锻炼了她的科研能力和社工能力，让她能够在更大的舞台越走越远。

夏彦担任过工程物理系团委书记和党建辅导员，还短暂地带过一段时间的五字班（2005级本科生）和八字班（2008级本科生）。辅导员工作非常耗费时间，工作头绪很多，同时还要兼顾科研工作，两种状态叠加在一起，导致夏彦这五六年时间非常繁忙并且身心疲惫。令她印象最为深刻的一次，为了筹备实践展览，夏彦连熬两个通宵，60个小时保持清醒状态工作，达到了体力和脑力的极限。如今回头来看，清华的这些训练成就了夏彦，给了她扎实的专业基础和很强的社会工作能力，前者能够让自身专业长久发展，后者能应对全方位的问题。两者的纠缠训练大大提高了她的工作效率和价值判断的准确性。这些曾经吃过的苦头，在未来都开出了花朵。

当从清华迈入社会，正式工作的时候，同学们会面对许多之前从没遇到过的困难。清华很少教育同学们怎么融入社会、融入不理想的环境，在离开清华之后同学们需要花很大的精力、心血去痛苦地补全所有的"实践课"。夏彦祝福同学们在被卷入社会洪流中时，能够快速自主地学会游泳，实践校训中的"自强不息"；同时，在面对生活的不如意时，学会向内消化情绪，合理地看待"低效""不公"和"失败"，宽容自己成长的不如预期，然后笑对明天，宽以待人，回报社会，实践校训中的"厚德载物"。

投身科研，追求卓越创新

清华人都是甘于吃苦、乐于奉献的，但如今，对于"国家需要"这四个字，人与人的认知却大相径庭了。回望近代，国家需要很明确，就是民族独立；回望中华人民共和国成立以后的这数十年，国家需求也很明确，就是国家富强；然而今天的国家需求是多元复杂的，甚至不同的爱国群体的意见也存在分歧。对于"国家需要"，夏彦有着自己的理解。她认为在这个时代，服务国家需求的形式是可以很丰富的，但要做到坚守两个底线：第一，选择创造财富、推动生产力进步、服务多数人的行业，而非敛聚财富、阻碍社会资源合理流通、服务少数人的行业；第二，兢兢业业，立足自己的岗位，为社会的进步不断地做出哪怕点滴的贡献。做到坚守这两个底线，就是无愧祖国的一生。夏彦说，她正在用行动诠释自己对"国家需要"的理解。

夏彦博士期间在医学物理所从事放射诊断设备的研究工作，毕业后前往耶鲁大学进行了两年的博士后研究工作，关注放射诊断设备的临床应用。回国后夏彦希望能够回到工程物理系继续从事放射诊断设备的研制和应用工作。但在等待职位的过程中，欧阳晓平院士提供了一个用衰变能做航天器推进的初步思路，询问夏彦是否有兴趣参与该项目的预先研究工作，她听了设想，判断可行，非常兴奋，欣然赴航天五院开启了核动力装备的研究工作。她本以为这会是一段短暂的工作插曲，但没想到后面项目一个接一个，责任驱使她不能放弃进行中的项目，因此留在了航天五院做核动力的研究工作至今。"情不知所起，一往而深"，虽然没有回到工程物理系工作，但夏彦仍在从事本专业的工作，工程物理系给她的扎实的辐射探测基础和训练以及核能工程的基础知识，让她在新的工作征程中能扬帆远航。

核与航天学科交叉的两个领域，一是辐射探测，二是能源动力，前者决定人类观察宇宙的深度，后者决定人类探索宇宙的广度，都极有价值。夏彦在航天五院正式工作已有 8 年时间，期间困难是层出不穷的，技术问题如此，非技术问题也是如此。在夏彦看来，哪怕再难的技术，只要几个志同道合的朋友沉浸式地去思考、去执行，总会有些进展，偶尔发散出新的技术思路，甚至有可能实现重大突破，虽苦但甘之如饴。真正棘手的是非技术的问题，我们这时代很浮躁，使得管理和技术都更关注短期回报，因此科研人员的专注程度不够，科研目标的转换和人才的流动过于频繁，时时让人心痛。夏彦有个美好的期待，就是有一天，科研人员都能沉浸于解决技术问题，恢复出该有的痴狂表现，沉浸式科研加上国人特有的聪明与勤劳，科学和工程的繁荣几乎是全国性、全学科的必然结果。清华曾有一个大师云集的黄金年代，至今令人感慨和向往，祝愿我们国家也会有全国范围的大师云集的黄金科研时代。

开展党建，理想引领行动

今年是清华大学"双肩挑"政治辅导员制度建立 70 周年，夏彦曾经在清华做过一段时间的辅导员，她认为做一名合格的政治辅导员应该具有包容的品质。清华的气质是包容的，"自由之思想，独立之精神"，清华人应该是生动和多样的。对于 20 多岁的年轻人来说，大多处于很懵懂的阶段，大多数经历是用来试错的。只有包容和鼓励多元价值，做同学们懵懂路上的同行者，做他们价值信念的鼓励者，做他们情绪低落时的托举者，才能无愧辅导员这一身份重托。

清华肩负着教育责任，教育最生动的形态是身教。清华的党建不该仅是宣教，不应流于形式。夏彦谈起她印象最深的一次的党建教育，是当时在求是学会带领她学习理论的张松师兄在五一国际劳动节放假时候说过的一句话："我们不应该过劳动节，劳动人民才应该过劳动节。"假期里，张松师兄替保洁阿姨扫地，替食堂阿姨打饭，为她们争取一点儿休息时间。这件事夏彦一直记到现在，当时他们的理论学习正好学到《资本论》，正好在思考劳动的本质和剥削的本质。理论和实际在那一刻是相互升华了。在夏彦心中，优秀的党建是真的信、真的做的人，用实际行动打动和传染着周围的人。

夏彦认为，共产主义是一种社会价值取向，入党的本质是价值认同。同学们由于家庭环境的多样，对社会问题的认识肯定会参差不齐，但阅历的增长、信息的开放会督促着我们去思考劳动的本质、分配的本质、权力的本质。当一点点明白了现实中社会的运作法则时，人们会慢慢懂得马克思，会从底层逻辑上明白社会的形态是有高下之分的。夏彦在最后寄语大学生党员们，希望同学们是因为志同道合而来，也希望大家能够通力合作，共同书写新时代的青春华章。

刻清华印记，担时代使命

——访雄安新区党工委委员、容城县委书记黄志民

文 / 新闻学院　魏小雯　能动系　廖思胤

黄志民，男，2002 年进入清华大学热能工程系（现能源与动力工程系）学习，2006 年起担任辅导员。2011 年毕业后留校工作，先后担任清华大学党委学生部讲师，清华大学党委学生部思想教育办公室副主任、主任。2013—2014年任清华大学团委副书记，2014—2015 年任清华大学团委副书记兼研究生团委书记。2015 年先后出任河北省发展和改革委员会产业协调处副处长、河北省经济技术合作服务中心主任、河北省沧州市肃宁县县委副书记等职。现任河北省雄安新区党工委委员、保定市容城县委书记。

在偶然与必然之间

"一种偶然中的必然"，黄志民这样描述他成为辅导员的经历。

2003 年，黄志民还是清华大学热能工程系的一名大一学生。在一次参加暑期社会实践的过程中，他结识了系团委的学长学姐，后加入系团委实践组，偶然地开启了参与学生社会工作的道路。

从实践组组长到副书记，黄志民积极投身于系团委的各项工作。大四下学期，在确定已取得免试攻读本系博士学位资格后，他接到了院系交付的一个重要任务——担任热能工程系团委书记。对于这个通常由高年级博士生担任的辅导员岗位，黄志民感到意外，但也带着这份特别的信任坚定地接过了使命，正式成为了一名辅导员，不久后，又到校团委志愿服务中心担任副主任。

如此看来，黄志民走上辅导员岗位确乎偶然，但在这偶然之中，也存在着必然的选择。

21世纪初，在国企改革背景下，人才流失和就业结构性失衡等问题突出，清华由此加强了对学生的主题教育与就业引导，学生社会实践也正是在这一时期迅速扩大规模。作为组织者和参与者，黄志民深受"我的事业在中国，我帮祖国共辉煌"的理念影响。他还记得，在内蒙古盐碱地调研的专业实践中，学习到课题组用粉煤灰改造盐碱地的巧思；在四川东方电气的专业实习中，见证了厂房的新生与发展。"了解国情、了解专业，从而建立起对未来职业发展方向的概念。同时，也认识了很多在基层、在西部默默奉献的校友，对清华的精神文化和育人理念有了更多的理解。"黄志民感慨道。

正是在这样的感召下，黄志民始终保持对实践和社会工作的热情，并逐步建立起对共产主义的朴素信仰，在大三学年任团委副书记时申请入党，也渐渐萌生了"成为一名辅导员"的想法。

2007年，黄志民在校团委志愿中心刚上任，便迎来了一件大事——组建北京奥运会的清华志愿者团队。对接、联络、招募、培训、考核……一年多的时间里，黄志民经历了待在志愿中心的无数个深夜与清晨，在科研与会议中无缝衔接，忙碌得像一个永不停歇的陀螺。"经常是熬到早晨五六点，大家一起去桃李吃个早餐再回去休息。"就这样，20多人的核心团队逐渐扩大为成百上千的志愿者队伍。"这是一个非常庞大的工程，"他回想道，"也让我深度参与到了国家的主流进程中。"奥运会开幕式那天，黄志民坐在大礼堂里，全神贯注地看着屏幕上的直播画面，心中翻涌的振奋与自豪之情久久难以平静。

除了关于奥运志愿的那些夜晚，另一个深夜也令他难以忘怀。2008年汶川地震发生后，黄志民与志愿中心的同学们在第一时间组织献血，直到凌晨两点C楼门前仍有数百人排队献血。"当天北京市血库的1/6都是清华同学捐献的，到晚上血库都已经满了，但还有很多人坚持排队。"黄志民感慨道。

在辅导员的岗位上，他时常会为那种纯粹的家国情怀与伙伴情谊所打动。他深刻感受到，爱国主义传统是刻到清华人骨髓里的，是融入清华文化、清华基因里的。"这对我之后的职业选择有着长远的影响。"于是，黄志民在卸任系团委书记后又担任系学生组组长，并于2011年博士毕业后留校进入清华大学党委学生部思想教育办公室（简称思教办）工作。

领导力的本质是责任

提及在思教办工作与做辅导员的异同，黄志民认为本质上二者都是培养人的工作——育人亦育己。"当辅导员时，我们既是学校育人队伍的一支力量，也是学校因材施教的对象。"在组织活动、引领同学的过程中，黄志民也得到了自我能力的提升与训练，有效利用时间、快速切换思维、激发自身潜力……"自我教育"和"自我成长"成为了他辅导员生涯中的关键词。而在思教办的工作，则对他有着更高的标准和要求。

"参与学校整个辅导员队伍建设和学生的党建、思想政治队伍的教育，标准要更高、要求要更高、站位要更高。"黄志民说。作为枢纽的思教办联系着学校系统的各个部门，因而他要承担起大量撰写通知、起草文稿和会议组织类工作，锻炼了一身"文字功夫"。对他来说，一字一句，乃至一个标点符号，都应当严谨以对、不出差错。

"所谓站位要高，就是要有一个更高的格局。"黄志民认为，清华自诞生起，始终与国家和民族的命运息息相关，应当以服务国家需要为使命，清华学子也应以服务国家为己任。他的这一认识受到本科实践经历和师长间榜样力量的影响，更在其留校工作后内化于心。

2011年，恰逢清华百年校庆，确定留校的黄志民在毕业前便参与到校庆相关的活动组织中，系统地梳理和了解了清华的百年历程与时代使命。一大批兴业之才、治国之士、学术大师的故事，也令他深受触动。"清华之所以成就今天的清华，正是因为一代又一代清华人用他们的不懈奋斗服务于国家的建设发展，用他们的事业声誉成就了清华今天的声誉。"

如同清华前辈一般，拥有更广阔的视野、更深厚的情怀、更远大的志向，是黄志民对每一位清华学子的期冀，也贯穿他的工作生涯，成为其人生指引。不论是作为辅导员，还是思教办老师，黄志民都反复提及"责任"一词。

"领导力的本质是责任。"他认为，辅导员这一角色并非领导同学，而是服务同学；在服务的过程中，这种"无权力的领导"本质其实是责任。"大家凭什么跟着你干，好多时候是因为认可你这个人，那你就要在方方面面提升能力、做出表率、有所奉献。"为肩负起这份"责任"重担，黄志民始终秉持说干就干、讲究效率的工作风格，可以用"雷厉风行"来形容。他不仅自我要求，对于学生干部们也有着同样的要求。"承担这份工作就要承担一份责任和使命，要做就把事情做好，这才是清华作风。"他笃定地说。

怀揣着这样的担当精神，黄志民从思教办到任团委副书记，再到任研究生团委书记，都在不同的岗位上尽心尽责、锐意进取。

在他担任研究生团委书记时，曾组织过"巅峰对话"这一活动，邀请诺贝尔奖、图灵奖的获得者前来清华与学子交流，希望同学们"既要仰望也要挑战"，也曾带领"思源"骨干培训班的同学去往青海省、我国台湾省、美国等地实践，把课堂带入祖国大地与世界舞台。而那句他在任时提出的口号"无体育，不清华"至今仍被每一届清华学子牢记于心。

为辅导员，受益终生

2015 年 5 月，黄志民离开清华大学，出任河北省发展和改革委员会产业协调处副处长。尽管社工经历丰富，但从大学到政府部门，黄志民仍然要面临全然陌生的工作环境和工作内容。

"首先还是要学习，"他回忆说，"从小事入手，送个文件、拟个材料、改个文稿，边做边思考，即便是打字也要当个有心人。"黄志民时常告诫自己不要心高气傲，而是抱着谦逊的态度多多请教。很快，他便适应融入了这一异乡之所，也渐渐能在部门中发表一些意见、发挥一些作用，逐步成长为中坚力量。与此同时，通过学业务、学政策，他对河北全省的产业结构及工业运行有了系统的了解，并在参与解决过剩产能的政策设计中，逐渐形成了对十八届三中全会所提出的"要使市场在资源配置中起决定性作用和更好发挥政府作用"更深刻的理解。

2019 年，黄志民通过选拔成为雄安新区容城县委副书记，围绕服务保障新区建设展开工作。在雄安新区的建设规划中，核心主城区大部分在容城，容城的特殊区位外加处于大规模建设的起步阶段，使黄志民刚上任便面临着繁重的工作任务。拆迁、疫情防控、维护社会稳定……每一个任务都举足轻重。"一共 127 个村，27 万人，目前已经拆了 54 个村，迁了将近 10 万人。"这些简单的数字中，凝结着黄志民同其他干部、群众的团结与奋斗。

"守土有责、守土负责、守土尽责。"在他看来，面对这两年的大战大考，容城县全县的风清气正、团结奋斗、干事创业的氛围都在不断强化和巩固。对于干部，容城县树立了正确的导向进行引领；对于老百姓，容城县则是耐心解释予以动员，"全县的干部都要动起来，入户给群众提供信息和答疑解惑"。

论及在地方工作的经验，黄志民越发感慨，认为其与在清华做辅导员和思政工作有着相似之处。

一方面，都是要做人的思想工作，"做辅导员是对同学们思想上的引领和教育，而做一线主管也要做人的工作，干部和群众都需要被调动积极性"。他强调，尤其是攻坚克难时，基层干部需要没日没夜地加班加点，如何激发其战斗性至关重要；而群众对相关工作的不满和意见建议，也需要时常沟通。而这种不同层面、不同范围的沟通，正是他做辅导员时锻炼出的能力。"有时候在村里，老百姓围过来你一言我一语，情绪还很激动，如何去说清楚问题、控制住事态，是需要有勇气、有胆量、有技巧的。好在之前做辅导员时，经常面对同学要组织活动、要讲课，学会了如何迅速回应大家的关切、抓住问题的关键点。"

另一方面，都要抓班子带队伍。"清华的辅导员不但要出功，还要出人。"黄志民认为，评价一个辅导员做得好不好，关键在于其带领的班级、学生干部的成长如何。而如今他作为县委书记，同样有责任把全县的县委班子带领好，履行好管党治党的第一责任。"既要严管，又要厚爱，努力做到公平公正地评价干部。"此外，他也将高度的自律视作"抓班子带队伍"能力的首要条件。"这和当党员、当学生干部、当辅导员一样，要有更高的自我要求，用自己的行动潜移默化地影响和带动他人。"

在守正中创新

身为清华学子的黄志民，从被无数优秀学长带动，成为辅导员，再到深入基层，"双肩挑"政治辅导员制度在他的身上留下了深深的印记——带有清华精神的独特印记。

"'双肩挑'政治辅导员制度是清华育人理念、清华文化、清华价值与清华精神高度凝结的重要体现。"在黄志民看来，深受清华文化与精神熏陶的清华辅导员，具有一些普遍特性。

一是政治立场坚定，辅导员自身要拥护党的领导、树立"四个意识"与"四个自信"，才能去影响所带的同学；二是视野站位高，要从历史、现在、未来，国内、国外的眼光去看待党的百年历史、伟大变革与伟大成就，从内心深处加以领悟；三是敢于斗争，面对内部改革的攻坚和外部国际环境的复杂，未来还要迎接惊涛骇浪，而在这样一个中华民族走向复兴的关键节点，有斗争的意志和斗争的本领是极其重要的。

黄志民曾是清华辅导员队伍里的一员，同时也在宏观层面上参与过全校辅导员的队伍建设工作，他对于"双肩挑"政治辅导员制度既有着深厚的情感，也有着独到见解。

他指出，首先，应当把该制度毫不动摇地坚持下去。"在学校工作的时候，好多兄弟高校来交流说也想学'双肩挑'，但是却学不来。要做到'双肩挑'并非易事，这对辅导员的要求非常高——辅导员不是承担简单的事务性工作，而要在思想上起到引领作用，并同时还要兼顾学业。从中也反映出清华育人理念和育人传统的珍贵成果。"其次，身处新时代，辅导员队伍的建设也要与时俱进、守正创新。"守正是指落实立德树人的根本任务，要把为党育人、为国育才作为该制度的立足点。创新则是鼓励辅导员们多走出去，走出校园、走到基层、走到田野，了解真实的中国；同时也走出国门，形成一个更宽广的视野。"

如今，黄志民仍然奋斗在雄安这片"妙不可言，心向往之"的干事创业的热土上，带着"双肩挑"的独特清华印记，践行着清华人的"红专"精神与时代使命。未来，还会有无数个"黄志民"，不负青春使命，奔赴祖国所需。

始不垂翅，终能奋翼

——访中国商飞民用飞机试飞中心测试部副部长冯灿

文 / 电机系　李　旭　周梓茵

冯灿，男，2003 年进入清华大学精密仪器系学习，2007 年起担任精密仪器系带班辅导员。2013 年毕业后进入中国商飞民用飞机试飞中心（简称中国商飞），参与 C919 试飞任务，曾荣获"中国商飞公司第七届十大青年英才"荣誉称号。现担任中国商飞民用飞机试飞中心测试部副部长。

"中国何时能够拥有自己的大飞机？"这场属于全国人民的大飞机梦在 2017 年 5 月 5 日终于变成了现实，中国人自己的大飞机 C919 首飞成功。而这项伟大事业的背后，则包含了无数个团队的辛勤耕耘与默默付出。2023 年暑假，我们有幸在商飞试飞中心生产实习，并采访了国产大飞机 C919 的出厂"考官"——冯灿。

或许是由于对工作的热爱，尽管冯灿工作繁重，但我们并未在师兄身上感受到一丝疲惫，相反，我们感受到的是一种不输年轻人的活力与热情。又或许是曾经担任过带班辅导员的缘故，师兄还让我们深深感受到了兄长一般的亲切感。随着师兄的讲述，我们共同回溯 20 年历史长河，重新翻开了这本跨越时空的"清华辅导员札记"。

从心发展，传递价值

2003 年，冯灿考入清华大学精密仪器系，当时的精密仪器系每届共有 5 个班，冯灿的成绩却能够稳居年级第一，是一名不折不扣的学霸。2007 年，冯灿开始在精密仪器系攻读博士学位，也开始承担起七字班辅导员工作。谈起担任"双肩挑"辅导员工作的原因，冯灿给出的答案是"从心发展，传递价值"。在本科期间，冯灿便曾担任过班长和团委副书记的职位，看重集体情感的他十分享受奉献、服务的过程，这带给他满满的成就感与归属感。说来也巧，2023年恰好是冯灿入学的20周年，作为"老班长"的他还组织起老同学们重回母校团聚，一起重温大学生涯的温馨经历。

冯灿十分重视成长发展的全面性，他认为书本上的知识固然重要，但在此之外也有许多需要我们去探索的领域。他鼓励我们要把握好学校给予的各类资源与平台，不断地去尝试、成长和突破，这也是他作为辅导员向下一届同学所传递的理念与想法。冯灿认为，本科社工与"双肩挑"辅导员有很大的不同，最大的区别在于本科社工是服务同龄人，而辅导员则是服务小自己好几届的学弟学妹。服务对象的改变，导致服务形式也有变化，辅导员需要传递自己对于大学生活的感悟，传递清华的爱国奉献精神，传递集体建设发展进步的经验，等等。

"我觉得这是一件非常非常有意义的事。"冯灿如是说道，虽然辅导员工作"很累，超出想象的累"。回忆起当年辅导员的带班工作，冯灿一下子就打开了话匣子。他当时同时担任4个班级的辅导员，需要同时解决数百名同学的各类问题，为了把握好每位同学的个人情况，他专门为每位同学做了一份个人档案。同时，新同学初入清华，往往会因为竞争压力过大以及老师管教减少的双重因素而逐渐放松要求。为了帮助同学走出迷茫的困境，冯灿在寒假前夕为每位同学准备一封亲笔签名信，希望用书信传递最真诚的建议与期待。他希望每一位学生能够去探索、去尝试校园的无数种可能，希望大家能抛开功利的因素去率真地成长、自由地发展。

但同时，冯灿的辅导员工作生涯也曾留有遗憾。精密仪器系七字班有一位患有脊髓灰质炎的新生，因为身体原因最终被安排在了无须上下床的研究生宿舍。不过，由于身体原因带来的生活与学业压力，加上本身与班级同学分隔较远，没有知心伙伴能够及时排解情绪，最终这位同学在大二学年便离校了。这件事让冯灿深深反思了自己的辅导员工作，也让他认识到做人的工作需要充分考虑到每个个体的特殊性和复杂性，不能以固定不变的流程式思维去做工作。

报效祖国，无问西东

2013 年，我国大飞机事业正处于起步阶段，冯灿毕业后便毅然投身其中。他说："这是时代赋予我们清华人的宝贵机遇，我们唯有奋勇投身。"那时冯灿工作的试飞中心就在浦东机场旁边，与繁华的都市一墙之隔。每天站在这里，他能看到 2000 多架飞机起飞降落，在天空划出优美的弧线，编织出纵横交错的航道。但是在这里面，冯灿却看不到一架中国自己制造的大飞机。

作为飞机测试工程部的一员，冯灿最重要的工作就是做好大飞机的严苛考官。2017 年，C919 首飞成功，但从首飞到商业运营，还需要经过无数次严苛的试炼，这也让逐渐承担起重要责任的冯灿倍感压力。我们的大飞机要完成高温、高湿、高寒、大侧风、溅水、最小离地速度、失速、颤振等 800 多项检测，并且每一项都要拿到 100 分才能达到国际适航标准，从而从中国走向世界。面对国外的技术封锁和高昂要价，冯灿和团队从零开始研究出了一套又一套适用于不同飞行任务的测试系统，应用在了 6 架 C919 试验机 2000 多次的试飞任务中。

在 C919 第二架试验机的第 8 次试飞中，冯灿团队共给飞机装上了 800 多个传感器，结合飞机本身的数千个反馈神经元，真正做到了掌握飞机的每一次"心跳"。C919 就这样被测试团队打造成一个神经敏感的"人"，每敲打一下，都要给出精准的反应。整个试飞过程中，冯灿也和团队一起打起十二分的精神，咬定每一项反馈过来的数据不放松，坚决保证好每一项测试数据的准确性。终于，2023 年 5 月 28 日，中国东方航空使用中国商飞全球首架交付的 C919 大型客机，执行 MU9191 航班，从上海虹桥机场飞往北京首都机场，开启中国大飞机的全球首次商业载客飞行。

惩前毖后，鉴往开来

严谨的工程思维贯穿了冯灿的所有工作。在 C919 研制测试之初，很多测试系统的供应商还来自海外，冯灿也从他们那学习了严苛的检查验收流程。"加上我的工作要求也比较高，这也把我的同事们整得够呛。"冯灿如此打趣道。这种精益求精的精神也赢得了海外供应商的尊重和赞赏，虽然冯灿向他们提出了非常多的要求，但他们私底下还是对冯灿所带领的测试团队抱有极大的认可。

这种严谨的工程思维是大学未毕业的同学很难体会的。在大学做科研，学生最重要的工作还是做出某一点的突破与创新，也许只要有 1 ～ 2 次符合判断的实验结果就可以算作成功。但做工程并非如此，飞机上天之后可没有讨价还价的余地，对于冯灿来说，10 次实验若有 1 次失败，那么就代表着无法通过。"咱们大飞机的测试团队是十分年轻的。"冯灿指着外面来往的工程师们说道。年轻也常意味着容易犯错。在执行 C919 的某次测试任务中，冯灿的同事们也曾因为质量把控不严密，出现过安全方面的错误，因此也受到来自公司的处罚。但辅导员的工作经历却让冯灿很快逐渐适应了大飞机测试的高要求，一肩引领同学、一肩科研工作的"双肩挑"政治辅导员经历让他能够同时面对来自各方的压力，同时跟进所带同学一点一滴的成长，也让他养成了周密谨慎的思维习惯，"不让任何一个同学掉队"的口号逐渐在工作中转变为了"不让任何一个环节出差错"的要求。在这次错误之后，冯灿主动反思自己的组织领导工作，并以问题为导向做彻底的整改，希望能够将这种严谨的工程思维融入制度、流程、要求中去。通过完善员工作风要求、队伍培训制度和质量监管流程，冯灿也逐渐引导团队走向真正的成熟。

严谨之外，辛勤的付出也是冯灿团队成功的秘诀之一。据冯灿介绍，他们的测试团队常态化会有 40% 左右的工程师在外完成测试任务，更有甚者一年有 300 多天都在出外勤工作，跟随 6 架试验机天南海北地飞行。飞机飞行时间常常安排在凌晨，冯灿和其同事每次都得披星戴月，早早开展测试筹备工作。对于冯灿来说，他需要同时着手党建教育和测试任务两项工作，其压力可想而知。但是曾经在学校担任"双肩挑"政治辅导员工作的经历也带给他很多的帮助，如何协调好不同工作的重心和时间安排，如何处理好人的交际和协同工作，如何推进各部分测试工作的良好衔接和有序进展，对于这些，冯灿在辅导员生涯中或多或少都有过体会和经验，再次做起来也更得心应手。

"惩前毖后，鉴往开来"是冯灿学长一路以来成长和发展的真实写照。而对于仍在大学的学弟学妹们，冯灿作为曾经的辅导员也给出了他的建议。他希望我们能够培养自己的好奇心，对于知识、技术、问题的好奇心，对于各行各业发展的好奇心，这是一切成就的起源。他还希望同学们不要用功利的心态去选择自己发展的路径，而是努力培养好自身的综合素质，积极投身于国家的重大发展机遇中去！

双肩有担当，心底有信念

——访清华大学体育部副教授于洪军

文 / 社科学院　蒋行健　王锦霄

于洪军，男，2005 年进入清华大学人文社会科学学院学习，就读期间历任人文社科学院研究生德育助理、人文社科学院研工组副组长、人文社科学院研工组长等。曾获清华大学优秀共产党员、北京市优秀辅导员、北京市优秀博士毕业生等荣誉。2012 年毕业后留校担任清华大学体育部教师。现为清华大学体育部长聘副教授。

时光荏苒，自蒋南翔校长首创以来，清华大学"双肩挑"政治辅导员制度已走过辉煌而精彩的 70 年。经历了半个多世纪的辅导员制度既将清华优秀的传统代代传承，哺育着一代又一代清华人；又与时俱进，不断保持着自身旺盛的生命力。在"双肩挑"政治辅导员制度的培养之下，无数活跃在学生工作一线的辅导员们在"双肩挑"中得到锻炼，逐渐成长为国家社会的栋梁之材。于洪军就是这些辅导员中的典型代表。

尽管已毕业多年，于洪军一谈到在清华担任辅导员、开展学生工作的岁月，眼中便闪烁着兴奋的光芒，好像又回到了那一段火热而又充实的时光。在于洪军娓娓道来中，我们能清晰地感受到清华辅导员经历给他带来的难以磨灭的影响与印记。

新起点，新征程

如果不是提前了解于洪军的经历，很难想象这样一位温文尔雅、文质彬彬的教授竟然曾是一名专业的武术散打运动员。在北京体育大学本科毕业之后，于洪军决定报考清华大学研究生，丰富自己的文化知识。在艰辛的拼搏之后，于洪军以专业第一名的成绩进入清华大学人文社科学院学习，迎来了从运动员到研究生的转型。

进入清华之后，于洪军不仅在学业科研上迎来了新的起点，也在学生工作上迎来了新的机遇。清华良好的学生工作氛围深深吸引了刚刚入学的于洪军。在清华"双肩挑"传统的熏陶和引领下，他从第一集体开始，积极参与学生工作，曾任所在班级班长、所在党支部党支书等。后来他又进入学院研工组工作锻炼，由于出色的表现，从德育助理一路做到学院研工组组长，以优异的工作实绩荣获清华大学"一二•九"辅导员奖、林枫辅导员奖、北京市优秀辅导员等荣誉。

当我们问起辅导员工作中最难忘的事件时，于洪军首先告诉我们的是他作为奖助学金助理的工作经历。于洪军在研工组长期负责学院奖助学金的评比工作。作为学生，刚接手奖助学金工作时既感到了肩头的重压，也感受到了学院对他的深深信任。因此他下定决心，一定要把奖助学金评比工作做好。当时于洪军所就读的人文社科学院包含了人文社科所有的专业，专业杂、学生多、情况复杂，奖助学金的评比难度很大。于洪军认为，奖助学金的评比侧重点各有不同。奖学金要求公平、公正、公开，评选出真正优秀的同学；而助学金则应更注重人文关怀，体现学院对困难同学的重视与帮助，传递学校学院的温暖。因此，他推动学院在这两方面进行大刀阔斧的改革。

在奖学金方面，于洪军针对学院奖学金评比情况复杂的问题，在学院研工组的领导下，推动学院改革了奖学金的评比委员会，负责组织奖学金的评比与公示。为了进一步保障奖学金评比的公平、公正，不仅高额奖学金要在学院公开答辩，由全院同学监督，而且答辩评委也包括来自各个专业的老师。于洪军还细化了奖学金评比条例，尽可能做到合理、科学。

在助学金方面，于洪军也协助学院研工组改革了评定方式。研工组将以往公开的"诉苦会"形式确定助学金人选的评选方式改变为更低调务实的工作方式。于洪军认为，为了保护同学们的自尊，维护他们的心理健康，助学金评比更适合采用个别调研、低调评比的办法。同时，为了让更多困难同学能够得到助学金以解燃眉之急，研工组多次积极向学校反映学院情况，尽力争取更多的助学名额，优化学院助学金分配政策，让每个真正有需要的同学都能获得一定的资助。

让于洪军感到非常开心的是,这些改革措施实用性高,现在仍然被人文学院和社会科学学院沿用执行。

两手抓,两手硬

清华的学生工作既让于洪军得到了锻炼,收获了友谊,也给他带来了不小的压力。回首一路走来所面临的各种挑战,于洪军印象最深的,就是如何平衡"双肩挑"下学术与工作的双重考验。于洪军读研时的导师学术能力很强,对学生要求也严格。与此同时,于洪军还要承担越来越重的学生工作任务,这使得他的时间安排变得极为紧张,工作负担非常重。尽管如此,他始终认为,作为学生,学习科研是本分;作为辅导员,学生工作是责任——学术和工作都要做好,两手抓,两手都要硬,才是一名合格的"双肩挑"辅导员。

学术和工作的双重压力倒逼于洪军锻炼出了极强的时间管理能力。他至今还保存着在担任辅导员期间进行时间规划的本子,上面详细记载了不同任务的计划与安排,时间安排甚至精确到了小时。即使如此,随着年级增长,尤其是在博士即将毕业的时候,工作强度很大,据他回忆,那段时间他经常累到说话都很吃力。然而,凭借对学生工作的责任与热爱,于洪军咬牙坚持了下来,在出色完成研工组工作的同时,更是以优异的成绩取得博士学位,并在毕业后留校任教,之后前往美国进行博士后深造。

出于对学术的热爱与情怀,于洪军留校担任体育部教师,现在已经成为清华大学体育部长聘副教授、博士生导师。回首学术道路,于洪军觉得,一方面,在清华读研时他在导师耐心指导下接受了良好的学术训练,为学术科研打下了扎实的基础;另一方面,清华的学生工作经历也带给他深远的影响,时任学院党委书记王孙禹老师、史志钦老师、主管学生工作的副书记张成岗老师给了自己很多的指导和培养。例如,在担任辅导员期间所形成的时间管理能力帮助他在科研道路上妥善利用碎片化时间,养成了高效率的工作状态与规律健康的生活习惯。现在,于洪军依然保持了学生时期的做法,每天五点钟起床晨练,以运动开启一天的科研工作,以强健的体魄争取至少为祖国健康工作五十年。

谆谆教诲，代代传

清华的辅导员经历给于洪军留下了深刻的烙印，这也离不开辅导员前辈对后辈的"传帮带"。当被问及对未来清华辅导员们有何寄语时，于洪军第一时间回忆起了时任清华大学党委副书记的史宗恺老师对他们辅导员的教导，想把这些教导分享给后辈辅导员们共勉。

一是要多读书，培养历史情怀与国际视野。无论是学生工作还是本职的学业科研，史老师都鼓励辅导员们以家国天下的情怀去奋斗，既要立足国家和社会的现实，也要有开阔的眼界与成熟的历史观，在复杂多变的环境中谋思想。于洪军鼓励师弟师妹们要多读书、广读书，了解古今中外的历史脉络，培养历史战略眼光。时至今日，于洪军仍然坚持阅读，从中国传统的"四书五经"《史记》《资治通鉴》到西方的《柏拉图全集》，他静下心来研读经典原著，阅读成为了他的精神养料，给予他强大的精神力量和广博的世界认知。

二是要平衡好科研与社工的关系。担任辅导员期间，较大的时间分配压力让于洪军深知辅导员时间分配的重要性。作为研工组组长，他也经常叮嘱德育助理们一定要将本职的学习与科研搞好，千万不能因为学生工作而偏废了学习。正所谓"双肩挑"绝不能一边高一边低，而是要两边平衡、全面发展。清华"又红又专"的教书育人传统正是这一理念的集中体现：学生既要做到"专"，有过硬的业务水平；又要做到"红"，在工作中锻炼自己的政治素养。

三是一定要面向未来，树立远大志向。于洪军认为，辅导员队伍要做到"腹中有货、眼中有光、心中有思想"，在辅导员岗位以及未来的工作岗位上踏实奋斗，做出真正立得住的成绩，为社会、国家乃至世界做出应有贡献。于洪军认为，清华辅导员队伍汇聚了一大批优秀青年，这些人中很有可能涌现出未来对国家和社会有重大推动作用的英才。因此，在学生阶段引导他们志存高远、脚踏实地，有利于他们自身的发展，更有利于国家和社会的未来。

知者行之始，行者知之成

——访中央党校哲学教研部副教授古荒

文／人文学院　谢吉航　金科勋

古荒，男，2006 年进入清华大学学习，2006—2011 年先后担任清华大学人文社会科学学院研究生德育助理、党建助理。2012 年进入中央党校（国家行政学院）任职，主持国家社科基金项目"习近平关于底线思维的重要论述研究"，出版专著《科学传播普及中的事业性与产业性问题研究》《坚持底线思维》等。现任中央党校哲学教研部科研秘书、副教授，烟台市莱山区人民政府副区长。

思想入党一生一世

博士期间，古荒曾先后担任班级党支部书记与学院党建助理，他这样谈自己在发展党员方面的心得感悟："组织上入党不代表思想上入党，组织上入党是一生一次，思想上入党是一生一世。信仰需要用一生去修炼。我本科就入党了，但现在回过头去看，当时对一些问题的认知是不全面的。换个角度来看，今天的认知也肯定不是完全到位的。思想进步始终是一个爬山的过程。"

2006 年，古荒接到了清华大学的录取通知书，以直博的方式来到清华攻读博士学位。在入学前，他得知清华大学每年暑假都有举办暑期团校的传统之后便积极报名申请，在众多申请者中脱颖而出被顺利录取。团校期间，他接触了许多优秀的学长学姐。在他们的引导下，古荒在学业之余开始投身于清华的学生工作，成为了一名辅导员。在本科期间，古荒就曾担任南京大学哲学系的学生会主席，这段经历使他体会到个人价值的实现始终是和服务他人、服务社会紧密相连的，"人是社会关系的总和，我们成为谁很多时候不仅在于我们自己，也在于你和他人的关系。在这种服务工作中，我们能够去找到自己的价值和意义，我觉得这个也是很重要的"。

担任德育助理期间，古荒作为党建助理专管学院学生党建工作，这一干就是4年。党建助理工作任务重、责任大。古荒印象最深的是当时协助负责学院发展党员工作，入党积极分子需要定期提交思想汇报，作为党建助理和支书，古荒经常与积极分子谈话谈心。在这一过程中，需要细心关注并积极引导积极分子们的思想动态与变化，尤其关注他们是否对共产主义远大理想和中国特色社会主义共同理想有发自内心深处的认同和共鸣。

"信仰是一步一步建立的。"古荒对此深有感触。在同积极分子谈心的过程中，他不仅能看到积极分子的成长，同时他本人对问题的认识也在不断地深入，这是支撑着他坚持担任党建助理的重要源动力。这一乐于自省的思维习惯也深深地影响了古荒走出校园后的工作与生活。无论是在推进承担的中央党校的教学科研工作中，还是在解决山东挂职期间面对的复杂问题时，他都在不断反思理论、实践等诸方面的不足，并力求提高。2019年，古荒获中央党校（国家行政学院）教学创新优秀一等奖（青年教师序列），成功申请国家社科基金项目"习近平关于底线思维的重要论述研究"，并于2022年出版了《坚持底线思维》专著。

学高身正，立德树人

和每个时代的青年人一样，古荒在学生时代也经历过人生选择时的彷徨与困惑。本科毕业后，是继续深造还是直接工作？古荒为之苦恼很久。首先给予古荒帮助的是当时他在南京大学的辅导员戴建平。戴建平鼓励他继续深造，在戴建平的指导下，古荒顺利申请并获得了赴清华大学直接攻读博士学位的宝贵机会。戴建平还十分支持他继续承担学生工作，希望他能在服务他人的过程中更好地实现并放大个人价值。"戴老师给我的印象很深，他人很正，一身正气。常常把孟子'吾善养吾浩然之气'的话挂在嘴边。"

来到清华园后，两位导师对古荒的为人与治学产生了重要影响。"我的导师曾国屏老师，是革命老区贵州印江人，很爱听红歌。在曾老师身上，我真切地看到了我们清华人'又红又专'的气质。"曾国屏很注重理论同实际相结合，他常常教导古荒要用自己的研究能力造福社会，在导师的影响下，古荒选定了自己毕业论文的主题——科学普及与文化产业的结合。

"导师和我发现，当时的科学传播普及往往还是自上而下的，和老百姓的吃穿用度、日常生活总还是隔着一段距离。"他觉得科学理论不能仅仅囿于学术圈中的科研交流，如何让科研成果惠及更多普通民众，提高全民的科学素养与文化素质，是科学哲学工作者应该思考的重要问题。"科普是国家重要的事业工作。但为了更好地传播科学文化，还有必要把社会资源、社会力量引入'大科普'的格局构架中来。要把科学传播普及融入我们的日常生活中，更要将其融入我们的中心工作（经济建设）里，这样的科普才能更加有声有色。"古荒的副导师是中国科协原党组副书记、副主席徐善衍，他在心性培养和治学方法上同样给予古荒诸多勉励和重要帮助。在两位导师的共同指导下，古荒顺利完成了毕业论文写作并获博士学位。

老师们对古荒学术理想的激发以及世界观、人生观、价值观的影响是深远的。在求学经历中，古荒已经较好地形成了理论联系实际的思维方式，这为他后来投身党校教学工作并从事领导干部科学思维能力研究奠定了有益基础。

扎根事业，守好本心

在清华求学期间，古荒长期担任学院党建助理、班级党支部书记。学生工作并不像想象中那么简单轻松，不仅要协调班级同学之间的关系，还要协调学校、学院、辅导员、班级干部和同学之间的关系。在开展工作、解决问题、化解矛盾的过程中，古荒形成了不断学习反思、不断调查研究、不断沟通对话的习惯。在回忆辅导员工作对他的影响时，他坦言这一经历让他能够更善于立足不同的角度分析问题，运用多元的方法解决问题。"在格局提升方面受益良多，辅导员工作帮助我思考怎么更好地处理全局与局部、当前与长远、重点与非重点的关系。"认识问题、解决问题不能仅仅停留在学生的视角，也要从班级的视角、学院的视角乃至学校的视角去思索化解之道。"辅导员是桥梁和纽带"，只有充分了解学生工作的运行机制并深入人的具体诉求以及各种复杂关系中去，才能够真正做到化繁为简，也才能够形成一套行之有效的工作办法。

古荒形容自己的这套办法就是"下点笨功夫"，无论是在学术研究还是在学生工作中，只有深入一个具体的点上面，长期坚持做下去，才能取得最终的突破。"很多人急着兑现，但这样最后到手的一定只是一粒芝麻而已。认准一件事下笨功夫，下苦功夫，看起来是绕远路了，但很多时候这反而才是最省力的捷径。"甘愿坐冷板凳才能锤炼出真本领，无论是在党建助理岗位上持之以恒的默默奉献，还是在学术上的长期坚持，古荒都收获了弥足珍贵的人生财富。在谈到对未来师弟师妹的寄语时，他觉得最重要的是守好本心："只要坚守为人和治学的原则并持续投入，花点笨功夫，扎根到自己的事业中，最后一定会开出最鲜艳的花朵。"

实际、实践、调研

2007 年，古荒通过了学校骨干研修班项目的选拔，在山西阳泉市以镇长助理的身份进行了 6 周挂职实践。不同于其他同学在基层的按部就班，古荒很喜欢做一些"自选动作"：找当地人做一些自己感兴趣的调查研究。比如，有时找几位农民搞一个座谈，又或者找老党员聊聊天，以了解不同的人生经历和增加对社会的理解。在访谈时，他半开玩笑地说："不能光看数据统计，大数据也会骗人！信息技术是不可能完全替代传统的调研方法的。像解剖麻雀、蹲点调研这些调查研究的'传家宝'，是永远不会过时的。"在访谈中，他提到最多的就是"实际""实践""调研"这些词语。

调查研究的方法被古荒贯彻到之后的工作与科研中。如何通过调查研究，使理论和实践这两个方面更好地贯通、循环起来，是他一直思考的问题。2022年，古荒被派往烟台市莱山区挂职区政府党组成员、副区长。此前他的人生大部分都在学校中度过：在清华博士毕业后直接进入中央党校工作，这一从学校到学校的过程让他始终觉得需要在实践层面补补"短板"。对他而言，到区县一级政府挂职也是学术之外的一个新挑战。但凭借调查研究的良好习惯，古荒很快进入工作角色，顺利融入进基层实践中。闲暇时，他也喜欢到社区去跟大家聊一聊生活，听听群众对政府工作的意见。

对于理论和实践这一对矛盾关系，他总结说："我们对世界的认知和世界的实际运行总是存在差异。借用毛主席'有的放矢'的比喻来说，理论是箭，而实际是靶，我们不可能指望理论之'箭'射出去之后，'靶'自己会动，也就是让复杂的实际来适应我们的理论。只有在对'靶'的特性有充分认知的基础上，对要解决的实际问题有具体了解的基础上，我们射出去的理论之箭才能够真正做到'点石成金'。"任何理论都需要在实践的检验中不断发展。如果只站在理论的角度，而丢掉了实践和实际的视角，那也就丧失了认识论的根本。在不断的调查研究中，我们总能发现认识世界、改造世界的不同角度。让它们交流、交汇甚至交锋，长此以往、水滴石穿，科学的立场、观点、方法也就自然能够形成。这是古荒在莱山区挂职工作以来最深的感触。

纵然岁月流转，那个扎根实际、守好本心的青年辅导员始终处于古荒的心灵深处，为他指引着方向。实际精神、实践品格也在他人生前行的路途不断供给着滋养与激励。"纸上得来终觉浅，绝知此事要躬行"，在古荒身上中，我们看到的不仅是一个清华人的担当与抉择，更是一名优秀党员的责任与自省。

资政育人，不负时代

——访中国传媒大学国际传播研究院教授姚遥

文 / 新闻学院　丁远哲

姚遥，男，2006 年进入清华大学新闻与传播学院学习，2008 年起担任德育助理。2012 年博士毕业后进入外交部公共外交协会和外交学院工作，曾先后任外交部公共外交协会研究室主任、外交学院国家软实力研究中心主任。主要研究领域为国际传播、公共外交、人类文明史等，代表作包括《新中国对外宣传史——建构现代中国的国际话语权》《新时代中国公共外交与民间外交：理论与实践》等。现任中国传媒大学国际传播研究院教授、博士生导师。

"一代人有一代人的特点与责任，曾经年轻的'80 后'终会长大，开放自信的我们终将会成为国家和民族进步的中坚。"

2009 年，《人民日报》在中华人民共和国成立 60 周年之际推出系列特别报道，采访了 60 名全国各界代表，姚遥作为其中唯一的"80 后"大学生，在题为《从"小皇帝"到"鸟巢一代"——"80 后"长大了》的专访文章中如此写道。

此后经年，姚遥以实际行动证明了这句话的分量。博士毕业后，他先后在外交部公共外交协会和外交学院从事政策研究与教学工作，著述颇丰，并亲身参与了新时代以来国家重大外交外事活动。党的二十大筹备期间，他入选中央重大政治任务工作专班，担任理论总撰稿。他于 2022 年进入中国传媒大学国际传播研究院任教授、博士生导师，继续从事人才培养和政策研究工作。

在姚遥的记忆中，"资政育人"是自己一路走来的人生主线，而在清华的两年辅导员经历，则为这条主线的延长与衍生埋下了宝贵的种子。

接担："又红又专"，薪火相传

"人"所特有的情感温度与情怀高度，无论何时都是无法被替代的。"我想，这个道理尤其适用于高校辅导员。"

姚遥于 2008 年成为硕士班辅导员，回想起当时的心路历程，他特别感念前辈师长的榜样与示范。

"清华有一个传统，就是不论职务如何，一律称呼老师、学长，这其中蕴含的'踏踏实实做人、勤勤恳恳做事'的处世传统，令我心悦诚服。"周庆安老师在姚遥硕士入学时正读博士，是当届新生辅导员，在昌平南口"200 号"基地集训学习时，他的温文尔雅与循循善诱，给姚遥留下了十分深刻的印象。随后，在学生骨干集训班上，学校原党委书记方惠坚老师关于"听话、出活"的讲解，使得姚遥对清华"又红又专，全面发展"的育人理念有了切身的体会，也让他对辅导员岗位的历史传承有了发自内心的认同与向往。

"青年的思维最活跃，但由于涉世未深，也最容易受到各种思潮影响。"贺美英老师的谆谆教诲令姚瑶很快了解身为辅导员的育人职责："作为辅导员，为了引导他们向正面的方向发展，首先自己要加强学习，打铁还得自身硬；其次要'磨利'自己的舌头，讲出让人信服的道理。"

姚遥将自己在担任辅导员期间的历练和长进归纳为两个方面：一是如何引导青年，二是如何服务大局。"独特的时代背景使我更加深刻地体认到，辅导员的职责和使命，恰是与国家发展和民族复兴同频共振的。"

担任辅导员期间，姚遥带领同学们投身到百年校庆的系列筹备工作中。他们发挥新闻传播的专业优势与业务特长，从脚本、拍摄到编辑、推广，独立制作了多部以百年校庆为主题的对外宣传片。姚遥和班级同学们还全过程参与了港澳爱国人士李兆基、曹光彪、蒙民伟等名誉校董的接待工作，务求以清华人的质朴、真挚与厚重向几位老先生表达敬意。"我们挑选了几位文艺尖子和策划高手，大家发挥所长、各显神通。比如，后来上过央视春晚的李寅飞同学，为几位老先生创作并表演了反映他们生平及其与清华渊源的快板书节目。"

充实的校庆工作让他作为参与者和组织者，充分发挥了清华辅导员的引导青年、服务大局的作用，让更多同学在他的影响下，加深了对"双肩挑"

精神的理解和感悟，在潜移默化中打上了深深的"清华烙印"。

破茧：知行合一，融会贯通

在国内外局势风云变幻的 2008 年，姚遥先后参与了南方雨雪灾害、四川汶川地震、北京奥运盛会、美国总统大选、改革开放 30 周年以及中美建交 30 周年等重大事件的报道与调研。

这些经历促使他对时代发展与民族复兴的历史使命有了更加深刻的认知，并在此基础上撰写了自己的第一部专著《少年中国——"鸟巢一代"解读 2008 年中国与世界》。该书获得清华大学兼职教授李肇星外长作序推荐，他特别勉励青年一代要"敢于梦想和远望，更肯于弯下腰身用双手干实事"。

"这本书恰好在 2009 年我成为辅导员之后出版，成为我引导同学们思考如何对外塑造中国形象的一个重要抓手。"

姚遥担任硕士班辅导员期间，正好赶上中宣部、教育部在清华试点建设国际传播硕士项目，这让他的特长和积累在工作中更加有了用武之地。"要想在当今时代脱颖而出，有所担当，就要以国际传播的专业能力为基准，提升政治素质。"这成为了姚遥思考自身作为清华辅导员的进步方向，以及引导同学扬长补短的出发点。

2008 年秋，为服务国家外宣工作大局，新闻学院拟成立"伊斯雷尔·爱泼斯坦对外传播研究中心"，姚遥跟随院党委书记王建华老师做了大量筹备工作。他带着同学们多次拜访爱泼斯坦先生的遗孀，清点了爱泼斯坦先生捐赠给清华的大量图书，并到宋庆龄故居借到了一批与爱泼斯坦先生生平相关的珍贵文物。很多同学在这一过程中领悟到了"以史鉴今"，上了一堂生动而真切的思想政治课。

揭牌仪式那天，范敬宜院长拉着姚遥一起俯身研读宋庆龄写给爱泼斯坦的亲笔信，留下了一张珍贵的合影。一些与爱泼斯坦私交甚笃的老前辈，包括时任国务院新闻办公室主任王晨、国务院港澳办公室前主任鲁平、中央外宣办前主任曾建徽等出席活动时，都在图文展板前流连忘返，甚至感动得热泪双流——那一刻，姚遥和同学们都深切感知到自己投身其中的工作意义深长。

姚遥坚持将辅导员工作和专业学习研究相结合，努力做到"双肩挑，两促进"。在"马克思主义新闻观"课上，范敬宜老师组织同学们在实践中体会马克思主义原理和方法的深邃内涵。结课那天，姚遥所在小组主办的《每日"遥"言报》因阐释和彰显了"政治家办报"原则，获得了"学期优秀奖"，范院长亲笔为他们题写了报名与奖状，这令姚遥至今仍感念不已。

在开展博士论文《新中国对外宣传史》的研究过程中，导师李彬教授为姚遥开列了"马克思主义中国化"的文献书单，并组建了论文指导专家组，使他受益匪浅。作为论文指导组的校外专家、时任中央党校副校长的李书磊教授多次提点姚遥，一定要去重温中国古典的经史子集，体会真正的中国精神与中国思想——因为"马克思主义中国化"不仅是马克思主义与中国实际的结合，也必然是马克思主义与中华文化的结合。

"素质为本，实践为用，面向主流，培养高手。"全面的研究涉猎与实践经历为姚遥日后走向国家最前沿的工作岗位打下了扎实的基础。

入海：不忘初心，资政育人

2010年下半年，姚遥入选"中美富布赖特联合培养博士"项目，由教育部公派赴美国哈佛大学留学，结束了近两年的辅导员生涯。留学期间，他在约瑟夫·奈教授指导下专门研究"软实力"，目睹了西方人对中国有意无意的曲解和误读。

"虽然没有做记者，但结合我的外交专业特长以及担任辅导员期间的教育工作经历，我此后的职业和志业一直都围绕着国际传播与资政育人而展开。"

2012年姚遥博士毕业，恰逢李肇星老外长受命组建外交部公共外交协会，他在李外长感召下担任研究室主任。2013年春，习近平主席就任之后首次出访国外，姚遥随同李外长赴俄罗斯参加了一系列配套公共外交活动，亲身感受到习主席在莫斯科国际关系学院首次提出"人类命运共同体"理念的高远境界和宏阔视野。

2016年秋，结合工作体悟，姚遥撰写的《中国公共外交的宝贵资源——学习习近平总书记运用优秀传统文化讲好中国故事》在中共中央委员会机关刊《求是》发表，引起广泛回响。党的二十大筹备期间，他被选入中央重大政治任务工作专班，担任理论总撰稿，在中宣部有关部门的国际传播一线挂职锻炼，其间由他执笔的研究成果和资政报告多次获得习近平总书记等中央领导同志的批示与认可。

2022年，姚遥离开了工作10年的外交系统，作为国家"四个一批"青年英才引进中国传媒大学国家重点研究基地，作为教授、博导继续其"资政育人"的人生使命。

10年公共外交生涯，60多个国家的调研访问，让他深刻体会到："倘若我们对'古今中外'缺乏强烈的兴趣、全面的学习与深入的思考，再频繁的'行走天涯'最终也势将沦为最平庸的'混迹江湖'。"正因如此，公木教授的一段箴言使他倍感共鸣："知今而不知古，谓之盲瞽；知古而不知今，谓之陆沉；知中而不知外，谓之鹿寨；知外而不知中，谓之转蓬。"

在回望青春、感念师恩的同时，姚遥期冀母校的学弟学妹能够继承"以知识报国，听话而出活"的清华学子本色，坚守自己的初心使命，向着"修学好古，实事求是"的方向勇毅前行。姚遥提出，修学的重点，在于研读作为当代中国马克思主义、作为中华文化和中国精神时代结晶的习近平新时代中国特色社会主义思想；好古的重点，则在于吸收源远流长、博大精深的中华优秀传统文化。唯其如此，才能最终形成立场鲜明、融通中外、观照古今的思维框架和学识体系。

今天，我们身处百年未有之大变局，这让一些涉世未深的同学难免感到迷茫与困惑。姚遥坚定地提醒我们——须知万变不离其宗，应以不变的初心应对无常的世界，沿着历史进步的大道和主流，"行于所当行，止于所不可不止"。唯此，方能扛起属于我们这一代人的历史担当，不辜负属于我们这一代人的时代使命。

坚持一份事业，践行理想信念

——访清华大学自动化系副教授，系党委书记古槿

文/自动化系　黄语萱　张航婧

古槿，男，2000 年进入清华大学自动化系学习，自 2004 年起先后担任自动化系团委书记、研究生德育助理、系研究生工作组组长、学生工作组组长等职务。曾获得清华大学教育教学成果一等奖、清华大学年度教学优秀奖、清华大学优秀党建与思想政治工作者等荣誉。现任清华大学自动化系党委书记。

古槿从 2000 年进入清华自动化系求学，到 2009 年获得工学博士学位毕业，再到留校任教至今，社会工作始终贯穿在古槿的求学生涯及工作经历中。"社会工作是一项事业"，他非常赞同这个说法，"学生工作是学校育人体系的重要组成部分，同学们在学有余力的基础上承担一些力所能及的集体事务和组织工作，既服务了同学，也培养了自己"。他一直在为了心中的这份事业认真工作、全情投入，在大二年级担任自01团支部书记，带领集体获得甲级团支部的荣誉称号，在研究生阶段先后担任系团委书记、研究生党建助理等职位，获得了"一二·九辅导员奖"，在担任分管学生工作的系党委副书记期间获得了林枫辅导员奖。

主动谋划·积极求变

"团委书记和党建助理工作的关键并不在于追求轰轰烈烈，而是体现在对大局的把握和提前的规划。"

回望过往经历，"主动谋划"贯穿古槿的辅导员生涯始终。从 02 级本科生选拔自动化系三口（即团委、学生会和学生科协）骨干开始，古槿推动创

新了系内选拔模式。从原有的辅导员和上届骨干推荐模式，开放为推荐与自荐模式并存，额外增加了面试骨干的环节，以面试的形式促使候选人主动思考对未来工作的设想，也大大增加了上岗同学的主动性与荣誉感。

对于本科生在专业认知上的困惑，古槿有独特的思考。那时，研究生已经有了属于自己的就业引导"启航计划"，但是到研究生的最后阶段再做这件事，是不是晚了些呢？于是，古槿牵头推动了针对本科生的"四年大学录，十年发展图"主题规划，在本科阶段以凝聚力建设、专业引导、集体总结的顺序引导与促进大家总结本科收获，思考未来发展的道路。将近 20 年后的今天，依然能在自动化系的本科培养阶段发现这些改革的影子。

从团委辅导员到研究生党建助理，古槿的工作核心也从本科生转移到了研究生身上，许多曾经的经验也都在党建工作中找到了用武之地，围绕如何将本科生集体建设的组织优势推广到研究生工作中的问题，古槿开展了一系列卓有成效的探索。他推动研工组例会扩大纳入研究生党支书的工作，主动联系各党支书进行组织生活的主题策划与讨论，参与并引导党支部活动的组织与开展。由点及面，这些举措令研工组与各个研究生党支部之间的联系愈加紧密，之后也极大地促进了党建助理与党支书之间的交流。这样的传统也一直延续至今。

正是得益于"主动谋划，积极求变"的工作态度，古槿在团委书记和党建助理的岗位上不断进取，在学生工作方面积累了丰富的经验，为他日后做出"立德树人"表率打下了扎实的基础。

致知力行，继往开来

充实的辅导员经历让古槿积累了许多工作经验，在常常扮演带领集体向前发展的角色的过程中，他总结出了四点体会。

首先，他强调"要有大局意识、政治站位要高"。在时间维度上，目睹一个集体过去的同时需要考虑未来往什么方向；在空间维度上，他会思考自动化系团委在整个学校的定位，甚至与全国其他的学生团委相比有怎样的特点和布局。"会当凌绝顶，一览众山小。"对古槿来说，只有站在更高的维度上，才能够看清楚局中自己身处的位置，才能细化并做好工作。

其次是"战斗、奉献、自省"。他认为,"战斗"指的是做社工需要有拼搏精神,特别体现在像马杯等一些重大活动中,要有不服输的精神。"奉献"则意味着应该把集体的利益放在第一位,在需要牺牲个人的时间和精力的时候,要以集体为重;"自省"是自我的反思与总结,在工作开始前设定目标,阶段过后总结得失,未来才能够有所反馈、有所进步。

再次,在当下个性化、多元化发展趋势下,古槿认为,集体的力量仍然是个人无法比拟的,他强调要"相信集体、依靠集体、建设集体"。"许多事情并不是单打独斗能够解决的,遇到困难时就需要集思广益、凝聚力量。当然,好的集体不是从天上掉下来的,需要付出精力、投入情感。特别是辅导员要学会怎么去建设集体,把集体打造成一个有战斗力的堡垒。"

最后,"培养人的意识"对于深化工作成效至为关键。古槿谦虚地说:"不能认为自己做辅导员了好像就很厉害,社工就做得很好了,其实这个过程中还有大量东西可以学习。"他深知个人的进步和不断学习对于传承工作的重要性,只有不断进步,才能更好地将经验和知识传授给后继者。"学生工作是'铁打的营盘流水的兵'。"辅导员的责任不止于完成眼前的工作,更要着眼未来的发展,这样才能确保工作得以延续。"这样你会发现下面有源源不断的年轻人成长起来,国家和党的事业,才后继有人。"

从培养个人到服务集体,古槿作为学工团体中的"引领者",用行动践行了清华辅导员引导青年和服务大局的双重目标。并且古槿对团委工作的深入思考,也体现了清华社会工作者为学校发展和学生培养做出的奉献。

历练与成长:贯穿一生的"双肩挑"精神

古槿将担任学生辅导员期间收获的经验延伸到了其后的教书育人生涯中。作为研究生导师,他不仅注重知识传授和科研能力培养,更以价值塑造为一切工作的核心,将立德树人作为人生根本任务。他对学生未来的发展给予充分考虑,尊重学生的意愿、特长及发展方向,帮助他们成长,获评"良师益友"称号就是对古槿的证明和肯定。

"自省"成为古槿坚持至今的工作习惯。每到阶段性的关键时刻,古槿都会回顾过去、分析得失,总结经验与教训,这也为未来的工作提供了指导和改进方向。在课题组内，他也要求同学们在期末时进行自我总结，培养"自省"的好习惯。"这件事是从学生工作传承下来的，对现在的工作和做事作风都有着深远的影响。"古槿感叹道。

从学生集体走向教师集体，古槿认为"集体意识"仍不可或缺。他谈道，在团队协作与课题推进中，既需要作为负责人的领导力，同时也要学会在团队中扮演成员的角色。"科学发展越来越朝着大科学、交叉学科的方向发展，综合能力、组织协调能力和与人沟通的能力尤为重要。利益存在冲突的时候，讲究相互理解、相互妥协。"对他而言，学生工作在个人能力上给予了他很大的帮助，虽然短期看来可能会牺牲一些科研时间，但长远来看，对个人的锻炼和获得的财富都是极为宝贵的。

从辅导员一路走来，古槿感到身上的责任和压力也越来越重。"首先要看清楚学校下一步发展的目标和重点，看到党中央和国家的战略大局。同时，还要考虑自动化系所处的发展阶段以及未来发展特色。"如今，自动化系未来发展把握着两大新发展机遇，"智能"和"交叉"。作为党委书记，他将充分协调全系力量、整合各方资源，和全系师生一起，推动自动化系的各项事业迈向高质量发展新阶段。

回望古槿的求学与工作经历，他始终践行着社会工作中秉持的理想信念，在不断地自省中收获与成长，在不同的岗位上无私奉献，发光发热。

做时代浪潮中的一朵红色水花

——访宁德市政府党组成员、副市长，屏南县委书记党帅

文/航院 刘恭言 贾仕赫 朱虹鑫

党帅，男，2003 年进入清华大学航天航空学院热能与动力工程专业学习，就读期间担任辅导员，历任航天航空学院团委书记、校团委文体部部长、校研究生团委副书记、招办主任助理等职。2012 年由福建省引进，先后担任柘荣县政府科技副县长，屏南县委常委、宣传部部长，宁德团市委书记，古田县委副书记、县长等职。现任福建省宁德市政府党组成员、副市长，屏南县委书记。

20 世纪 50 年代，清华大学学生数量大幅度增加，思想政治工作任务大大加重，学生工作干部缺口很大，清华创造性地提出选拔一些政治上、业务上优秀的高年级学生担任学生辅导员。这些学生辅导员与学生同吃、同住、同学习，且年龄和经历相近，对学生思想情况十分了解，工作也容易为大家接受。时光荏苒，"双肩挑"政治辅导员制度在清华已经走过了 70 年的历程，这一制度不仅在学生培养中始终发挥重要作用，也持续培养出了一批又一批家国情怀浓厚的人才干将。

福建省宁德市政府党组成员、副市长，屏南县委书记党帅就是这样一位优秀的辅导员代表。今年距党帅考入清华大学已有 20 个年头，距他卸任辅导员岗位并从清华大学毕业也有 11 个年头了。尽管身在远方，毕业后回到母校的机会屈指可数，但他对清华园的记忆却并不模糊，入党的心路历程依旧清晰，担任辅导员期间的种种故事仍然历历在目。

坚守党员本色，传承红色基因

18 岁到 22 岁的本科四年，正是人生观价值观形成的阶段，作为同级第一批发展入党的学生，入党对党帅的意义和影响是深远且长久的，无论是申请担任辅导员还是个人职业规划，都源自那一抹鲜红的底色。

"我们是同级入校发展的第一批党员，在校培养时间很长，组织教育我们：要入主流、上大舞台、做大事业，要把个人命运跟国家民族的命运绑到一块儿。"党帅自豪地说，"学校对新生党员和第一批入党积极分子要求是非常高的。比如，我本人是从 2003 年开始经过三年的培养才成为正式党员，入党积极分子到成为正式党员的过程当中思想认识得到了不断的强化和升华。"在学期间，摆在党帅面前的选择有很多，但是来自党组织和学校的教育让他在选择个人发展道路时能够抛下功利心、投机心，沉下心来，专注于理想与使命。"作为清华的学生，应该要明晰自己的理想是什么，规划好自己的事业，并为之努力奋斗，而不是毕业之后简简单单地选择一个职业。"

在研究生一年级期间，党帅担任了航硕 07 党支部的支部书记。从申请人到联系人，他深刻地感受到了党建工作的重要性和必要性，始终坚持推动党支部规范化建设，对入党积极分子从严把关，并时常告诫学生党员要"扣好第一粒扣子"。在党帅的带领下，航硕 07 党支部获评了当年全校优秀基层党支部。

双肩挑的"救火队员"

对于党帅而言，"双肩挑"政治辅导员制度对自己的人生观、价值观塑造起了很大的作用。无论是从他本科时辅导员对他的影响，还是到他自己充当"救火队员"，先后担任四个辅导员岗位的经历，都时刻牵引着他不断巩固家国情怀，也让他见证了不少历史时刻。

2008 年，北京奥运会胜利召开，清华大学部分同学以志愿者的身份参与其中。作为"志愿者的志愿者"，党帅参与统筹了志愿者们的组织安排。面对高强度、高复杂度的工作，他坦言道："当时还是很辛苦的，两天一碰头、天天有状况，但确实很锻炼人。因为你要及时了解各个片区志愿者的情况，沟通协调处理非常多的大小问题，小事情当天沟通解决，大事情抓紧处理，基本上整个假期就是在学校忙这项工作。"说到这里，党帅顿了一下，仿佛思绪又回到了那个令人自豪的夏天，接着补充道："但这一切努力都是值得的。"

在广场联欢和大型音乐史诗《复兴之路》的演出工作中，清华成为国庆六十周年庆典参与人数较多、参与面较广的单位之一。其中，临时受命组建的"毛泽东思想标语"方阵是唯一由大一新生组成的方阵，却仅仅用了八天七夜的时间就圆满完成训练任务，创造了群众游行的一个奇迹。作为当时的组织者之一，党帅回忆道："当时任务紧急，临时组建方阵任务只有清华大学能够完成，只有发动清华大学的辅导员才能完成。接着我们就开始紧急招募，有的学院体量比较小，本科生人数不足，那就辅导员加入，最终在其他方阵历时一两个月训练的情况下，我们仅仅用了一个星期的时间就圆满完成了不可能完成的任务。"无数朵个人努力的水花共同汇聚成了奇迹的浪潮，而党帅的汗水正是其中晶莹的一朵。

国庆六十周年庆典结束后，党帅又立即投入 2011 年清华大学百年校庆的筹备工作中。当时的党帅在校团委担任辅导员，参与筹集经费并组织开展了校庆系列体育赛事。甚至在学业繁忙的博士生最后一年，党帅还坚持担任了招办主任助理，并完成了清华大学首届联合培养空军飞行员的招生录取工作。

"哪里需要哪里搬、什么需要学什么"的工作特点，也延续到了党帅参加工作后。他总结道："辅导员处理问题的过程和方法使我终身受益，其中的抽丝剥茧、调研总结有点像写博士论文，必须要先开展调研，再把调研发现的问题进行分析，进而尝试不同的解决办法，最后才能真正解决问题。"

心安之处，即是故乡

2012 年，党帅在博士毕业后作为引进生到福建工作，任宁德市柘荣县科技副县长。当年到闽东的 7 名清华学子中，28 岁的党帅是领队。党帅在一次接受采访时曾说："外地人的身份让我工作起来更加方便，因为少了亲戚朋友人情世故上的掣肘。"2013 年 10 月，时任宁德市委组织部副部长的陈昌东评价道："处在全市条件相对较差的县工作，党帅各方面都表现很好，工作有特色有创新，而且很有干劲。"

"心安之处，即是故乡"，这是党帅写在工作笔记扉页上的一句话。作为土生土长的山东人，党帅刚到福建就遇到了"十里不同音"的语言关，风俗习惯和饮食口味等生活方面也需要磨合，但真正的考验却是来自心理上的落差。虽然在临行前，党帅已经做好了"骑马挎枪走天下，祖国处处是我家"的心理准备，但当初次前往柘荣县时，崎岖的盘山路还是让党帅产生了些许不真实感，"当时我们到了闽东，各个县都没有通高速公路，全都是盘山公路，我第一次到柘荣县，一下车就吐了"。

面对脱贫攻坚的挑战，党帅始终用"受得了委屈，耐得住寂寞，扛得住清贫"来要求自己，11 年来，他也一直奋战在福建的省级扶贫开发工作重点县。他说，前几个月的新鲜感过去后，才能真正明白什么叫"扎根"。十多年前，福建省宁德市被称作东南沿海"黄金断裂带"，是中国北起辽宁、南至广西的海岸线上最穷的沿海城市，也是当时福建省内最不发达的城市。11 年里，党帅深深地扎在宁德市，足迹边际柘荣、古田、屏南三县。一谈到这些年宁德市取得的发展和成就，党帅的眼中立刻闪烁着光芒。"我们宁德在最近十几年里，在经济发展、社会事业、民生保障上都取得了重大突破，不断实现越位赶超。尤其在经济发展方面，我们宁德是独树一帜的，有很多世界知名的企业落户宁德，从全省老九一路飙升到了现在的第五名，这可谓是一个奇迹，大家都在发展，想要实现超越是很不容易的。"

工业发展是让党帅感到自豪的成果，也是他推动脱贫的法宝。党帅本身是工科博士出身，这为他深入产业一线、工人和科学家群体中创造了有利的条件。面对屏南县濒临荒废的时代新能源实验基地，他推动园区变废为宝，用三个月的时间把废旧实验基地变为了年产值 10 亿的锂电正极材料生产基地。党帅说道："宁德市有五个山区县和四个沿海县，在五个山区县中，宁德时代配套最多的生产线就在我们屏南。"随着新能源产业的逐步落地，屏南县在短短两三年时间，实现了规上工业增加值增速连续 15 个月超过 100% 的壮举。在介绍宁德市取得的种种发展时，党帅如数家珍；当提到福建、宁德、屏南这些地名时，他都直接使用"我们"来指代。宁德市已经是让党帅心安的故乡，唯有他标准的北方口音还在不断提醒着人们，他本出生于千里之外的山东。

2016 年，在清华启航奖颁奖典礼暨赴西部、基层、重点单位工作及创业毕业生出征仪式上，党帅作为下基层的"前辈"重返母校，为即将起程的学弟、学妹们加油打气。回忆起工作中的艰辛，党帅认为母校赋予清华人的独特品质是打破困境的重要基石，他把这种"高度的社会责任感、科学的思维方法、求真务实的工作态度"比作"天下奇特的内功"。所有的教育都由"言传"和"身教"组成，曾经的清华前辈言传身教，培养了党帅这一代优秀的清华精神传承者；而今天，党帅又用自己的身体力行为下一代清华人做好了榜样。在中华民族伟大复兴的时代浪潮中，相信党帅能够一直迎难而上，做好由党奠定底色、由清华精神渲染的一朵最前沿的红色水花。

最后，党帅这样寄语同学们："清华的毕业生有诸多选择，在这些选择面前，最重要的是叩问内心，知道自己想要成为怎样的人，明白自己的理想，并为之努力奋斗。作为党员，在平常的工作当中应当受得了委屈，耐得住寂寞，扛得住清贫，这样才能不负党赋予我们的使命。在18岁到22岁这个人生观价值观形成的阶段，辅导员和入党联系人对学生的影响带动作用很大，党员发展的形式和流程必须正规，党旗悬挂、入党宣誓这些仪式必不可少，党组织生活必须提前准备并言之有物，这样才能'扣好第一粒扣子'，帮助、带动同学们立大志、入主流、上大舞台、成大事业，到党和人民最需要的地方去。"

于基层续写服务一线的诗篇

——访防城港市政府副秘书长、发改委主任韩凯

文 / 工业工程系　晁　越　卢　丹　郭津硕

韩凯，男，2005 年进入清华大学工业工程系学习，2009 年起担任本科生辅导员。毕业后留校工作，2013 年前往广西防城港市基层工作。现任防城港市人民政府副秘书长，防城港市发改委党组书记、主任。

始于兴趣，终于担当

"你觉得有意思就行，就这么简单。"当被问及投身社会工作乃至辅导员工作并始终坚持的动力时，韩凯如是回答。

本科阶段的韩凯投身社会工作，并非出于深思熟虑的计划，而是兴趣使然，期待借此机会熟悉校园与同学。在紫荆支队任职期间，尽管支队人数不多，组织架构尚待完善，但韩凯凭借一腔热忱，仍然成功组织了十一校园讲解活动，当时骑着板车为游客们谈今说古的场景历历在目。韩凯认为，想要做好社会工作，必定要投入大量时间；而高年级课业压力大，因此坚持社工并非易事。于他而言，主要有两大动力在激励着他：一是主观上对社会工作的兴趣，让他在面对困难时保持乐观，经历挑战时学会抗压；二是在初期探索后，他选择深耕于志愿服务方向，这样专精的态度让他能够更好地平衡学业与社工，也让他的获得感更加强烈。

本科阶段丰富的社会工作经验，为韩凯选择成为辅导员打下了坚实基础。韩凯认为，辅导员工作是个人成长的更大历练。在做同学们的思想工作前，

辅导员首先要自己先把问题想明白，结合自身经历转化为深入的观点，再用同学们容易接受的语言讲述给他们——这个过程对辅导员来说也是格外宝贵的锻炼。此外，工业工程系学生组一同奋斗的辅导员们都很纯粹，一心将同学们放在首位，时刻为同学着想；工作在这样一个欢乐而充满战斗力的优秀集体之中，他也深受感染，不断鼓舞自己做得更好。

辅导员工作的经历，逐步坚定了韩凯到地方政府工作的决心。虽然工作内容截然不同，但公务员和辅导员对人的历练是密切相关的，学生工作中的诸多思考与政府工作也有很大相似性。尤其是作为一个管理者，对事情的分析把握，以及如何发挥自己的作用，本质上就是一种实践。在辅导员工作中，可以真正明白怎样对工作计划进行把控，并对管理有一个清晰的系统架构，同时，辅导员工作本身也是对理论知识进行实践锻炼的最好机会。

一次选择，一生奉献

习近平总书记曾号召广大青年，"勇于到艰苦环境和基层一线去担苦、担难、担重、担险"。而韩凯正是这样做的：在留校工作两年后，他勇敢地走出象牙塔，投身基层，远赴祖国西南边陲的防城港。"在某种程度上，职业选择就是为自己未来设定了一个可行域。只要在可行域的范围之内，我都接受。而防城港肯定是一个可行解，而且挺不错。"在工业工程系的学习经历让韩凯深受启发，并且将其理念运用在了职业选择中。

在履新之际，韩凯对于防城港的认知寥寥，这片土地对于他而言，陌生而又充满期待。彼时的防城港，各方面发展尚存诸多不足，然而其重要的战略地位及无限的发展潜力仍然深深地吸引了他。在工业工程系的学术熏陶下，他领悟到，人生的价值并非仅仅在于寻求最优解，而在于选择那能最大限度地实现自我价值的方向。"很多客观上的条件我们无法决定，主观上选择的原因，就是想要干事创业。防城港吸引我的地方就是这里充满了干事创业的机会。"韩凯如是说。

他在防城港度过的十年，恰逢这座城市高质量发展的关键时期。韩凯全心全意地投入到防城港的经济建设中，将自己的时间和精力都奉献给这片热土。十年的风雨兼程，每一次的攻坚克难，每一次的夜以继日，或许都成为了防城港经济迅猛发展的生动注脚。

十年的光阴里，韩凯最难忘怀的，莫过于高新区的筹建过程。对于他而言，这是一次全新的挑战。筹建工作涉及业务部门众多，任务艰巨，对他来说是施展拳脚的宝贵平台，更是一次难得的锻炼机会。在清华的专业学习和学生工作中接受的良好训练，让韩凯有了攻坚克难的底气。在各方的共同努力下，高新区在短短三年时间内成功落地，并迅速获得自治区级高新区的批准。这份成绩，无疑极大地提升了韩凯的信心，激发了他的动力，也让他更加坚定地走在实现梦想的道路上。

防城港市积极响应国家战略需求，设立了国际医学开放试验区。面对医学试验区的光明前景，韩凯深有感触地说，正如他当初选择踏上防城港这片热土一样，"所有的事情的发展都一定有它的必然和偶然"。他坚信，凭借着防城港市人民的智慧和勇气，一定能够创造出更多的辉煌成就。

契合时代，服务社会

提及清华"又红又专，全面发展"的育人方针，韩凯表示，清华的培养目标始终明确，也就是入主流、上大舞台，成大事业，始终契合国家的发展方向，紧密结合国家的需求。正是在这种理念的影响下，韩凯不断坚定着自己投身基层一线，为国服务奉献的理想。尽管这一育人理念的内涵会随着时代的发展而不断丰富，但其初心和使命却是永恒不变的。正是在这样的集体传统下，清华人展现出了对国家决策的强大执行力，同时在"严谨、勤奋、求实、创新"学风的引领下，始终保持踏实做事、行胜于言的态度，使得他们在工作中常常能够厚积薄发，取得显著的成绩。

韩凯认为，辅导员群体要成为和做好这一集体传统的贯彻者和传播者。"我们的辅导员，全称是政治辅导员。无论是做团委书记，还是做带班辅导员、党建辅导员，思想政治工作都是辅导员的工作重点。"要做好思想政治工作，最重要的是以身作则，只有辅导员自身信仰坚定，严于律己，才能带动、引领同学。正是一代代辅导员用他们的言传身教，传承着清华"又红又专，全面发展"的宝贵传统。

辅导员、系团委书记、实践部部长等丰富的社工经历，让韩凯拥有了许多在知行合一中历练成长的机会，催发了他理想的雏形。"志不求易者成，事不避难者进"，韩凯将伴着清华"行胜于言"的校风，继续谱写清华人深耕基层、服务一线的浩瀚乐章。

集智铸魂　寻梦九天

——访航天五院总体设计部工程师康庆

文 / 电机系　陈家祺

康庆，女，2008 年进入清华大学电机系学习，就读期间担任清华大学电机系研究生党建助理、就业助理等。曾荣获清华大学"优秀研究生共产党员标兵"、清华大学优秀共产党员、清华大学"优秀党支部书记"等荣誉。2013 年毕业后进入航天五院通信卫星事业部，先后在电气工程研究室、经营发展处工作，2016 年晋升高工并赴英国曼彻斯特大学访学，2017 年回国后担任通信卫星事业部电气工程研究室党支部书记，供配电分系统主任设计师，2020 年调入航天五院总体设计部研发中心担任党支部书记、副主任。现任中国航天科技集团公司第五研究院总体设计部工程师。

"立大志，入主流，上大舞台，干大事业"

当谈及在校期间的研工助理经历时，康庆对清华的就业价值引导口号仍记忆犹新。在职业发展助理的岗位上，她曾努力引导同学以国家需求为要来选择就业方向；而她也用自己的职业生涯来响应这句口号。诚然，如康庆所言，"电机系主流的毕业方向还是进入电力行业，我所接触到的是一个小领域。"但就是抱着闯"冷门"，坐"冷板凳"的勇气，她登上了航天工程这个大舞台，十年如一日地施展着电机学子的才华，为宇航事业攻坚克难。

为什么选择航天工程？对于康庆来说，这不是一个到了毕业的路口才犹豫做出的决定，而早早地就有了征兆。本科在西北工业大学学习的经历帮助康庆建立起了对航空航天领域的认知与向往。2008 年，当康庆进入清华成为一名博士生时，她作为新生党支部书记组织的第一场活动又恰巧是集体观看神舟七号的发射。这场举国瞩目的航天任务，激励着康庆逐渐产生了投身宇航事业的热情。

在博士三年级时，康庆成为电机系的研究生职业发展助理。在她组织的一场校友面对面职业发展座谈会中，她再次与航天结缘。"当时我邀请了在航天五院工作的张猛师兄，他介绍了航天系统的工作情况，也详细解释了如何在航天工程中结合咱们系的各类研究成果。"当回忆这次座谈会时，康庆对于选择航天事业以后的工作图景有了更清楚的认识，最终下定决心，应聘进入航天五院。

回忆起这段历程时，康庆认为她的职业选择经历正符合了总书记所提出的胸怀"国之大者"、与新时代同向同行的原则。时至今日，当党的二十大报告提出加快建设制造强国、质量强国、航天强国、交通强国、网络强国、数字中国时，她更加感到作为清华人服务国家所需，是她在工作中始终无悔的追求。

跨越 15 年的"双肩挑"

在与康庆的谈话过程里，她最津津乐道的经历就是从 2008 年入学至今，一直奋斗在思政辅导与党建工作的战线上。康庆博士入学后所在的班级是电博 08，这是电机系第二届横向班建制的博士班集体。从以研究所为单位的纵向班转为以年级为单位的横向班，同专业的共鸣减少了，同龄人的碰撞增加了，因此并没有可供借鉴的党建工作组织经验。担任党支部书记的康庆充分发挥了低年级同学参与党建活动热情较旺盛的优势，在带班助理郝亮亮师兄的指导下，入学第一年就带领电博 08 党支部获得了校级优秀党支部荣誉。因为在班级党建工作中的突出表现，康庆在博士二年级进入电机系研工组，先后担任了党建助理和职业发展助理，开启了真正的"双肩挑"征程。

在了解到笔者正在担任院系职业发展助理后，康庆饶有兴致地向我们讲述了她当时的工作内容。当年由于电机系就业工作主管教师的工作调动，在新任就业工作主管教师就位前出现了一段空窗期。那段时间里，康庆一人担起了两个岗位的工作压力，落实系里和职业发展中心的就业政策、对接各类招聘资源等工作都是一手抓。挑战虽大，但也真真正正地带来了能力的提升。在岗期间，康庆观察到同学们递交的简历制作水准参差不齐，而制作精良的简历往往可以有效地吸引招聘方的注意力、简明扼要地传递了关键信息。经过与就业工作主管教师的讨论，康庆决心制作一套简历模板供同学们参考。如今，康庆仍然能清楚地回忆起当时倾注的心血，不断下功夫打磨模板的细节，针对博士生与硕士生的不同特点设计了两套内容样式各异的模板，最后得到了同学们的广泛使用，收效也非常好。"现在我在单位里也经常会参加简历筛选工作，这一过程中我发现当年我做的简历还是非常好的。就比如，最基础的 PDF 文件命名规范，我们命名为清华大学—电气工程专业—姓名，即使评委不看内部的内容，看到清华的名字时也可能会多看一眼。对于企业是提高了筛选的效率，对于我们同学则是提高了筛选的留存率。"在德育助理的岗位上能够切实地为一大批同学提供帮助，这是康庆"双肩挑"的初心，同时也为康庆带来了不小的成就感。

在踏入工作岗位以后的 2017 年，航天五院内工作架构重组，康庆又一次成为了新部门的党支部书记。在主业工作之余，党支部书记往往需要"既当爹又当妈"，将党建工作、团队建设工作等事务共同推进，而康庆直接面对的就是新建部门的团队融合问题。对此，康庆借助航天五院的党支部实践创新项目评优工作的契机，决心一举突破。"担任研工助理时的带班经历给了我很大的启发。"康庆首先把握了工作的主要矛盾，即树立共同的工作目标。经过部门 LOGO 与文化口号设计、前辈专家领导座谈、团建活动等多项工作的结合，新部门迅速形成凝聚力，康庆所在党支部上报的"核聚变引爆研发创新实践"项目也在航天五院内的评优工作中获得最佳党支部实践项目的称号。

向"太空的未知"进军

从 1970 年东方红一号发射至今，中国已经向太空发射了数百颗卫星。作为中国主要的空间技术及其产品研制基地、中国空间事业的骨干力量，这些卫星背后几乎都有航天五院人默默付出的身影。但对于康庆和她的同事们而言，太空中依然有太多的未知问题亟待探索解决。

康庆是一名电源工程师，而卫星中的电源设计与普通电源相比，最紧的两个死结就在于无法手动维护、电子元件天然易故障。在太空中几乎无法实现对卫星电源系统的后期维修，所有冗余设计与故障保护需要依赖卫星内控制系统的自主运行。受到宇宙射线的持续照射影响，太空中电子元件的故障率较地面又要高出若干倍。全球航天器的统计结果显示，电子系统的故障率在航天器的全生命周期中始终位居所有系统的前列。"在中国航天领域，有一套故障分析过程叫作'归零'，这个过程是比较痛苦的。"每当设备出现故障时，康庆需要组织整个团队抱着全盘推翻的心理准备，在极短的时间里将设备的工作流程从第一步到最后一步逐一溯源，进行深入分析、实验、机理分析、评审会等环节都不可遗漏。这种短、频、快、新的推翻重构过程，需要明确紧凑的工作计划以及强大的抗压能力。康庆说，担任研工助理期间组织工作的经历给了她方法论的支持，帮助她一次次完成了"归零"任务。

除了故障排除过程中经历的"归零"挑战，康庆和她的团队也在不断努力让中国的航天科技惠及更多国家，触及更深远的宇宙。自2008年航天五院的通信卫星平台首发以来，已经有尼日利亚、白俄罗斯、玻利维亚等国进行采购。作为供配电系统主任设计师，康庆和团队一起完成了接口设计的迭代，为全球客户提供坚实的性能保证，也为后续卫星型号提供支持。康庆还深入参与了许多新系统的论证，基于核聚变推进系统的空间飞行器设计技术、近地小行星快速监测预警与防御技术分别入选了2021年和2022年的宇航领域十大科学问题和技术难题。

受限于保密要求，康庆师姐不能将她的工作内容一一尽述。作为跳出传统电力行业的"非典型"电机系毕业生，康庆将求学生涯的知识积累汇入了中华民族寻梦九天的征程，同时又在工作中延续了"双肩挑"的精神，将党旗插在了科研阵地上。生逢盛世，肩负重任，康庆用她的职业选择实践了清华人干惊天动地事，做隐姓埋名人的优良传统。

心之所向，无问西东

——访三峡公共检验检测中心主任郭俊伟

文 / 医学院　任冠霖　何藻蓁

郭俊伟，男，2008 年进入清华大学医学院学习，就读期间曾任医学院研究生德育助理、医学院研团总支书记。曾获"一二·九"辅导员奖。2012 年博士毕业后作为选调生奔赴湖北宜昌就业，曾任宜昌市下属当阳市副市长、宜昌国家高新区管委会副主任等。现任三峡公共检验检测中心主任。

"只要把出发点认准了，心就会非常的笃定。"从刚入学时对未来职业发展感到懵懂到决定投身公共服务事业，郭俊伟学长做出了选择后便一往直前、勇毅前行。奔赴湖北宜昌，在基层接受锻炼；脚踏实地，在实干中增长本领和才干，他始终坚持心之所向，无问西东。

2023 年 6 月 11 日下午，医学院（药学院、卫健学院）研团总支在医学科学楼 B416 举办研究生共青团主题教育授课暨辅导员 70 周年访谈活动，邀请郭俊伟学长为班团骨干讲授主题团课。郭学长结合自身丰富的人生阅历和多年的工作经验，为同学们带来了一场别开生面的主题教育，帮助和引导在校同学们树立正确的价值观，响应国家发展需求，实现人生价值。

学生工作受益终生

"多年后回过头来看，当年在校的学生工作做得扎实，为我之后的工作奠定了良好的基础。"郭俊伟学长现身说法，以自己丰富的工作经历为同学们传授经验。学长于 2008 年进入清华大学医学院常智杰老师实验室，于 2012 年获得博士学位。赴湖北参加工作以后经历过几个岗位：首先在宜昌市国家高新区生物产业园工作了三年多；然后赴宜昌市招商局东山园区招商分局工作了短暂的八个月，2015 年底前往当阳市工作了六年，2021 年 8 月回到宜昌国家高新区工作了四个月，期间任高新区副主任、党工委委员；2021 年 12 月任三峡公共检验检测中心主任至今。学长介绍道，三峡公共检验检测中心是做食品、药品、粮食检测，以及一些工业品检测的单位，肩负着为民守食品安全、药品安全底线的重大责任。

郭俊伟学长将自己博士生期间承担的学生工作看作是一笔宝贵的财富。学长于 2009—2010 年担任医学院研团总支书记，在此期间他立足学院研究生实际，创新工作思路，积极开展师生交流、校友访谈等特色活动，为研究生学术与职业发展营造氛围。他认为，担任辅导员等学生骨干，要处理好学生工作与科研工作的关系。首先，学生工作并不会影响科研工作，反而对科研工作会有一定的助力。比如，科研工作常常需要多个单位来协作，当时学长需要开展同位素的实验，希望到中科院的研究所交流，而在做学生工作时锻炼了自身的组织协调能力，为科研工作提供有利条件。其次，学生工作是一块非常好的职业发展实验田，能够提供很好的实践机会。学长表示，"只有你经历过，你才会真正明白你所想从事的职业跟你自己的特长是否一致"。学长认为，担任学院研团总支书记的经历，让他有机会接触到兄弟院系的研究生骨干，大家一起交流实践，使他的职业规划更加清晰。

追随本心服务人民

郭俊伟学长在职业选择时也曾有过迷茫，当时他参加了很多面试选拔，最终促使他走上基层公共服务道路的有三个关键人物。第一个是时任清华大学就业指导中心主任熊义志老师，他堪称郭学长走向基层工作的引路人。熊老师教导郭俊伟学长，既不要因为求职和职业发展中可能遇到的挫折而心灰意冷，也不要有"牛人综合症"，而要戒骄戒躁，脚踏实地开展工作。在熊老师的教导下，"到祖国需要的地方去""入主流，上大舞台，干大事业"等系列号召成为郭俊伟学长选择基层的初心；第二个是时任湖北宜昌市委组织部副部长李柏红同志，他的朴实让郭俊伟学长感到很踏实，坚定了学长前往宜昌的信心；第三个是时任医学院党委研工组副组长腾轶超老师，在日常工作中他对郭俊伟学长帮助良多，并第一时间将湖北省定向选调生的招聘信息传达给郭俊伟学长，鼓励郭俊伟学长发挥优势、投身基层。

在谈到职业规划时，郭俊伟学长将其总结为两个问题：选择这条路到底对不对？将来会有很多遇到困难的时候，应该怎么办？学长的建议是要"叩问初心"。关于选择去基层公共部门就业，学长表示，他的初心是成为一个"利他"的人，发挥才能为人民服务，因此不会受到一些细节或者现实问题的羁绊，"只要把出发点认准了，心就会非常的笃定！"

事上练、有定力、讲专业

回顾自己十年来的工作经历，郭俊伟学长将职业发展的感悟概括为三个词："事上练""有定力"和"讲专业"。

"事上练"即在事里见过，干过，并总结过。"见过"就是用尽可能短的时间把自己所从事的工作"看"明白。见过后就要立足于"干"，学长讲到县里的工作就是抓落实和解决问题。比如，学生安全事关千家万户，但现实中很多安全隐患存在多年，涉及多方利益，极难彻底消除，但它们的存在犹如一个个"地雷"不知什么时间会炸。面对"硬骨头"学长没有逃避，逐个攻坚，几年下来，终于使存在了十余年、家长反应强烈的校门口加油站关停；多次召开现场谈心会化解校内杂居居民上访，实现了家校的物理隔离；运用法律诉讼及多方协调拆除了阻碍消防车进出的违章建筑。一个个难题的解决得到了家长们的点赞。在学长看来，"干事"最难的是"刀刃对内"，在一次安全暗访中学长发现某小学工地未封闭施工，存在较大安全隐患，并对此开出了当阳教育史上最严的"罚单"——五名责任人两人被免职三人被诫勉谈话。回家后，学长和爱人谈及此事，爱人埋怨他责罚过重，而学长坚持自己的原则，他认为作为一名教育工作者应有"幼吾幼，以及人之幼"的情怀，谁不把孩子放在心上，他就不会把谁放在心上。疫情期间学长作为当阳市副市长分管卫生工作，他去遍了当阳所有的隔离点，并进入隔离区内详细了解情况，因为他深知，他的身影到了哪里，他身后的局长、院长们才会到哪里，此刻他就是一面旗帜。对他来说还有一件难忘的事：新冠疫情防控"武汉保卫战"期间，他的硕士导师陈薇院士带领团队在武汉奋战，博士导师常智杰老师在清华的实验室带领团队进行科研攻关，他在县里履行职责，师徒三人为了人民生命健康各自奋斗在一线，体现了清华人的集体担当。这是郭俊伟学长在"见过"后时刻不忘服务人民的真实写照。最后就是总结经验，要达到融会贯通的境界，将经历的感悟变成自己做事原则与工作思路。

关于"有定力"，学长认为工作就像做科研，都希望能取得成绩、早日进步，但这个愿望是没有止境的。因此在面对利益诱惑特别是经济诱惑时，我们更要有定力。要做到有定力，学长认为要牢记三点：一是不忘初心，牢记为人民服务的使命，判断事情是否合理的出发点是人民，为人民谋幸福，奉献自己，不顾小我；二是历史观，不仅要将个人成长放在整个职业生涯中来考虑，更要放在国家发展的历史进程中来考虑，明确个人应承担的历史责任；三是做事有韧劲，选择了一件事，再困难也要把它做成功。

"讲专业"是指运用科研思维，做任何事情都要抓住它的规律。学长说，"在某个岗位工作几年，回过头来总结的时候，大家发现这个同志做事风格确确实实是跟清华人的身份是相匹配的，那这就是我们的专业价值。"学长强调，一定要牢牢记住我们的特长，即我们受过严谨的专业训练，这样才能在职场上行稳致远。

以灯传灯，心灯长明

——访复旦大学法学院副教授葛江虬

文/法学院　黄诗涵　王楷晨

葛江虬，男，2006年进入清华大学法学院学习，就读期间担任法学院学术助理。先后获得法学学士、法学硕士学位，后赴荷兰马斯特里赫特大学获得法学博士学位。曾获江平民商法奖学金、北京市优秀毕业生、清华大学优秀毕业生等奖励与荣誉。现任教于复旦大学法学院。

悠悠岁月，学术伴成长

谈起任职学术助理的契机，葛江虬陷入了回忆，向我们婉婉道来当年学生法学会的情况。在那时，法学院的学生组织是"三驾马车"，即法学会、院团委和院学生会。在这三个组织之中，法学会的学生自治属性最为显著——相较于学术服务的职能，法学会更强调会员自身的成长。

正是出于这样的组织宗旨，法学会采取会员招募制来吸收新鲜血液，每年由学长学姐招募有志于从事学术工作、抱有学术理想的同学加入法学会。会员的构成相对稳定：一旦进入法学会，就会长期保有会员身份。因此，多数法学会会员会在法学会中一直待到毕业。在这样的宗旨和机制下，法学会对学术人才具有一定号召力。葛江虬谈道，在法学会会员中，攻读博士学位乃至后续从事学术研究工作的同学不在少数，如我院的屠凯老师、北京大学的左亦鲁老师等，都曾是法学会的骨干会员。

对于葛江虬来说，法学会的岁月也贯穿了他在清华园的整个求学生涯，足足从大一持续到研二。在长达六年的朝夕相处中，他与法学会的同学们结下了深厚的同窗情谊，并于 2010 年成为了法学会会长。由于当时的惯例是由法学会的会长任职学术助理，时任法学会会长的葛江虬还担任了为期一年的学术助理。

周详服务，润物细无声

在葛江虬担任学术助理期间，法学会组织开展了每年例行的"萌芽新绿营""SRT 挑战杯""燕树棠征文比赛"等活动。时隔多年，葛江虬仍对这些学术活动印象犹新。比如，他介绍道，作为学生学术培育机制的"萌芽新绿营"旨在为有科研意愿的同学提供机会，由学院拨付专门的经费，支持讲座、研讨、评比等各类学术培育活动，在同学们还未真正踏上科研道路、存在诸多困惑时，保护同学们的学术热情、引导同学们的学术旨趣、锻炼同学们的学术能力。每年都有不少参加"萌芽新绿营"的同学参与后续的"挑战杯"比赛，并获得校级及以上的荣誉。

葛江虬任职学术助理的 2011 年还是特殊的一年，那年正值清华大学百年校庆。在学院支持和会员帮助下，法学会举办了多场重要讲座，接待了多位知名校友及其后辈来访。例如，我校知名校友向哲浚先生之子、上海交通大学数学系教授向隆万先生来到了清华，为同学们带来了题为"东京审判——中国检察官向哲浚"的讲座。此外，葛江虬印象最深的专题活动还有"百年清华·法学讲坛"。该系列讲座当时举办了三期，邀请了王利明、苏力和冯象三位极具魅力的学者与同学们分享他们最新的研究成果。

当被问到任职学术助理期间的困难时，葛江虬笑言，学院对学生学术活动的支持力度一直都很大，如今已想不起什么特别困难之处。若实在要讲，可能在举办读书会时的取舍曾引起过他的困惑。读书会是法学会的王牌活动，面向全院同学开放。如今已在我国学界崭露头角的唐啸老师、曾文科老师都曾担任过各类读书会的带读人。然而，同学们可能会抱着不同的期待参与读书会活动：有些同学希望读书会对自己的成绩能够有切实的帮助，有些同学则更为理想主义，希望找到真正志同道合的人一起读些感兴趣的书。最后，作为组织者和支持方的法学会采取的做法是同时提供两类读书会供同学们选择——既有更加贴近课堂教学的案例研讨、知识答疑型读书会，以帮助大家能够更好地掌握法律知识，以及条文的实践运用；也有更加符合同学们个性化阅读需求的课外拓展型、经典精读型读书会，以满足大家更多元的阅读兴趣，以及构建更深刻的法律思考。

这也让葛江虬想起了他在任职学术助理期间关于法学会自身定位的困惑——法学会的定位是专注于学术的学生自治组织，但在实践中承担了大量有关学术服务的事务性工作。学术服务与学术本身息息相关，对学生学术水平大有裨益。在提供学术服务的过程当中，同学们可以提升学术品格、训练学术鉴赏能力、锻炼学术组织能力。然而，这毕竟与部分会员对法学会的预期及入会的初衷是不符合的，也可能会影响到会员们的身份认同。

己所欲，必施于人

葛江虬谈道，他小时候曾想从事律师行业，但来到清华大学法学院，一开始便在民法、刑法的必修课上受到崔建远、张明楷等老师学术精神和人格魅力的感召，种下了学术研究的种子。后来在组织开展学术活动的过程中，他坚定了走学术道路的想法，自此决心将学术研究作为自己一生的事业。

学生法学会的经历对葛江虬在学术道路上的成长与发展大有裨益。一方面，更多参与学术服务，就会更多接触到与学术相关的资源——不仅包括老师的帮助与指点，还包括同窗们切磋琢磨中的共扶互助；另一方面，在学术服务的过程中，他需要从学生的视角思考有志于从事学术工作的同学需要哪些培养和反馈，这让他对学术组织和学术服务有了更深的理解。

在当时一年一度召开的党建研讨会上，葛江虬结合自己的学术服务实践，认真撰写了一篇关于学生学术的报告。这份报告对本科生学术能力的不足、"学术精英"的边缘化、学术参与的"激励缺乏"等现象做了描述与反思，并经仔细思考、斟酌给出了一些对策，以求进一步浓厚学院的学术氛围。葛江虬笑言，如今看来，这实在是一份稚拙的意见。但不可否认，这种放眼于学院建设层面的思考让他对学生学术有了更系统和深入的思考。

博士毕业后，葛江虬进入复旦大学法学院从事教学科研工作。走上讲台，身份转变，昔日的学生变为了老师，但他常怀一颗同理之心，让往日的思考至今仍不断启迪着自己。每当看到有学术禀赋、想从事学术工作的同学，葛江虬就会想起当年尚且稚嫩的自己，想起当年法学会志趣相投的同窗们，从而提醒自己，要设身处地地换位思考，要尽己所能为同学们提供帮助。

放眼未来，清华人担当使命

对于法学院在校同学而言，葛江虬建议，应兼顾共性的学习与个性的发展。所谓"共性"，即作为法律人，应当学好"看家本领"，牢牢掌握好专业知识，解释论尤是其中的重中之重。身处清华园，应利用好如此丰富的教学与科研资源，虚心向老师们求教、与同学们讨论，打下扎实的法学基础，构筑深厚的法学功底。这需要同学们踏踏实实地修习各门课程，认认真真地撰写毕业论文，保质足量地完成老师们苦心孤诣设置的培养方案。所谓"个性"，即同学们在完成课业的同时还需为自己的未来做一些针对性的设计，并将准备工作落实到具体行动中。比如，若未来有志于学术工作，可能到了本科高年级就应当考虑习作的打磨、投稿、发表，以及二外的学习，抑或掌握跨学科的研究方法。

习近平总书记曾指出，每一代人有每一代人的长征路，每一代人都要走好自己的长征路。随着时代的变迁，如今同学们面临的社会环境和当年有所不同。葛江虬认为，有所变有所不变，不论环境如何变化，清华的同学始终要有一定的使命感、责任感，坚持我校"又红又专"传统，在追求自己专业技能进步、个人理想与价值实现的同时，兼具家国情怀与国际视野，为人民的福祉、祖国的繁荣昌盛与世界的和平稳定做出自己的贡献。

以梦为帆　踔厉奋发启芯航

——访思微传感科技公司创始人、CTO 赵虎

文 / 集成电路学院　李翔宇　谢雨哲　徐　铮　俞杰勋

赵虎，男，2009 年进入清华大学微电子与纳电子学系学习，2010—2011 年担任校研究生德育工作助理、微电子与纳电子学系研究生团总支书记、研究生会副主席。现任西安思微传感科技有限公司创始人、CTO。

从 1953 年起，五千余名优秀清华人在辅导员的岗位上辛勤耕耘，他们一肩挑业务，科研突出，为学生树立了良好的榜样；一肩挑政治，工作过硬，为思想教育做出了卓越的贡献。"双肩挑"政治辅导员制度既是一项结合学校实际进行教育创新的成功探索，又是一种因材施教的拔尖创新人才培养模式，在辅导员队伍中涌现出了一大批治国英才、学术大师和兴业之士。他们追忆起当年在清华读书期间担任政治辅导员的经历，无一不表示正是那段经历使他们受到了全面的锻炼，为今后的人生道路奠定了坚实的基础。

忆往昔，毕业多年的赵虎深深怀念着在清华做辅导员的那些岁月。辅导员的经历是他求学生涯里浓墨重彩的一笔，给他带去了弥久而深远的影响。辅导员身份为赵虎打下的点滴印记，深深浅浅地嵌在他的人生旅程之中，在无形的岁月里静默地伴他成长。

清华园中双肩挑

在赵虎看来，"双肩挑"的具体内涵与清华"又红又专"的特点是紧密相关的，一个肩膀挑业务学习，一个肩膀挑思想政治工作，这一辅导员培养制度历史悠久、独具特色，让学生在科研业务和学生工作的平衡过程中获得了

全面成长，也充分地调动和激发了学生群体的集体力量及集体智慧。

对于辅导员自身而言，社工和科研的平衡是一个很大的挑战。对此，赵虎建议可以充分利用自己的休息时间来从事社会工作。他认为社工是一种很好的放松方式，只要采用科学合理的时间管理方法，就可以有效提高碎片化时间的利用效率，进而实现科研、社工两促进的目标。同时，赵虎也提及，导师的理解和支持对于辅导员工作的开展具有非常重要的意义。如果导师不是特别支持的话，则需要向老师及时汇报、充分沟通以得到导师的理解和支持。作为一名合格的研究生，应当和导师保持良好的师生关系和畅通的沟通渠道，不能因为不确定性就驻足不前、放弃沟通，也不应在导师不知情的情况下大量地开展学生工作。

赵虎除了担任辅导员外，还担任过微电子与纳电子学系研团总支书记、研会副主席，以及校研会内联部部长。在他看来从事辅导员和其他各类学生工作对个人的成长是十分有益的，因为这些工作通常需要站在另一个角度来思考问题，有助于提前学会很多在未来参加工作之后才具备的技能。比如，这些工作可以锻炼自身发言的水平、积累大量筹办活动的经验、了解组织运行的原理等。通过这些能力的锻炼和经验的积累，在毕业时更容易获得用人单位的青睐，同时更快地融入职场。

赵虎在毕业后，选择加入了西安的中航工业西安飞行自动控制研究所（618所）。工作伊始，赵虎就积极践行了清华的双肩挑理念，在从事研究设计工作之外，还担任了研究组中生活委员的角色。他在生活中为同事们积极服务，包括组织大家过集体生日，在三八妇女节为女同志们送一朵花，给小朋友们过六一儿童节，等等。在这种为大家热情服务的过程中，赵虎更快地得到了同事们和领导们的认可，并在加入618所的第二年成功竞聘上了主任助理。赵虎在之后的时间里仍然选择同时承担技术研发和单位管理工作，并在持续践行清华双肩挑理念的过程中迅速成长，最终顺利推动了西安思微传感科技有限公司的创立，事业发展走上了更高的平台。

在谈及辅导员如何化解工作中的挑战并拉近和学生的距离时，赵虎给出了四点建议。第一，要锻炼自己的气场和当众讲话的能力。第二，要重视讲话的逻辑，在任何当众讲话之前，一定要充分梳理自己的讲话重点，把计划阐释的内容表达清楚。第三，要培养自信的气质，发言铿锵有力、不卑不亢。

第四，要了解同学们的实际诉求，并针对性地为同学们服务。比如，高年级支部的工作一般而言开展难度较大，这并不是因为同学们积极性不足，而是因为活动的组织者没有准确把握他们的需求。考虑到高年级同学更关心就业问题，那么就需要针对性地组织相关活动。比如，邀请优秀学长返校交流，依托研团平台提供实习机会，广泛联络优质企业参观学习等。只有想同学之所想、急同学之所急，我们的工作才会被广泛支持和理解。

立大志、入主流

青年的命运，从来都同时代紧密相连。在祖国蓬勃发展的无数个关键节点，无数的清华人以梦想为帆，在"立大志、入主流、上大舞台、干大事业"的激励下，努力将个人理想融入党和国家的事业之中。

赵虎谈到在他刚入职的时候，面临着一个重大的职业选择：是选择618所最具优势也是技术最成熟的加速器和陀螺课题组，还是选择新开辟的研究型课题组。对于加速器和陀螺方向来说，前期的研发工作都已经基本完成了，彼时更多是做一些补充性的工作，没有太多开创性方向可以突破；但是如果选择新方向，又具有极大的失败风险，很有可能几年过去仍没有实质性的成果产出。

在这个关键节点上，赵虎选择用数据和市场帮助决策。在经过翔实的调研之后，他发现压力传感器不论是在发展前景还是市场体量上都比目前现有的加速器和陀螺更具优势，结合618所内部领导的建议与国家当下的宏观需求，他便毫不犹豫地选择了压力传感器方向，并成为了这个新方向的负责人。

在之后的工作过程中，赵虎不断使用着一个重要法宝来鞭策自己快速进步——强烈的目标感。很多人在加入研究所的时候，基本上只局限于研究课题组所布置的研究任务，并不会过多地去思考未来的技术路线和战略规划。但是赵虎在一开始从事压力传感器研究的时候，就始终具有一个强烈的目标感，他并不只是想着把传感器做出来，而是不断思考需要达到什么样的指标和精度，未来市场的体量是否足够大，在研究过程中是否还需要和其他企业及研究所合作等一系列的细节问题。赵虎在产品还未成型时，就经常针对性地与相关企业交流并广泛参加各类相关展会，从而发现高精度高温传感器是目前国内的技术短板，并以此为目标先瞻性地展开了一系列科学研究，解决了高精度高温传感器芯片严重依赖进口的卡脖子难题。

最后，赵虎借用他毕业时系主任魏少军老师"顺势而为，勇攀高峰"的寄语与我们共勉。赵虎谈到目前国家的大势是要实现技术领域足够的自主性及可控性，未来集成电路行业的发展趋势也是如此，我们新一代集成电路学子应当从此为切入点，将个人发展与国家重大战略需求相结合，在实现自我价值的同时为国家和社会做出贡献。

使命担当，铸魂育人

——访清华大学马克思主义学院院长、教授朱安东

文／马克思主义学院　章　珺　孙洁民

朱安东，男，1990年进入清华大学土木系学习，2010年起担任辅导员。朱安东1990—1995年取得清华大学工学学士学位，1995—1998年取得清华大学法学硕士学位，1999—2005年取得美国马萨诸塞州立大学经济学博士学位并于2005年回国工作，2010年担任马克思主义学院分管学生工作的党委副书记，现为清华大学马克思主义学院院长、中共党史党建研究院院长。

一朵云推动另一朵云

清华的辅导员制度建立于1953年，至今已经走过70年的时光。与其他学校不同，其他学校一般会聘用已经毕业的学生作为专职辅导员，但是清华一般是让高年级的本科生或者研究生来担任辅导员的角色。因此，清华大学形成了独具特色的"双肩挑"政治辅导员制度，即"一个肩膀挑业务学习，一个肩膀挑思想政治工作"，实现"双肩挑，两促进"，是中国高等教育制度的一个创举，在全国高校辅导员制度建立和发展的过程中发挥了龙头性的带动作用，时至今日仍然在各个方面对加强全国高校辅导员工作有着巨大的启发意义。

朱安东认为这对清华辅导员提出了更高的要求。在日常生活中，辅导员们不但要做好自己的学习、科研工作，而且比不担任辅导员的同学做得还要更好，同时还要承担好辅导员相关工作与职责。他认为，被管理的学生们可以从辅导员身上学到很多。比如，辅导员的素质很高、能力很强、知识面很

广，成为了学生各方面学习的榜样。辅导员队伍为学校的师生工作做出了很多的贡献，承担了许多繁重的学生管理任务。辅导员工作对学生成长有帮助，对辅导员自己也是一种很快的成长，育人也是育己。在这批辅导员队伍中，在各个领域成长出了一批又一批，为国家发展做出突出贡献的人才。

在朱安东的眼中，新生刚进入大学校园时是懵懂的，是迷茫的。而辅导员正是在这个过程中，引导了新生适应大学生活，顺利完成转型，将人文关怀在日常沟通与交流中润物细无声地传递给新生，并把思政工作贯穿到学生的整个大学生涯。朱安东给我们分享了他本科所在班级的一位让他记忆犹新的辅导员，他的辅导员很好地兼顾了学业与辅导员的职责使命，身上的能力与素质让他受益匪浅。朱安东说："辅导员其实在很大程度上是我们要去学习的榜样。"也正是这位辅导员给当时的他心中埋下了一粒种子。

教育的本质意味着，一棵树摇动另一棵树，一朵云推动另一朵云，一个灵魂唤醒另一个灵魂。

扶上马，送一程，关心一生

朱安东分享了他在担任分管学生工作的党委副书记期间的一些感受，他认为这份经历对他而言既带来了挑战，也带来了巨大的收获。

朱安东说道，要把"扶上马，送一程，关心一生"的工作理念落实到人才培养的各个环节，即使同学们已经毕业了，也依然要继续关注毕业生。他回忆当年，有两位刚去偏远地区工作半年的毕业生，春节返校的时候交流了一线的实际情况。他们刚开始去的时候满腔热情，但是中间也有着很长的适应期，产生了一些困惑，甚至会让他们对自己当初的选择产生了一定程度的怀疑。在这种情况下，作为辅导员和老师的朱安东对这两位同学及时地进行了引导，鼓励他们在现在的工作岗位上再坚持两三年，不要半途而废，如果实在坚持不下去，学院和学校也会帮助他们的。正是在朱安东的引导下，两位同学坚持了下来。

朱安东分享了另一位毕业生的故事。这是一位毕业后去了甘肃武威，挂职藏族自治乡副书记的马克思主义学院 2010 级硕士生李丁。他回来讲到如何开展工作，和老百姓沟通并帮老百姓解决问题，慢慢和老百姓建立了很深的感情，甚至当他遇到困难时，老百姓会主动站出来帮他解决问题。有一次天降暴雪，李丁急忙开车去村子里提醒老百姓暴雪到来并且去检查牲畜是否安顿好，在离开的时候，车子却陷入泥坑，当时车上只有李丁和司机两个人，情况十分危急。在这样的极端条件下，他们被路过的村民发现，于是十几位村民不顾暴雪严寒，不顾冰雪冷冻，齐心协力用手把车拽出了泥潭，村民的衣服上全都沾满了泥点，但是没有一点怨言。每当说起这些故事时，李丁的眼泪都快下来了，他被村民们的质朴深深感动了。在这个过程中，朱安东看到学生的不断进步，看到已经走出校园的毕业生在茁壮成长，作为辅导员的他非常欣慰。朱安东在说到这里的时候，他的声音里有着满满的感动，他所影响的学生能在一线爱岗敬业并得到老百姓的认可，对于辅导员来说就是最欣慰的事情。

笔者在沟通过程中，想起了曾经参加的一次校友活动中，听到一位毕业生刘国平分享过他与朱安东关于一碗麻辣烫的小故事。刘国平作为学生，在毕业前夕万万没有想到朱安东会请他吃一碗麻辣烫，并跟他就未来要踏入工作岗位的相关事宜进行了深入交流。这对于即将走向工作岗位的刘国平产生了很大的影响，这场谈话的内容一直被他反复回忆与学习。一碗麻辣烫，一堂润物细无声的思政课走进了刘国平的内心。朱安东说："人都会学习他人，作为辅导员对学生的影响是很大的。"所以，他一直陪伴着学生们的学习和生活，希望对他们产生积极的影响。

作为中生代辅导员代表，朱安东对正在辅导员岗位上工作的学弟学妹们提出了三点建议。首先，要热爱你所在的岗位，要深刻认识到从事的这份辅导员的工作的对学生、对自己的重大意义。其次，要用心用情投入到这项工作中，辅导员的工作有时候很琐碎，很具有挑战性，我们要能克服琐碎的工作带来的困难与挑战。最后，要平衡好学业、科研与辅导员的工作，这两类工作的特点是很不一样的。搞科研要静下来，做辅导员工作要动起来，处理好一动一静是每位辅导员都要掌握的素质。学会在不同特点的工作中迅速切换，是每位辅导员都会遇到的挑战，一定要学会这一点，将来真正走向工作岗位面临多线程工作时才能做得更好。

追寻心动的方向

——访腾讯研究院资深专家袁晓辉

文 / 建筑学院　王笑涵　张慧楠

　　袁晓辉，女，2009 年进入清华大学建筑学院城市规划系学习，在校期间担任辅导员。2015 年毕业后，先后在清华大学经济管理学院开展博士后工作，担任中国城科会城市大数据专委会委员，曾创办量城科技任 CEO。袁晓辉的主要研究方向为产业创新发展、智慧城市发展、大数据支持的决策研究等。曾发表学术论文 40 余篇，出版 4 本学术著作，任 IRSPSD《空间规划和可持续发展国际评论》，Small Business Economics《小型企业经济学》，PLOS ONE《公共科学图书馆·综合》，Journal of Planning Literature《规划文献期刊》等学术期刊的审稿人，先后参与全国主要城市的产业创新、智慧城市和大数据相关研究课题和多个城市数据平台的开发工作。现任腾讯研究院资深专家。

　　在当今快速发展的社会，每个人都在寻找自己的道路和目标。作为一名"双肩挑"辅导员，袁晓辉的职业发展道路充满了探索和挑战。她不仅在学术领域取得了卓越的成就，还把自己的热情投入到了各类学生工作和实践活动。通过这些锻炼，她不断提升自己的领导能力和管理能力，为自己的职业发展不断探索新的可能性，在多元经历中实现了职业发展和个人成长的突破。

"双肩挑"辅导员的多元经历

　　作为一名清华大学的"双肩挑"辅导员，袁晓辉在日常学习和研究的同时，也在参与学生工作，开展各类实践，包括组织学生活动、参与规划项目、写博客写公众号，甚至还有在街头唱歌、开咖啡厅等丰富的经历。这些看似并不直接相关的经历，为她提供了丰富的人生体验，也帮助她在职业生涯中获得了更多的机会和可能性。

对于袁晓辉而言，辅导员不仅是一份学生工作，更是一份责任和担当。在担任辅导员伊始，袁晓辉也曾迷茫——怎样才能更好地服务同学，为大家做些力所能及的事情。有一年元旦前后，她发现很多同学待在学校过元旦，于是她想，是否可以让大家在学校更好的感受到节庆氛围呢？她灵机一动冒出了举办学院元旦晚会的想法。学院已经有好多年没有举办过类似活动了，可借鉴的经验比较少，但说干就干，她迅速开始和研团研会的小伙伴们一起安排流程、组织节目和布置场地。而对于元旦晚会来说，让更多同学参与进来才是最重要的。在刚开始组织的时候，大家都很腼腆，不好意思报节目，袁晓辉就积极联系各班的班长、团支书和同学，动员大家一起参与、一起放松地度过一个元旦。虽说并不是所有同学都有响应，但还是有不少班级的班长和团支书非常给力，精心准备了节目。国际生班的加入更点燃了大家的热情，最终元旦晚会节目精彩纷呈，舞蹈、唱歌、武术表演、乐器演奏，来自日本、韩国、荷兰等国家的国际生也都纷纷亮相，各国文化碰撞出了热烈的火花，取得了非常好的效果，极大地增强了大家的集体归属感，成为大家共同的美好回忆。在辅导员的日常工作中，袁晓辉也践行着"双肩挑"的精神，一方面全力以赴帮助不同年龄段的学生解决各种问题，另一方面充分提高工作效率，积极协调科研主线和社工任务的关系。这段辅导员经历帮助她提升了自身的团队合作和组织协调能力，也让她在这个过程中遇到了许多在未来能够携手同行的伙伴。

开拓创新是一种人生态度，而探险试错是一种路径。袁晓辉认为，稳定的生活可以提供一定的安全感，但同时也会失去冒险所带来的风险溢价，创新创业的目标不仅仅是为了获得收益，更重要的是让自己的生命力得到释放。因此，她从学生时代就不断开拓人生的边界、尝试新事物，从中获得经验教训并不断前行。

面对人生的无限可能性，她说，"不要给自己设限"。袁晓辉的博士论文围绕创新创业与城市发展的关系展开，为了了解创新创业人群的需求，她主动报名参加了清华—伯克利技术创业专项课程的选拔，完成了6个学分的课程学习，了解了创业到底是怎样的流程；她也曾在一个契机下在学校经营了新林院 8 号的咖啡厅，让她有了虽然很累但每天都像"打了鸡血"一样的体验；她还曾和同学们一起开办"果说"公众号，邀请嘉宾录制 100 余期播客节目，分享生活感悟、读书笔记、行动总结和各领域杰出人士的成长心得。她说这些经历既在输出，也在倒逼输入，为她的博士论文的成型提供了不少灵感。

她认为，寻找自己的兴趣点和初心很重要，这样才能保持生命的热情和动力。在她的经历中，她很感激自己当时参加了清华—伯克利技术创业专项课程，这个项目在她的心中种下了一粒创业的种子，她不仅学到了很多关于科技创新和创业的知识，更重要的是让她意识到了创业并不是遥不可及的一件事，她所欣赏的那些企业家也都是从最初的一个想法开始一点点努力，最后成就了一番事业。当毕业要做选择时，她选择了追随自己心动的方向，放弃了稳定的教职机会，走上了创业的道路。

职业发展的选择

2017 年，袁晓辉毕业后创立了 QuantUrban 量城科技，致力于为个体和小团队提供基于城市数据的工具和服务，以支持城市和企业的发展，如开发支撑团队协作的地图数据工具"地图喵"、开发辅助居民买房决策的数据应用小区罗盘、开展支撑各地区规划的数据和产业专题研究等。在创业过程中，她也面临了很多挑战。比如，如何理解客户的真实需求，如何在有限的资源下发挥小团队的更大价值，如何找到产品和市场的适配关系（PMF），等等。面对这些问题，她都在跟团队的伙伴一起在实践中学习和成长。他们的团队获得了"国家高新技术企业"称号，拥有数十个软件著作权，服务过多家上市公司和国际企业，获得多个国家级奖项，被路透社和新华社报道，也作为行业案例曾入选清华大学课程体系。

袁晓辉的创业方向始终围绕着"人"最根本的需求进行出发。比如，为了更好地服务买房者，他们团队根据买房者对于小区内部及周边环境信息的需求，开发了"小区罗盘"小程序，对城市中居住小区的各类数据进行搜集并对建立评估框架进行分析，最后将冷冰冰的数据转换为居民可以感知的儿童友好性、医疗便利性、宠物友好性等评价维度，为城市中的买房者和租房者提供了更加方便和快捷的信息参考，该作品获得深圳市开放数据比赛数据创意赛的冠军。袁晓辉说，这个项目虽然创意很好，也解决了一定的问题，但在项目设计初始，他们并没有从一个可持续的商业模式角度进行论证，导致"叫好不叫座"，前前后后得了很多奖项，也得到了不少城市政府和居民的关注。但最终还是因为该项目没有找到合适的商业模式，导致最终没有存活下来，不得不说是一个遗憾。

袁晓辉也从中吸取了经验教训。创业有很多核心的命题，在刚开始创业的时候都没有意识到会是问题，如现金流的管理、商业模式的设计、合伙人的合作等。这些问题在大环境好的时候可以被发展所掩盖，一旦遇到经济形势下行，就会产生重大影响。近几年，在房地产市场下行和新冠疫情的冲击下，她的团队面临项目做了却收不回款、在找到 PMF 之前团队扩张太快导致现金流出现问题、合伙人意见不一致等冲击。创业陷入僵局的那几个月，袁晓辉经历了人生最灰暗的一段时间，是继续贴钱养活公司还是裁员瘦身再做打算，这是个艰难的选择。眼看着自己费尽心血凝聚的团队面临解散，她极为不舍和自责。那段时间她迅速消瘦，还出现了白头发。她怀疑自己，是不是自己的错误决策才导致今天的困境，她是否还应该继续坚持下去。这种精神的内耗困扰着她，为了走出来，她用正念冥想来自我疗愈，坚持每天记录日记，跟自己对话，让自己更理性地做选择。

在综合考虑了公司的情况、市场的趋势和自己的偏好，仔细权衡利弊之后，她最终选择了停下，然后开始积极地帮团队伙伴推荐工作机会。当所有团队成员都找到了新的位置，有了新的归宿后，她终于安心了一些。她说，创业经验固然重要，但她更珍惜曾经一起战斗的兄弟姐妹，是他们的信任让创业这段旅程充满了美好的回忆。时至今日，他们还经常聚会见面，分享在人生新的阶段的体验和感悟。

与时代同行

在这段创业之旅告一段落之后，袁晓辉决定去互联网大厂看看，看看这些企业的管理和运行，她以资深专家的身份加入了腾讯研究院，继续从事产业创新、未来城市和数据支持决策的研究工作。现在回头看，之前创业的选择是错的吗？创业的经历是无用的吗？答案是否定的。正是因为创业期间，对商业和市场有了更深的理解，她得以在腾讯研究院的新平台上发挥创造力。无论是对数字化转型指数的研究，还是对支撑中小企业数字化转型的线上产业集群模式的总结，还是内部数据平台的搭建，她都用到了之前积累的经验，并迅速取得了良好的成效。

在这场充满挑战的职业发展旅程中，到底什么给予了她勇气，给予了她足够的精神力量？袁晓辉认为，事业的成功不是用赚了多少钱来衡量，而是要从为他人创造了多少价值的角度来衡量，争取能实现个人价值、商业价值和社会价值的平衡。学生时代"双肩挑"辅导员的锻炼为职业发展的探索打下了坚实基础，让她有勇气、有能力在这场充满挑战的职业发展旅程中不断前行。

而且，袁晓辉将"双肩挑"精神延续到了自己的生活中。她在学业生涯中做到了学业和社工的双肩挑，而在职业发展的旅途中，也做到了事业和家庭的双肩挑。为了在事业的旅途中也当好妈妈的角色，不缺席孩子的成长，她常常带着小孩去出差，在小孩一岁之前曾带他去过十几个城市。出差途中的艰辛疲惫，在听到孩子咯咯的笑声时化为乌有，她认为这也是一种别样的幸福。

袁晓辉在博士毕业时，选择了追随内心，选择了风险更大的创业；在创业受阻时，又能勇敢面对，重新开启新的方向。在这个充满不确定的社会中，抛开世俗的衡量，去选择自己心中热爱与追求是一件勇敢且浪漫的事情。

善思　善为　善成

——访四川青神县委书记刘今朝

文 / 新闻学院　赵　佳　能动系　廖思胤　杜秉霖

　　刘今朝，男，2003 年进入清华大学热能工程系学习，2007 年起担任辅导员，就读期间曾担任热能系学生会主席，校学生会常务副主席等职。2012 年博士毕业后留校工作，先后担任校团委组织部部长、学生职业发展指导中心副主任、校团委副书记等职。2016 年 2 月前往四川阿坝藏区工作，历任阿坝州发改委副主任，九寨沟县常务副县长、县委副书记，州委政研室主任等职；2019 年 12 月，交流到眉山市青神县工作。现任青神县委书记。

善学善思，榜样力量贯始终

　　当回忆起担任"双肩挑"辅导员的经历时，刘今朝反复提及的一个关键词便是"榜样"。在他看来，辅导员一定要对学生起到榜样示范作用，让自身成为学生学习成长过程中的一个标杆。学生们从辅导员身上看到"榜样"的存在、知晓"榜样"的标准，也就能够明晰自己将要向何处发展。"我读书的时候，最优秀的学生都以能当辅导员为荣，选不上的同学都是相当失落的！"刘今朝笑着说，"而由一批批优秀人才汇聚成的辅导员队伍，能够给学生带来的影响也一定是与众不同的。"

　　学习榜样、对标榜样、成为榜样，或许是许多辅导员的心路历程。从自己受辅导员的影响走上社工道路，到大二上学期便竞选成为系学生会主席，再到后来成为一名辅导员、走上工作岗位，刘今朝始终以"榜样"为追求，也以"榜样"的标准要求自己。

　　刚到基层工作一个多月时，他就接到一项重要任务：代表州发改委在州政府常务会上，向全体州政府领导和各州直部门的一把手做第一季度经济运行情况的分析报告。对当地情况还不是特别了解的他，压力巨大。那段时间，他每天白天向领导和同事们请教，晚上学习研究到深夜，从国际、国内的大背景到四川、阿坝的省情州情，从经济学原理到地方开展经济工作的术语和方法，刘今朝拿出了当年冲刺博士论文的劲头准备分析报告。最后，在州政府常务会议上，他的报告得到了与会人员的一致认可，一位州领导评价说"我是第一次在政府常务会上，用'赞赏'这个词来评价一个报告"。刘今朝对这次经历印象颇深，他说："既然做，就要做好，甚至要做到最好，这或许也是辅导员经历带给我的一种'习惯'吧。"

　　在访谈过程中，刘今朝不时回忆起自己的辅导员，也提及了许多自己担任辅导员时带过的学生，尽管已时隔数年，他仍能迅速准确地道出学生们的名字。这些学生中的绝大部分，在后来都加入了辅导员队伍，在校内外各类工作岗位上发光发热，从彼时的青涩后辈变为了如今大家眼中的优秀前辈。"一定程度上，辅导员和学生也是一种'从游'关系，辅导员自身做好榜样，才能在潜移默化中对学生形成积极影响，并吸引带动更多优秀人才加入到辅导员队伍之中。"

　　在发挥榜样力量的同时，辅导员"双肩挑"所带来的压力也切实存在。对此，刘今朝认为，勤于总结思考、形成适合自己的工作方法论应当是辅导员的重要品质和能力。"辅导员的全称是'政治辅导员'，首先是要把握好思想政治这一核心，而不是被事务性工作束缚住了手脚，把自己从'辅导员'变成了'管理员'。"刘今朝结合自身经历分享道。他在担任辅导员时，先后参与了迎接北京奥运会、新中国成立60周年等重大事件的志愿工作，克服了过程中的各种挑战和压力，并在出国交换一年的情况下，提前在直博五年级上学期完成了博士论文预答辩。"各位辅导员也要学会'换肩挑'，在不断地学习、总结与反思中找寻平衡点和侧重点，如此才能游刃有余地高质量完成各类事务。"

善谋善为，危急时刻显担当

2016 年，刘今朝离开清华前往四川基层工作。那时的他没有想到，在第二年，他便会面对 7.0 级强烈地震所带来抢险救灾工作的考验。

2017 年 8 月 8 日 21 时 19 分，地震发生，九寨沟县委书记与正担任九寨沟县常务副县长的刘今朝恰好处于震中。震后 10 分钟，他们便冒着满山飞石滚落的危险，赶到九寨沟景区的沟口广场，建立起九寨沟县抢险救灾指挥部。时值旅游旺季，震中聚集了大量游客，如何处置灾区人群成为紧迫的问题。

刘今朝回忆道，凌晨 1 点，指挥部决定暂时不让救援力量第一时间进县，先让出宝贵的道路资源用于疏散转移游客。"书记代表县委冒着巨大的风险提出要连夜转运游客，表示出了问题他负责，省、州都支持他的决定。书记是总指挥，我是常务副县长，负责综合协调，要做的就是以最科学、高效的方式抓落实。"当天晚上，刘今朝几乎每两分钟打一个电话，下达了几百条调度指令。打到最后，耳朵滚烫，听声音都有些朦胧。

震后 24 小时内，经过省、州、县三级联动，九寨沟县成功转运了 8.9 万游客和务工人员，没有发生一起车祸。地震造成 29 死 1 失联，但 500 多名伤员都在第一时间得到救治，无一人因伤致死致残。"省委用了'六个最短时间'总结工作成效，其中一个就是'最短时间大规模疏散转移游客和外来人员'，说'我们打了一场威武雄壮的抗震救灾攻坚战！'"由于在抗震救灾中表现优秀，刘今朝也被授予"四川省 8·8 九寨沟地震抗震救灾先进个人"称号。

"荣誉是一时的，这次特殊经历带给我更为宝贵的，是让我真正体会到什么是急难险重，什么是勇于担当。"回想起来，刘今朝自豪又感慨。震后 7 天，他一直奋战在震中一线指挥部，每天晚上在车后座睡三四个小时，凌晨 4 点左右又会准时被余震摇醒；震后 1 个月，刘今朝又负责起灾后重建工作，让 111 个以九寨沟县为主体实施的重建项目，从规划里的一行字落地变成实实在在的一条路、一栋楼、一片林、一张网，创新探索出重建工作的"九寨模式"……这些只是抢险救灾、灾后重建中的一部分片段，其中很多艰难险阻难以用文字形容。

事后曾有人问刘今朝："你从事党政工作时间很短，为什么能够扛得起抗震救灾这么高强度的任务？"这让他不禁想起了多年前，作为校团委辅导员参与组织国庆 60 周年群众游行毛泽东思想标语方阵的经历——八天七夜，176 个小时内，2500 多名清华师生从零开始，克服了集结疏散、后勤保障等困难，于 10 月 1 日当天圆满完成游行任务。作为国庆游行史上组建和训练时间最短的方阵，清华师生的表现被社会各界评价为"八天七夜"的奇迹。

"这项工作的紧迫性和强度之大，与抗震救灾非常接近。我想正是在学校一次次参与重大活动组织的经历，给了我面对急难险重任务时临危不乱、沉着冷静的心态和能力。"刘今朝感慨，"走出校园再回望，我才更清晰地意识到清华及辅导员经历带给我的烙印，也更加明确了身为一名清华人应当展现的勇毅与担当。"

善作善成，久久为功守初心

在校时，刘今朝曾参与创作排演话剧《马兰花开》，主题歌第一句就是"扎根苍茫大地，深爱热土家园"。

如今，《马兰花开》成为了清华人的"必刷剧"，这句歌词也成为了刘今朝经历的生动写照。

清华十三载，三十而赴川——离开校园、扎根基层的数年，刘今朝已经从一名清华学生、清华教师成功转变为了一位基层干部。在多年的工作历练中，有三句话令他感受尤为深刻。

一是"选择比能力重要，坚持比选择重要，过程比结果重要"。这是刘今朝在校工作时总结出的"金句"。在他看来，清华学生在做出职业去向等重大选择时所遵循的原则，就是清华思想政治教育最终成果的体现。这个原则也很简单：你的选择更多的是为自己过得更好，还是为大多数人过得更好？此外，选定了方向，就要在这个方向上做连续的积累，这并不是让大家"不撞南墙不回头"，而是学会坚持和沉淀，在领域深耕中追求卓越。但坚持到最后，并没有达到自己的期望怎么办？这就需要我们意识到过程的重要性，并非只有结果才是追求的目的，过程中的收获同样弥足珍贵。

二是"实事求是是最大的党性，为民造福是最大的政绩"。这也是刘今朝做党政工作的初心与坚守。"清华的'实干'精神与'行胜于言'的校风，与这一点是相贯通的。所关注的问题一定是我在这个地方干了什么，而不是我在这个地方当过什么。所谓'大事'未必多'大'，而是对国家和社会来说重要的事情——对我而言，老百姓的事就是我的'大事'。"刘今朝特别强调，在工作中要"谋事"而不是"谋官"，"清华强调'立大志、入主流、上大舞台、干大事业'，但我们从来不以岗位的大小来判断一个人的大小，不是说你到中央部门才叫大舞台，踏踏实实做好一个带着贫困村脱贫的村支书，这就是了不起的大事业！要立志做大事，不要立志做大官，这是清华人应有的自觉与追求"。

三是"站在巨人肩膀上，致广大而尽精微"。要想把事做成，这两点缺一不可。在刘今朝看来，"站在巨人的肩膀"是指关注前人在实践中总结出的经验和规律，要虚心地像海绵一样去吸收学习，而不是唯我独尊、觉得自己什么都懂。"致广大而尽精微"则是既要有宽广博大的境界，也要注重细小甚微之处。"我们常说，'清华人即使是扫地，也要扫得最干净。'一定要有一种精益求精、追求卓越的态度。"刘今朝说，"我可以比较自豪地说，如果大家共同汇报一件事，我一定是其中准备得最充分的，我对自己的要求就是每次都要讲得最好、汇报得最清楚。"

三点感受，从清华人应当选择怎样的人生，到从事党政工作应当秉持怎样的价值观，再到为人做事的精神态度，刘今朝在不断思考，也在不断实践。从校园到基层，他褪去了光环、脱离了温室，与群众水乳交融，密切了血肉联系，也更加明确了自己的初心和使命所在，那便是——为国家的基层治理体系和治理能力现代化贡献智慧和力量。

春风化雨育新人

　　新生代辅导员在新时代十年中发扬"又红又专，全面发展"的优良传统，潜心育人，实现成长成才，展现出"双肩挑"政治辅导员制度在新时代下的蓬勃生命力和新生代辅导员砥砺奋进的精神风貌。

奉献与成长之路

——访北汽集团高级主任工程师王岩

文 / 车辆学院　冯旭宁　秦德通　孔睿婧

　　王岩，男，2009 年进入清华大学汽车工程系（现车辆与运载学院）学习，2012 年起担任研工助理，在读期间曾任清华大学汽车系研团总支副书记、汽车系研究生党建助理、汽车系研工组副组长兼新生助理。曾荣获清华大学优秀研究生共产党员、北京市三好学生、北京市优秀毕业生等荣誉称号。毕业后进入北汽集团工作，现担任北京汽车研究总院智能网联中心高级主任工程师。

　　谈起自己选择成为辅导员的初衷和对个人的影响时，王岩回忆起了在校期间的难忘经历，感慨万分。王岩提到他从事辅导员工作距今已经十多个年头了，而选择成为辅导员的原因，对他而言是多方面的。

树高长荫　深植厚土

　　王岩于 2009 年 6 月经免试推荐到清华大学汽车工程系攻读博士学位，他回忆在本科毕业后不久便奔赴清华园，开始了在这座园子里的研究生生活。初入园子时，他参加了研究生暑期团校，而正是这段经历为他埋下了服务的种子。在团校期间，王岩深深感受到了清华大学学生工作优良传统的熏陶，"双肩挑""又红又专"的理念深深地触动了他的内心。至今他还记得当时的辅导员沈晓文和宋威经常在北门外的翅香园与大家分享"双肩挑"工作中的有趣故事。从言谈中，王岩感受到了前辈们在为同学们服务的过程中所体验到的幸福感，他希望自己成长为一名像师兄们一样"又红又专"的人。

　　如果说团校的经历给王岩种下了一颗服务的"种子"，那么研究生所在课题组的氛围则为他持续注入了"阳光"和"空气"。他的导师经常在组会上强调，教育不仅是传授知识，也包括塑造个人品格。导师鼓励和支持同学们在做好科研工作的同时积极参与社会工作，以全方位锻炼个人综合能力。在导师的育人理念引领下，同学们以不同的方式从事社会工作，更有特别优秀的师兄师姐在毕业后投身公共服务领域。正是在这种"阳光"和"空气"的影响下，王岩担任了院系德育助理，服务院系师生，并与园子里不同院系却志同道合的同学们共同发起成立了清华大学基层部门发展研究会，不仅为关注基层公共部门发展的同学们搭建了交流和学习的平台，还和"战友们"走访和调研优秀校友，搭建起已毕业校友和在校同学之间常态化沟通的桥梁。

关于"双肩挑"期间开展的主要工作内容和令人印象深刻的事情，王岩提到围绕研究生思想动态的两个关键词："服务"和"引领"。

在党建助理岗位上，王岩深刻认识到党支部作为战斗堡垒组织的重要性，这成为了他能够精准识别和服务的关键。与注重学习成熟理论知识的本科阶段不同，研究生更加专注探索未知领域的新知识和新发现。然而探索和成长的过程往往伴随着日常考核压力、论文压力和毕业压力，容易引发心理健康问题，王岩回忆道，在研工组周例会上，他经常与各党支部书记一起专门讨论研究生的思想动态，关注在学习、生活等方面遇到挫折或难题的同学，并共同制定服务行动事项清单。在初步筛选的基础上，研工组会安排专人与导师、课题组同学、同班同学、同宿舍同学等进行重点访谈，以进一步挖掘这些同学思想动态变化的深层原因。然后，通过研工组匹配资源，为同学们提供精准的服务。

多年后，王岩依然能清晰地回忆起工作中的细节与故事。有一次，王岩发现一位同学缺席了党支部和班级的集体活动，身边同学也发现其情绪低落。经过深入沟通了解，王岩得知同学家人患了重病，家庭面临巨大的心理落差与经济压力。为帮助同学渡过难关，王岩和班委们一边时刻关注疏导同学的心理状态，一边通过动员班级同学暖心支持及申请学校临时补助来帮助同学减轻经济压力。在王岩和班委的持续关心帮助下，该同学逐步走出困难，恢复了正常状态。

转岗到新生德育助理岗位后，王岩将"加深对每位新同学的了解"作为开展工作的基础。新生入学的第一个学期，他建立了"1V1"餐间交流机制。

在两个多月的交流中，王岩逐渐了解了每位新生的特点，关注到新生入学后个人困难与共性问题，这使得他的带班工作有的放矢。为了更好地融入新生集体，王岩将自己的党组织关系转入到新生党支部，参与每次集体活动。通过这样"点面结合"的方式，从研究生们普遍面临的问题到个别同学的成长经历和困难，王岩都做到了把问题"既扛肩上，又放心里"。

王岩说，在担任辅导员期间最荣幸的一件事是所带班级荣获清华大学研究生集体荣誉的最高奖项——"清华大学研究生先进班集体"。与此同时，他所带班级的毕业生全部选择前往重点单位就业，成为当年就业优秀集体的典型，得到了学校的表彰。

坚定情怀　塑造能力

回想起多年前的辅导员工作，无论是党建助理岗位上的"服务"，还是新生助理岗位上的"引领"，王岩仍然觉得非常有意义，是其个人成长道路上宝贵的财富，为他带来了全方位的锻炼机会。工作中的磨炼使他的思想底色更加鲜明，更加坚定了红色信仰。辅导员的思想引导工作为他提供了参加校研工部组织的理论知识培训和实操培训的机会，帮助他逐步养成了主动站在更高层面分析和思考问题的习惯。得益于辅导员工作的经历，他能够在职场中面对企业某些决策引发争议时，自然而然地站在组织发展的更高维度，超越个人利益，以思想层面理解和支持组织的各项决策，并在此基础上引导和影响他人。

王岩的沟通协调能力也在担任辅导员期间得到了显著提升。作为新生及党建助理的他需要与研工组的老师和同学们进行大量的交流，在这个过程中，他深刻领悟到沟通能力的核心并不是"会说服"，而是"会倾听"。辅导员需要特别善于倾听，才能够引导同学更充分地表达想法，然后在此基础上寻找共识、更好地解决问题。这种认识和能力在他担任北汽公司管培生团队党支部书记时得到了充分发挥，团队同事们愿意与他深入交流，讨论个人职业发展和职业技能储备等问题。通过深入沟通，他与许多志同道合的同事建立了良好的关系，在后来的个人牵头项目中顺利得到了协同部门同事的积极支持。

上大舞台　干大事业

王岩践行"立大志，入主流，上大舞台，干大事业"的择业观与事业观，他的工作跨越了多个岗位领域。在获得博士学位后他加入了北汽集团，并入选北汽新能源管培生计划。在北汽的工作经历中，他轮岗锻炼于产品研发、生产制造、市场营销、战略规划、产品规划等关键部门。后来，他在公司经营管理部门担任经营分析业务科室负责人，为公司的经营决策提供重要支持。随着公司内部研发新业务的重组，他的汽车专业背景使他被调到北汽研究总院智能网联中心，专注于自动驾驶系统的量产设计与开发，并依托量产项目中的供应商资源提升企业的自主研发能力。

回想起自己的职业选择，王岩同样强调了辅导员经历对他的重要影响。在从事就业引导相关工作时，他深受学校"立大志，入主流，上大舞台，干大事业"的号召影响，看到了许多优秀的校友成为了大国工匠的典范。当时，国内新能源汽车行业已经进入快速发展期，成为代表未来汽车发展的新兴战略方向，作为国有企业，北汽凭借先发优势在行业内占据了优势地位，被视为新能源汽车的国家队。因此，在职业选择时，王岩明确选择了北汽作为个人职业发展的平台。

对清华大学的学弟学妹们，王岩也给出了一些建议。他希望同学们珍惜在清华园学习的宝贵时光。一方面，同学们应该夯实自己的硬实力，努力完成学生的本职工作，提升自己的知识储备和专业能力水平。另一方面，同学们也应该培养适应未来社会的软实力，通过学校提供的各种锻炼机会，提升自己的组织能力、沟通协调能力等。王岩将硬实力和软实力比喻为大雁的两只翅膀，指出只有均衡发展才能飞得更远。

对职业选择与发展，王岩认为每个人都应该结合自身实际，仔细思考"立大志，入主流"的精神内核，坚定"上大舞台，干大事业"的选择。选择合适的平台对实现个人价值至关重要，这也可以被理解为所谓的"选择大于努力"。王岩建议学弟学妹们在明确大的指导方向后，结合自身的志向、专业、兴趣、性格特征等因素做出更具体的选择。"不建议大家等到毕业年级再考虑职业方向，而是应该在入学后就开始思考，逐步形成长期职业发展的方向和目标"，王岩如是说。同时，王岩也给出了自己的工作秘诀——"制定能力提升任务清单"，他相信明确的目标和具体的能力提升任务清单能让同学们在校期间更加有方向、更加充实和高效。

以王岩为代表的辅导员团队始终以信仰和担当为引领，在成长的航程中给予学生坚定的指引和温暖的关怀，以他们的智慧和汗水为学生的成长铺就道路。"双肩挑"政治辅导员制度建立 70 年来，一批批辅导员们在引导学生的同时也不断成长和进步，将自身的力量融入升华的清华精神之中。

足履实地，温以暖心

——访中国人民大学高瓴人工智能学院教授王子贺

文 / 交叉信息院　姜月亮

王子贺，男，2007 年进入清华大学计算机科学实验班（姚班）学习，2011 年起担任研究生助理。2016 年毕业后前往上海财经大学工作，2020 年前往中国人民大学工作。现为中国人民大学高瓴人工智能学院助理教授，主要研究方向包括机制设计和计算理论等。

2011 年，王子贺从"姚班"毕业后被保送至本院直博，研究方向为"博弈论"。由于各方面表现优异，他被选为研究生班级带班助管。在开展社会工作期间，他细致暖心、别出心裁的工作方式不仅凝聚了研究生班集体，推动个体学生实现自身发展，也参与筹备建设了"茶园研究生分会"等意义深远的学生组织。我们在夏末秋初见到了王子贺。

以体凝力　齐心汇智

"研究生助管与辅导员不一样。辅导员通常负责带领学弟、学妹，因此能传授很多经验，帮助他们少走一些弯路。但作为助管，我需要协助比我年长的学生，这令我在刚开始工作时感到很难从学弟的角度帮他们解决问题，"王子贺开门见山地说，"但在摸索中，我发现自己跨年龄段换位思考、理解他人、帮助他人，进行集体建设的能力都得到了提升。"

举办文体活动是王子贺开展助管工作、响应学生群体需求的重要推手。"贺导尤其擅长体育，他曾在 2015 年获马约翰杯男子铁饼全校冠军，也热爱打篮球，还是马杯足球队中的一员，"熟悉王子贺的事务教师孙帅老师说，

"他在助管工作中运用自身特长，通过经常组织娱乐性体育比赛的方式潜移默化地用体育精神影响着身边人，在增强同学互联的同时也引导个别需要更多帮助的学生走出了困境。"

"当时有一位学长科研压力较大，我与他数次交流都感到很难打开他的心扉。左思右想后，我发现他会打篮球，于是我就总叫着他与大家一起去紫荆篮球场。"王子贺回忆说，"当时球队的集体意识很强，秋天备赛时，我们会找人录制打球过程，打完后在'为祖国健康工作50年'条幅前的教室里分析战术，反思如何配合、防守、站位、传球。在这种集体意识的陪伴和支持下，那位同学的精神状态逐渐好转，现在进入了知名高校做教授。"

创立分会，共启新程

基于凝聚班集体的实践经验，王子贺开始探索更加高效的同学互助和信息传递机制。在与几位同学交流后，他在学院的支持下开始筹建"茶园研究生分会"。"研究生学业很忙，参与积极性有限，于是我就和很多学生逐个聊，结合他们的需求及研究生分会的意义请他们来做工作。最后集合了80多个人。"他回忆说，"我们的前期准备很充分，首先成立了研究生分会筹备委员会，一起分析了其他研究生分会的章程，又确定了自身的发展模式。后来，在学院和部门领导的见证下，我们召开了研分会成立大会，这对完善院研究生学生工作体系是一件影响深远的大事。"

在交叉信息院研分会落成仪式上，王子贺成为了首批常设代表。他对研分会成立的场景记忆犹新，回忆说："仪式上，姚院长曾致辞说，世界上很多杰出的科研成果都是不同领域的专家合作的结果，期待茶园研分会也能够发挥这样的作用，促进不同研究背景的同学交流自己的成果，碰撞出新的火花。后来，研分会在这一理念指导下举办了巅峰论坛、茶园春游、集体跨年等特色活动，在丰富学生互动渠道的同时也努力拓展学生覆盖范围。"自2012年成立以来，茶园研分会已召开了十二次换届大会。王子贺说："十多年过去，我偶尔读到研分会的新闻，能感到研分会仍然秉持着初心并不断推陈出新。作为首届成员和校友，我很感动。"

踏实助人，温以暖心

从班级助管到院研究生分会筹备委员，再到正式组织落成荼园研分会，王子贺一直努力将学生工作做得有温度、有感召。谈起过往，他的叙述总是很接地气。"有一次组织大家春游，因为会在外住宿一晚，一起吃饭，所以我就提前开小电动车去西苑市场买牛羊肉，"他的声音里带着笑音，"对，一个人就搞定了所有食材。大家很满意！"孙帅老师补充说："子贺总能在细节中为身边人带来温暖。带新生班时，他曾让大家给5年后的自己写一封信。这些信在他的柜子里一存就是5年。大家毕业时，他原封不动地将信还给了大家，同学们都很感动。"

在王子贺做助管时记录的"研究生活动预算表"中，他仍详细写着"冬天冷，应带学生在室内打篮球""集体生日，带大家一起吃饭""为鼓励大家唱歌，准备购置一些奖品"等，点滴中透露着一位带班助管的细致用心。2012年，王子贺被评为清华大学优秀研究生共产党员及交叉信息研究院优秀学生干部。"其实助理工作很简单，首要目标是保证大家身心健康，给大家营造舒服的学习环境，帮助大家创造出高质量的科研成果。做事情时，要从学生的角度出发，结合实际情况办事，要清楚什么可以做，什么不适合做，不能逞强。这样助管工作就基本合格了。"王子贺总结说。

足履实地，广见洽闻

在积极参与社会工作的同时，王子贺在科研上也保持着出色成绩。他选择研究方向时正值交叉信息院提出将计算机科学与金融、生物等学科相结合的初始阶段。他在研究生导师的指导下最终选定了"博弈论"这一方向。"不仅因为名字听着好玩，也因为我一直对计算机理论和微观经济学很感兴趣。"他说，"尽管相对于机器学习，博弈论现在看起来不那么热门，但研究计算机理论仍然有一定意义和价值。"当被问及选择研究方向的建议时，他说，"大家不用太担心从何处开始，因为科研是一个不断衍进的过程，没有绝对好的方向。大多数人十年后都会有所调整，因此，脚踏实地走好每一步就好。"

从交叉信息院博士毕业后，王子贺先后在上海财经大学、人民大学高瓴人工智能学院担任助理教授。他感到做助管与高年级学生互动的经历令他在工作后的合作项目中也相对从容。"当时，清华大学特等奖学金获得者陆品燕、国际奥赛金牌得主何斯迈和 Nick 与我一个办公室，他们的座位恰好将我包围起来，"他笑着说，"虽然有一定压力，但因为我在社会工作中学会了理解、协作、互相关心，所以我们的合作交流很顺畅。与他们共事的经历让我感到，和两三个比你聪明的人一起讨论，效率是非常高的。"

截至目前，王子贺已在 STOC、SODA、EC 等国际顶级会议上发表文章 20 余篇，他始终难忘茶园为他打下的学术基础。"茶园的学术氛围很有感染力，比如当年号称'中国编程第一人'的楼天城毕业答辩时，贴了张海报，后来会议室都站满了来听他答辩的同学。他毕业后成为了百度最年轻的 T10 级员工，也创立了自动驾驶巨头小马智行。"王子贺回忆说，"此外，姚院长也身体力行地告诉我科研工作者应该是什么样的。我有一次和姚先生一起去以色列开会，他已是家喻户晓的大先生、图灵奖得主，但我发现他对所有科研上的事依旧都亲力亲为，亲自改了至少 50 页的论文并制作报告 PPT。可以说，我无时无刻都感到，姚先生不仅是学院的管理者，更是科研人精神上的领袖，是我们在前行之路上的灯塔。"

担当作为，本色不改

——访清华大学武装部国防办主任王晓丽

文 / 美术学院　苗雨暄

王晓丽，女，2006 年进入清华大学学习，2009 年参军入伍，服役于火箭军（原"第二炮兵"）某旅。2011 年底退伍返校，2012 年起担任美术学院带班辅导员、党委武装部辅导员，连续三年担任海淀区征兵形象大使。2015 年硕士毕业留校工作，任党委武装部（国防教育与人才培养办公室）教师。曾荣立个人二等功一次，获原第二炮兵优秀大学生士兵、北京市优秀退役士兵、最美退役军人，清华大学庆祝中华人民共和国成立 70 周年先进个人、北京市征兵工作先进个人、全国"最美退役军人"等荣誉。现任党委武装部国防人才培养办公室主任。

采访那天，每每谈起担任"双肩挑"辅导员的经历，王晓丽的脸上总是洋溢着温暖的笑容。这份笑容有着巨大的感染力使我们仿佛跨越了时间，与作为辅导员的"晓丽姐"促膝长谈。她的亲切、耐心与责任感勾勒出清华辅导员最纯粹的底色。

当兵和担任辅导员绝对是我最正确的选择

回忆起学生时代，王晓丽诉说着军旅生涯给她留下的深刻烙印。2009 年 10 月，正在美术学院读大四的王晓丽在校园里看见"好儿女，当兵去"的征兵宣传横幅，心中埋藏已久的当兵梦被瞬间点燃。于是，她放弃了出国继续深造的机会，径直到武装部报了名。经过一系列的体检、政审、面试，王晓丽如愿以偿地穿上了军装，成为 2009 年在校入伍的大学生士兵之一。2010 年，在主动请缨加入作战部队后，王晓丽来到了"第二炮兵"某基地训练团。2011年7月，王晓丽所在的女子发射单元执行实弹发射任务，这一次，她不再是一个观摩者，而是以1号手的身份参与发射。虽然在实弹发射前两天，王晓丽所在的小组被定为备份单元，与"最后一击"失之交臂，但王晓丽心中只有一个念想——荣誉属于集体，同志仍需努力！

当我们共同重温这段过往时，王晓丽的思绪似乎也被拉回到了那段峥嵘岁月。今日，她仍不后悔自己彼时做出的选择。她说："部队的经历对我的人生产生了非常大的影响。从更大层面而言，这段经历极大改变了我的人生观、价值观，我对国家、对党的理解都产生了非常大的改变。从具体层面而言，这段经历使我未来的人生规划、职业规划发生了变化。"

退伍返校后，王晓丽继续攻读硕士学位，同时主动申请担任了美术学院本科2字班带班辅导员和武装部辅导员。三年里，王晓丽成为了同学们口中的"晓丽姐"，她如在军旅中一样充满活力，尽心尽职地将所带的班级培育成为一个充满凝聚力的集体，也用自己的参军经历鼓舞了广大有志报国的青年学子，获得了辅导员"郭明秋奖"等多项荣誉。2015年毕业留校后，她留在了党委武装部工作，一直在学生工作的第一线，从事着与国防有关的工作。

辅导员是个良心活

作为海淀区征兵形象大使，身着军装英姿飒爽的王晓丽每年都会出现在清华征兵海报上，这一形象已经深入人心。我们很想知道，当身份切换为辅导员，作为同学口中亲切的"晓丽姐"，她又会有怎样的心得与感想。当我们向她询问这个问题时，王晓丽的答案几乎是脱口而出："辅导员是个良心活。"

这句话其实是王晓丽从老一辈辅导员那里学来的，她也在自己的实践中不断加以印证和丰富。之所以称为"良心活"，是因为辅导员的工作成果通常无法在短时间内被体现出来。一个辅导员不去和学生聊天，不去学生宿舍关心近况，不去跟同学约饭，班级的各项活动似乎也可以正常开展，但负责任的辅导员会尽最大的努力去了解自己的学生，投入大量的时间和精力把自身成长与同学们的发展结合起来，做到对每个同学的情况都如数家珍。

2015年，已经在军队中将自己的学习生活打磨到最佳状态的王晓丽以自身为榜样，积极主动地参加自己所带班级的活动，跟学生打成一片，在融入学生的过程中得到学生信任。她像一个知心大姐姐，给予同学们关怀与引领，又像一个师长，在学生们需要抉择时给予指导和建议。很快，她带领的班级拧成了一股绳，在沉重的学业压力下依然能保持欢声笑语、和睦融洽的班级氛围，没有一个人感到孤单或出现心理问题。"一个非常好的班集体一定有其原因所在。好的班集体会帮助班里每个人更好地成长。"这是王晓丽挂在嘴边的话。王晓丽以她温暖的关怀和真心实意的付出搭建起了与学生之间的桥梁，这也正是清华辅导员的意义和价值。

关于如何做好这一份"良心活"，王晓丽总结出了三个关键点：责任感、细致耐心、学习与传承。首先，责任感至关重要。辅导员要解决学生的实际困难，并在思想上引领他们。了解学生情况和遇到的问题，适时给予指导和建议。其次，辅导员需要细致入微，处理琐碎的工作时要有耐心。例如，在进行奖项评选和各类信息填报时，要做到准确公正，不出遗漏，对待不同类别的学生，要仔细地分析问题，给予有针对性的关怀和支持。此外，辅导员要不断学习和完善自我，一方面，每位辅导员都不是独自战斗，清华辅导员的大家庭可以提供许多至关重要的帮助。她时常会回忆起在美院时与其他辅导员一起工作的点点滴滴，每次都会感到心头涌起一股暖意。另一方面，学校提供了丰富的指导资源，辅导员需要善于借助这些资源广泛地学习各类知识，只有这样才能更好地为同学做好服务。

正是基于以上三点，王晓丽以身作则，用她的细心、耐心及对每个学生不放弃的态度、团结协作的精神、重视传承的理念、不断学习的姿态，影响并感染着班级集体。王晓丽说："我要给自己带的同学树立榜样。我相信，当他们看到我的工作状态时，自己也会效仿。如果我表现得消极无力，他们可能会觉得既然辅导员都这样，那他们也没必要做得更好。所以，我必须以身作则。"

不忘赤子之心

如今，王晓丽已是校党委武装部的教师，也成为了新一代辅导员们心中的"优秀前辈"。她目前主要负责国防教育、人才培养，以及军事理论课授课和研究的相关工作。从美院到军队，从辅导员到教师，王晓丽再次迈出了人生的重要一步。就像好奇军旅经历留下的痕迹一样，我们同样好奇辅导员经历为她现在的工作带来了怎样的影响，而王晓丽也给出了令我们钦佩的答案。

"辅导员经历提升了沟通的流畅性。"王晓丽表示拥有了辅导员的经验之后，与他人特别是学生的交流变得更加得心应手了，她觉得她更容易获得学生的信任，更容易建立更好的沟通并进入主题。同时，作为曾经的学生，她明白学生之间的交流和学生与老师之间的交流可能存在差异，所以如今她与学生交流时通常不会把自己放在老师的位置，而是以一个大姐姐的身份真诚地交流。

"辅导员经历提升了自己的综合能力。"王晓丽说，"担任辅导员意味着在攻读研究生期间还要兼任一些社工的工作。与其他学校不同的是，清华的'双肩挑'辅导员由学生担任，这份工作确实具有一定的挑战性，但当辅导员既完成了学业，又克服了这些挑战，对自我的认同和工作能力的提升也是非常大的。清华辅导员的高要求、高标准，正是如此一代代地传承下去。"

在访谈的结尾，我们期待王晓丽能够给年轻一代的辅导员们些许鼓励和启示。思考片刻后，王晓丽微笑着说出了下面这段话："对于还在担任辅导员的同志们，我认为选择成为辅导员是个明智的决定。如果你在岗位上遇到困惑、迷茫，甚至是学业与工作难以平衡的困境，请务必咬紧牙关坚持下去，你会发现有很多方法可以解决，例如，向院里的老师请教，向优秀的老辅导员请教。坚持一段时间后，你会意识到担任辅导员对个人成长的巨大助益，尤其是当你步入职场后回望，辅导员的经历将成为你大学生活最宝贵的财富之一。对于已经离岗的辅导员，请务必传承好清华辅导员的优秀传统，不忘赤子之心，始终保持红色、专业的品质。在思想上，要与党和国家的理念更紧密地联系起来；在本职工作中，要展现出清华人热爱国家、奉献社会、追求卓越的优良品质。望我们都能继承这种传统，展现自己作为清华人的最佳风采。"

以最朴实的方式，让自己和祖国贴得更近

——访海军现役军官门良杰

文/新闻学院　李一安

门良杰，男，2008年进入清华大学数学系学习。2009年参军，服役于原北京军区"大功三连"，其间曾荣立个人三等功。2011年12月退伍后，他转为清华大学新闻与传播学院国防生，并担任新法3班辅导员、国防教育与人才培养办公室辅导员。2015年毕业后赴海军辽宁舰工作，成为首位本科毕业即赴航母部队工作的清华学子。2016年返校攻读硕士学位，后担任新闻与传播学院党委学生工作组组长、新闻3辅导员。曾获清华大学"林枫辅导员奖"、清华大学优秀共产党员、全国大学生年度人物等荣誉。毕业后为海军现役军官。

从与弓分离的那一刻起，箭似乎就只有不折返地向前，一击直中是它作为物的意义。人生的诸多选择大抵如是——单向、高速，与风摩擦疾呼的声音在某个注定的时刻戛然而止。我们把这样的结束看作是一段故事的落幕，但仍有一些看似无法解释的机缘让人在告别之初就踏上重返之途，在一次次出发和寻找的过程中"冶炼"自我。

对门良杰来说，两度参军入伍，两次读书期间担任辅导员，部队军营、水木清华，在这两个"校园"之间的穿梭恰恰标定了他不断成长的坐标。2017年获得"林枫辅导员奖"时，门良杰曾说，当兵和做辅导员是他在清华做的最正确的两个决定，而无论是"不惧强敌敢较量，为祖国决胜疆场"还是"又红又专，全面发展"，他都以一种最朴实的方式让自己和祖国贴得更近。

我们一定要选择自己真正热爱的事业

门良杰的家乡吉林延吉，是位于长白山北麓的一座边境口岸城市。20世纪90年代霸屏电视荧幕的红色影视剧承载着他的童年记忆。"别的小朋友看了之后可能觉得打仗很好玩，"门良杰说，"但我会觉得自己'生不逢时'，否则也会像那些小英雄一样为国争光。"

少年时期，门良杰按部就班地成长，没有所谓的"青春叛逆期"，完成学业是他生活的主线。2008年，门良杰考入清华大学数学系，带着新的期许，他从东北小城来到了首都北京。初入清华园的大学生活并不轻松，他每日奔波于食堂、教室、宿舍，会为解一个方程而彻夜不眠，也对未来的求学道路充满憧憬。

2009年，门良杰赶上了参与庆祝新中国成立60周年群众游行活动的机会。大二的他在经历严格选拔和漫长训练之后，成为了群众游行方阵的一员。2009年10月1日，和受阅部队共同走过长安街的经历让门良杰久久难忘。那种"步调一致，大家共同完成一件事"的感觉令他无比激动。这次经历让他与向往已久的部队产生了更为强烈的共振。

入秋后的北京天气渐凉，正当门良杰如往常一样急匆匆地骑着车赶去教室时，学堂路上的一条红色横幅闯入了他的视线——"好儿女，当兵去"六个大字分外瞩目，也触动了他埋藏已久的热忱，他第一时间就去学校武装部报了名。但这个中断学业去参军的决定在一开始遭到了家人朋友的反对，街坊邻里都十分不解，甚至误认为他是被学校开除了。然而门良杰没有放弃，耐心坦诚地与亲友沟通并最终获得了理解和支持。

在艰苦的新训过后，2009年12月15日，原第65集团军"大功三连"的新兵门良杰，正式报到。

"大功三连"是一支抗日烽火中诞生的英雄连队，在战争年代曾4次荣立大功，在和平建设时期也曾5次被授予荣誉称号。习近平主席曾于2017年春节前夕亲临连队看望、慰问官兵并提出殷切期望，还于建军90周年之际向连队颁奖授旗。

第一次参军入伍，门良杰感受到了一种被现实锤打的磨砺。长时间拔军姿、体能越野、手榴弹投掷，与合格线之间的一大截距离和并不顺利的连队比武让他被分到了上级认为"代表体能相对后进"的保障班。

门良杰心里憋着一股劲儿，觉得自己不能落后，下定决心要弥补自己体能的短板，主动增加训练量，休息的时间也不放松。3 个月后，在入伍科目训练考核中，他的 8 项科目全部达到优秀，名列连队第三。2010 年 10 月，在内蒙古朱日和的演习场上，门良杰所在连队"大功三连"作为模拟友军参与了"和平使命 2010"上合组织联合反恐军事演习，在一次夜间射击演习中，作为连队步枪手的他打出了十发全中的最好成绩，并荣获"连嘉奖"，是全连唯一受此表彰的列兵。

在"大功三连"的两年里，门良杰锻炼出了过硬的军事素质和政治素质，光荣地成为了一名中国共产党员，荣获"优秀士兵""全团十佳退伍战士"等称号，并荣立一次个人三等功。"听党指挥、能打胜仗、作风优良"成为他作为军人的生动写照。

在日常训练之外，门良杰也积极发挥自身优势。他在连队理论学习、文化建设等思想政治工作方面"下足功夫"。他主动请缨担任连队理论教员，利用晚上休息时间认真研读学习资料梳理要点，结合实际为战友们讲授了两场生动的理论课，还创作了脍炙人口的快板书、散文诗，以生动活泼的创新形式有效地巩固了学习成果。

2011 年，门良杰光荣退伍，重返清华园。但在单位礼堂和战友告别时的那份对军营的不舍始终徘徊在他的心中。返校后不到一个月的时间，门良杰就向总政后备军官选拔培养办公室提交了申请，希望能够成为一名国防生，毕业之后再回到部队工作。在申请书中，他很认真地写下了这样的一段话——"每个人的生命只有一次，我们一定要选择自己真正热爱的事业，哪怕会有很大的困难也要努力去实现，我深知，我热爱军营，热爱我们的祖国。"

不久后，门良杰的申请得到了上级首长的批准，他成为了清华大学新闻与传播学院的一名国防生，以及中国人民解放军的一名后备军官。而在当时驻清华大学国防生选培办的支持下，他还被介绍到国防生大队担任骨干，参与全校国防生的管理与服务工作。国防生大队是清华大学国防生依部队的编制形式成立的学生组织，但由于成立时间较短，相关工作机制还很不完善，"当过兵"的门良杰便主动挑起了这个担子，不仅协助完善了各项制度，改进了国防生训练方法，还拓宽了国防生校际交流的渠道。2012 年 12 月，他被评为"清华大学优秀国防生""清华大学优秀国防生干部"，在全校国防定向生元旦晚会上得到校领导的表彰。

"一个都不能少"

决定成为"双肩挑"辅导员是门良杰的又一次坚定选择。他与新法3班同学们的故事在2013年的夏天缓缓翻开序章。

新法3班是清华大学培养的第七届文科国防班，思想政治辅导工作复杂且艰巨，这给门良杰带来了不小的压力和挑战。但带着部队里那股不畏难的劲儿，他决心用自己的"兵味儿"感染学生。从新生军训开始，无论是每天六点十分的早操，还是每周三次晚上十点的体能训练，门良杰都一定身体力行。他十分注重集体荣誉感的培养，不让任何一名同学掉队，学生们笑称"门导"的口头禅就是"一个都不能少"。为了对新法3班每名同学都做到充分了解，他用一份份"成长档案"详细记录与学生的每一次交流，"不仅能够记录下学生的成长轨迹，也能够让思想工作更为系统、更有针对性"。

渐渐地，门良杰和新法3班的同学们熟悉起来，成为了他们口中亲切信赖的"门哥"。来自新法3班的刘哲铭后来获得了2016年清华大学特等奖学金，曾任新闻与传播学院2017级本科生辅导员。他说："门哥把我们作为他生活中最重要的一部分，这种珍视的感觉让我们得以顺利适应大一的生活，完成国防生身份的认同。他让我们天然地以为辅导员理应把班级工作放在第一位，他为了辅导员的责任可以自律、可以自我牺牲，我们也应该像他那样追求更高的价值而自律。"

门良杰将自己的独特带班风格形容为"以情带兵"。军队讲究军官做到"五同"，即与士兵"同吃、同住、同训练、同劳动、同娱乐"，他以此为灵感制定了自己的带班策略。整个大一，日常训练、主题团日、组织生活、素质拓展、生日会等各项集体活动他一场不落地全部参加。门良杰还经常告诉国防生同学们"要有个兵样子"，时刻以一名军人的标准来要求自己，坚持以军人的规范来约束自己，不断锻炼敢打敢拼的勇气，更要培养踏实肯干的作风。"见红旗就扛，见第一就争"的严格要求、温暖陪伴的集体成长书写着门良杰作为辅导员与新法3班同学们的共同记忆，更增添了几分独属于军人的赤诚底色。

此外，作为新法3班党支部书记的他十分注重党建工作中的思想引领，也将此前在部队中学习到的优秀做法引介到新法3班党支部建设中。

门良杰在工作中积极引导同学们向党组织靠拢，着重发挥党支部的战斗堡垒作用，带领同学们坚定理想信念、加强理论学习、锤炼意志品格。入学仅一个学期，新法3班党课小组就被评为"清华大学标兵党课小组"。时任清华大学党委书记的陈旭从2014年开始先后四次参加新法3班的集体活动，多次邀请同学们到工字厅座谈，了解同学们的学习和思想状况，并鼓励大家刻苦努力、报效国家。毕业前，新法3班全体国防生同学光荣成为正式党员，新法3班党支部被评为"清华大学先进党支部"。

以出色的党建工作为指引，新法3班取得了多项集体建设荣誉，先后被评为北京市"先锋杯"优秀团支部和清华大学毕业班先进集体、先进班集体、甲级团支部、优良学风班等，经验做法在学校、学院范围内被广泛交流推广。

掏出一颗心来谈话，他们都是你的战友

2015年本科毕业后，门良杰穿上了洁白的海军服，走向更加宽广蔚蓝的海洋，站在了我国首艘航母辽宁舰的甲板上。

辽宁舰的一年历练让门良杰收获颇丰，同时也让他发现了自己在工作中存在短板，他需要进一步提升自己各方面的能力。2016年，门良杰再度回到清华，他不仅以现役军人的身份在新闻学院继续攻读硕士学位，同时也成为了当时处于毕业年级的新闻三的带班辅导员。"能当两次兵已经很幸运了，没想到还能当两次辅导员。"门良杰既兴奋又惊喜，但也有些新的问题需要解决。

新的班级构成特点要求辅导员工作方法创新，更需要结合实际找准工作重点。他一改此前带新法3时的"粗放"风格。当时临近毕业，同学们难免对未来的选择感到迷茫，门良杰充分利用班会时间和大家深入交流，并时常通过邮件与同学们分享心得。但他总觉得自己没能像曾经带国防生班级一样深入了解每名同学。在党支部的一次民主生活会上，他就这一点进行了自我批评，然而，支部同学的一句话让门良杰觉得十分欣慰，一下子释然："门哥，我们知道有需要时你一定在，所以便很心安。"

担任带班辅导员的同时，门良杰还在学校国防教育与人才培养办公室兼任辅导员，参与统筹全校国防生的各项活动，并参与创建、运营"清华国防"微信公众号和相关宣传工作。作为退伍老兵，他积极参与学校征兵动员及宣传工作，为有志参军入伍的同学答疑解惑。在他的影响及鼓励下，有数十名优秀的清华学子同样踏上了"携笔从戎"之路。

2017 年春季学期，门良杰开始担任新闻学院党委学生组组长，从一个更为宏观的视角统筹和开展学生工作，但他仍然保持着和不同年级同学交流的习惯。在他看来，带学生和带兵很像："掏出一颗心来谈话，他们都是你的战友。"

2018 年夏天，门良杰圆满完成了硕士研究生阶段的学业，再次回到人民海军的航母部队工作，继续为他忠诚热爱的国防事业倾其所能。

2019 年 4 月 23 日，巨舰劈波斩浪，红旗耀映长空，庆祝人民海军成立 70 周年海上阅兵活动在青岛举行。十年前，在庆祝新中国成立 60 周年群众游行方阵里欢呼雀跃着经过长安街的那个少年，在一次次重返校园和部队的理想之途上，不断追逐着那支开弓离弦的箭。脚步声越过时空，传来几阵悠远的海上回响，就像读到小说结尾，隐约猜到了那个萦绕已久的伏笔。

万重山阙已过。"装得下大海"的一颗赤子之心，是漫长来路，亦是千帆归处。

坚守少年志，学成报祖国

——访哈尔滨工业大学（深圳）计算机学院教授顾钊铨

文 / 交叉信息院　迟舒乘　段昌宇　姜月亮

顾钊铨，男，2007 年进入清华大学计算机科学实验班（姚班）学习，2011 年起担任辅导员。曾获广东省科技进步一等奖、吴文俊人工智能科技进步奖、中国通信学会科技进步一等奖；入选中国科协青年人才托举工程，广东省科技创新青年拔尖计划。主持及参与国家重点研发计划课题、广东省重点研发项目、国家重点基金、工程院重点咨询项目等二十余项，出版专著 / 编著 5 部，发表学术论文 140 余篇，申请或授权专利 80 余项，参与制定多项网络空间安全行业标准。现任哈尔滨工业大学（深圳）教授，鹏城实验室研究员，鹏城靶场副总师。

"我生在四川，在清华学习后总想着将所学带回去，为家乡做些什么。"顾钊铨坦诚地说，"2008 年汶川地震后，目睹家乡房屋坍覆，高中母校操场、宿舍楼都经历灾后重建，看到如此多党员和解放军战士奋不顾身地救援，我想要留在国内有所作为的感受就更加强烈了。"

2011 年，顾钊铨从清华交叉信息院"姚班"本科毕业后，院内直博保送，成为"茶园"第一届"双肩挑"辅导员。

光阴荏苒，顾钊铨始终对母校、家乡、国家念兹在兹。他清晰如昨、不遗巨细的叙述将我们深深吸引，仿佛穿梭回交叉信息院始建时期。

坚守乡土，家国情深

顾钊铨的故事始于"坚守"。坚守，不仅需要情怀与勇气更需要高瞻远瞩的格局，而顾钊铨正是留学潮中毅然决然选择在国内发展的坚守者。"我在大三时决心要留在国内发展，但决策花了很多时间，因为当时多数同学还是倾向于出国深造。我也听说很多人出国后就不回来了。"顾钊铨回忆说："但我是四川人，乡土情结重，总想着为家乡做些什么。上学期间，我便组织同学参加情系母校的活动，回四川省巴中市，为母校做宣讲，将3D打印、VR等技术介绍给家乡人。"

乡土情深之上，中国科技日新月异，青年施展才华的空间不断拓展，这更坚定了顾钊铨希望在祖国大地上开拓进取的决心。"当时，印奇、唐文斌、杨沐三位姚班同学刚刚创立旷视科技公司，他们做了一个基于AI人脸识别技术的稻草人游戏：系统识别玩家头部，移动方位控制稻草人，以躲避从屏幕上方掉下来的乌鸦。当时我们都去玩，感觉很有趣，还可以活动颈椎。旷视后来与商汤、依图、云从科技并肩成为中国'AI四小龙'，这些蓬勃生长的中国科技企业让我感到国内计算机领域在创新方面的气氛很浓厚，更坚定了我留下来的决心。"

"茶园"初建，青年担当

2011年，顾钊铨从姚班本科毕业后保送本院直博，而这一年恰好也是"茶园"建院之年，亟须搭建新的人员架构。作为拥有多项学生工作经历、思想成熟的党员，顾钊铨便顺理成章地成为了一名"双肩挑"辅导员。

探索自身的辅导员风格并非易事。"第一年，我主要基于亲身经历探索自己的辅导员风格。"顾钊铨回忆说："我入学时先进的是软件学院，后来才考入姚班。得知我要转院，当时带班的彭凌老师和施侃乐辅导员非但没有因此削减对我的关照，反而说'这里永远是你的家'并帮我分析、选择和规划。""当时大家都是背井离乡前来求学，这种关心让我有了家的感觉。"顾钊铨叙述时声音里仍洋溢着感动，"这件事给我很大触动，让我意识到辅导员工作就是在琐碎的细节中见真章，而我也期待成为这样的辅导员。"

与此同时，"茶园"逐步建立了辅导员集中培训、定期班委会、学生交流等制度。顾钊铨感到"茶园"辅导员文化有着独到之处，如玲珑小巧、精益求精的特质。"姚班自创班以来一直坚持小规模班级建制，带班辅导员的全覆盖体量远小于学校平均值，这特别有利于'茶园'辅导员深入开展'一对一'学生思政工作。"他分享说，"另一方面，茶园学子大多有竞赛背景，也都很有个性、想法多元，因此辅导员也需要深入了解每个同学的特点，给予针对性引导。"

面对多元需求，顾钊铨采取了"时刻将心比心，从学生的角度想问题"的工作方法。"班中学生背景多元，有很多保送生，他们可能在高中时没学过大学物理、电路原理等课程，于是我们就引导班干部组织学习小组，以确保同学们能及时交流学业上的问题。"顾钊铨回忆道："同学们的体育基础也不尽相同，一些同学曾经很担心3000米跑和游泳，因为清华学子需要过了这两项才能毕业。尽管我那时自己体力也挺差，但还是抓着几个学生晚上一起跑步，也常用自己曾是'四川旱鸭子'的事实增强他们学游泳的信心。"

此外，关注个体差异、因材施教也是"茶园"辅导员的共识。顾钊铨说："班上曾经有一位很内向的同学。我通过和他交流发现，他因为是高考生，没搞过竞赛，觉得大家很厉害于是就有些自卑。我一方面用自己的经历与他共情，说我本科因为觉得自己来自小地方，也曾自卑、内向过；另一方面，努力帮他找到自己的优势，告诉他说我们来自大巴山的孩子都勤奋，勤奋也是一种天赋。"渐渐地，这名同学便融入集体了。

顾钊铨强调辅导员工作也需注重细节和关键时间点。他认为，刚入学的时候一些人可能会因刚离开家、竞争压力激增而难以适应，这也是考验辅导员的时候。他说："当年为了举办新生破冰活动，我专门去网上搜破冰游戏，搜了10多个破冰游戏，同时准备了卡片、奖品等道具。"在军训中，顾钊铨也与每位同学聊天，或是在串寝时深入交流，或是在操场上陪同散心。此外，在建党100周年等重大历史时刻，辅导员也需及时开展相关活动。

顾钊铨认为辅导员的个人业余爱好可以潜移默化地带动学生，凝聚班集体。他很喜欢踢球，所以当时每周都会和学生们踢两三次球。球场上热烈的气氛、助攻和拼搏都让大家的情谊更深。最让顾钊铨难忘的是毕业前的最后一场足球比赛，"当时班里参加踢球的人数特别多，几乎每个会踢球的人都上场了，其他同学则在旁助威。我们队本来没被看好，却因为齐心协力最终进入了决赛"。后来，"茶园"成立了足球俱乐部和足球院队，定期举办训练和友谊赛，而"茶园杯"也成为了学院师生交流球技、增进情谊的赛事。

辗转两界，熠熠生辉

在辅导员工作之外，顾钊铨在学业上因提早达到"荼园"博士培养方案要求而提前毕业了。此后他作为"香江学者"赴香港大学博士站开展合作研究。

在博士后出站之际，顾钊铨加入了同为"荼园"毕业生的范顺豪的创业团队，后者成立了虹宇科技有限公司。在创业一年后，顾钊铨感到，相比于创业的成功，他更享受科研带来的成就感。因此，2017年他入职广州大学网络空间技术研究院，加入了方滨兴院士的网络空间安全科研团队。

"方院士第一次报告便令我印象深刻。我之前对网络安全的理解局限在黑客方面，但听了方院士的讲座之后，我感到网络安全是多层次、全方位的。"顾钊铨分享说："之后的调研也让我深刻感受到网络攻击行为带来的影响。例如，我国许多企业遇到过勒索、供应链攻击、数据泄露等事件，而2022年西北工业大学遭美国NSA网络攻击事件也是典型的网络攻击案例。在可见的未来，网络安全技术对国家和国民来说将越来越重要。"

初到广州，顾钊铨主要负责做"人工智能安全"相关研究。"当时AI安全尚未普及，而我们研究的AI安全技术比较前沿，大家无法直观地看到效果。因此，我们搭建了神经网络对抗攻防平台，用来展示客户产品中潜在的安全隐患并提出解决方案。"

随后，顾钊铨加入了哈尔滨工业大学（深圳），并以双聘研究员的身份加入鹏城实验室，开始建设与网络靶场相关的项目。顾钊铨分享说："我主要负责网络安全事件研判的科研和工程开发工作，即作为裁判对攻防演练行为进行研判，全面、准确、实时检测网络攻击事件，并对其效果进行评估。鹏城靶场已被应用于我国几百余次重要安全保障活动，如冬奥会、广交会等，该成果也获得了去年广东省科技进步一等奖。"

顾钊铨对这项技术的发展前景充满期待。他认为鹏城靶场就是一座大型科学基础设施，为"培养人、研究物、统筹事"提供平台。从国际角度看，鹏城靶场当前有很多关键技术指标已经超越国外，实验室要做的就是引领技术浪潮。

基于自身经历，顾钊铨对同样有志做科研的同学寄语道："国家需要的是大工程，大项目。因此不要为了写论文而写论文，而应该着力于解决卡脖子的问题，以工程项目为主导，在过程中研究技术并写成论文。"

余音不绝，展望未来

光阴如流水，但顾钊铨却将旧时光悉心珍藏。"现在给学生们监考时，我仍常回想过做辅导员的日子。而且我在广州大学正式带第一届学生时，他们也就比我小三四岁，和做辅导员的感受很像。那时，我也常借鉴自己带2010级和2011级学生的经验。"谈及辅导员工作对他的影响，顾钊铨感慨地说，"做辅导员必须和所有同学交流，这治好了自己曾经的自卑，同时，和优秀的人一起成长是辅导员的一个宝贵经历。"

后来2010级和2011级学生在科研、创业、工作等方面都有很多拔尖的人才，例如，现任教于卡内基·梅隆大学的李远志获得了"斯隆研究奖"，吴翼回到清华交叉信息院任教，刘天任和李彤阳任北京大学助理教授，而吴佳俊则成为了美国斯坦福大学助理教授。

在访谈最后，这位亲切、坦诚，致力为家国奔忙的学长说，希望"姚班"的学弟学妹们能记住"立大志、入主流、上大舞台、干大事业"，要有家国情怀，以国家需求为己任，无论是读博还是工作，都要能为国家、为社会做出自己的贡献。而对于如何在学术和业内之路间选择，他说，"无论是选择学界还是业界，只有自己迈出第一步才有可能走后面的九十九步。用个人比较喜欢的一句话共勉：我不去想是否能够成功，既然选择了远方，便只顾风雨兼程"。

深耕材料专研，奔赴航天情怀

——访北京航天微电科技有限公司高级工程师袁礼新

文 / 材料学院　袁礼新　杨译茗

袁礼新，男，2006 年进入清华大学材料学院学习，2010 年起担任辅导员。曾获"林枫辅导员"奖，毕业后入职中国航天科工集团二院二十三所，现为北京航天微电科技有限公司高级工程师，主要从事微波铁氧体材料与器件、共烧陶瓷与电子封装技术研究和产品开发，先后承担多项国家重点型号电子材料与元器件研制任务。

清华"双肩挑"政治辅导员制度建立 70 年以来，校内涌现出一批又一批心怀担当、全面发展的优秀辅导员。清华大学材料学院 2006 级校友袁礼新就是其中之一，他博士研究生时期师从岳振星教授，期间担任材料学院 2010 级本科生带班辅导员，毕业后进入航天科工二院二十三所工作，为国防军工事业贡献力量。

求学路上的成长

回顾在清华园的九年时光，袁礼新分享了他的求学之路和难忘经历。初入清华，来自五湖四海的 28 人组成了材 62 班，成为一个团结向上的集体，也给袁礼新带来了不小的影响。大家组团去老图书馆自习，学霸给大家进行专业课程的答疑解惑，组队参与社会实践和志愿者活动，一起度过了四年美好的时光，结下了深厚的同窗友情。当踏入社会后，平时看似不怎么联系的同学们，有难处了却总是互相倾力支持、鼓励。

清华提供了一个尝试的平台和包容的环境。本科的时候大家都很年轻，敢想、敢做、敢拼，也没有太多顾虑，在专业学习之余，袁礼新参与了新农村建设调研、甘肃支教、国内外实验室交流、挂职锻炼、多家企业实践实习等活动，不断地在尝试中认知自我、提升自我，在基层选调、公共服务、学术科研和产业研究的职业选择中不断尝试，寻找适合自己的职业起点。

研究生阶段系统性的科研训练为现在工作积累了专业能力和技能基础。在访谈中，袁礼新谈及最多的是在材料学院专业学习和研究过程中对专业认知的提升，"材料科学与工程，既有科学研究也有工程应用，当时我们做的微波磁性材料与器件是材料学与电子学的交叉方向"。因研究课题需要，课题组主动一起学习微波工程、微波磁学等知识，在学习交流中碰撞出灵感和火花，不断提升学科交叉融合能力。在这个科学与工程紧密结合的方向，袁礼新发现自己更加喜欢做应用技术研究和产品开发，而军事雷达应用恰恰急需这类材料与器件，他最终毅然选择了航天军工作为自己工作的起点。

"双肩挑"的历练

谈到在校期间"双肩挑"辅导员的历练，袁礼新说："对自己的成长、学习和工作产生了很大影响，是一段非常特殊而宝贵的经历。"

首先，袁礼新的辅导员对他成长产生了积极影响。作为一名家庭经济困难的新生，袁礼新从辅导员那里得到的不仅是帮助，更多的是思想引导和全方位的关心。他回想起第一次参加党组织生活，因为紧张，在当众发言时面红耳赤、语无伦次，而在这时，辅导员鼓励他克服怯场情绪，让他尝试着组织语言表达自己的想法。在成长路上遇到一位好的辅导员无疑是幸运的，在学校接触更多的辅导员后，袁礼新了解到清华"双肩挑"辅导员制度是对学生产生积极影响的重要一环，也对这个岗位产生了崇敬之意。

其次，材料学院辅导员有着五年带班的传统，会在大三结束的本科生中选聘新生辅导员。袁礼新顺利通过选拔，在大四一年协助九字班带班辅导员开展工作，2010年成为材料学院零字班带班辅导员，陪伴了他们本科四年。在访谈中，他讲述了自己如何从"初出茅庐"的新生辅导员逐渐成长为有经验、有担当的老带班辅导员。2009年国庆阅兵，他在新生军训期间参与组建"科技发展""毛泽东思想"标语方阵，经受了种种考验，这也让他在长安街第一次近距离感受我国最新军工武器装备。在担任零字班带班辅导员的四年时间里，他尽力将自己曾收获的关怀和鼓励传递给学生，努力做好学生的思想政治引导。

在辅导员工作过程中，袁礼新感恩导师的支持和"战友"的同行。岳振星老师支持和鼓励袁礼新担任辅导员，帮助他平衡学术研究和辅导员工作，课题组现今已有三位辅导员获得了"林枫辅导员"称号。材料学院的辅导员集体更是一群志同道合、并肩作战的"战友"，大家满怀激情、互相鼓励。"双肩挑"的历练加深了袁礼新对"又红又专"的理解，也影响了他个人的职业选择。

航天梦的启航

2015年从材料学院博士毕业后，袁礼新选择了航天科工作为求职意向单位，这种选择源自他从本科到博士期间对自身认知的变化。

毕业前夕，袁礼新找工作的主要方向就是航天军工单位，他给许多航空航天相关的单位投递了简历。得益于电子材料与元器件这个学科交叉的背景，他很快签约了航天二十三所。在访谈中，他谈及了目前工作和在校研究的区别："博士期间偏重于基础研究，而毕业后从事的主要是工程应用研究。"袁礼新认为基础科研很重要，很多科学问题是从工程当中提出来的，具有前瞻性。结合自身经历，他也分享了对材料科研的初印象：材料基础研究很辛苦，研究不会一帆风顺，更常见的情况是处处碰壁。因此，在刚接触科研的过程中，往往需要不断适应，培养对研究的兴趣，持之以恒；要积极与导师、同学交流，在交流中碰撞火花；在遇到问题时，要敢于和善于向他人寻求帮助，形成合作氛围。

"而今，成为一名航天科研工作者为祖国的航天军工事业贡献力量是一个不悔的选择。"袁礼新说，"满足了情怀的同时也能拥有体面的生活。"2019年国庆阅兵，当看到防空导弹武器系统驶过天安门广场接受检阅时，他激动地对妻子说："你看，这套雷达装备里就有我们研发的新型材料和器件。"那是属于航天军工人的浪漫。这种"科技强军、航天报国"的浪漫情怀，是"又红又专"清华基因的延续。

对处在职业选择和科研方向探索阶段的大三本科生，袁礼新结合自身经历给出了建议。大三的这些选择并不决定一生，如果对学术、工程、选调、创业等认知不清晰，可以着力提高自己的综合能力和素质，培养"基础、视野、兴趣"三方面的能力：基础，包括专业基础和学习能力，通过不断学习适应新的工作和环境；视野，注重学科交叉、交流和实践，哪怕是一些看似不相关的领域，拓展视野也会发挥意想不到的作用；兴趣，是工作中持之以恒、遇到了问题能够坚持下去的长久动力。他认为，清华本科生没有必要过于担心未来，这会限制自己本科阶段的探索广度，应大胆尝试，敢于犯错，树立远大的志向。

到基层补上一堂国情社情民情课

——访江西省分宜县委副书记、县长谢淘

文 / 环境学院　尤清伦　汪慧静　祁文智

谢淘，男，2006 年进入清华大学环境系学习，曾担任环境研团总支书记、研究生就业助理，2015 年毕业后作为江西省首批清华选调生前往新余市委农工部工作，并在仙女湖区河下镇挂职党委副书记。现任江西省新余市分宜县委副书记、县人民政府县长，江西省第十四届人民代表大会代表等职。

在辅导员的岗位上服务他人、成长自我

"现在回头去看，担任'双肩挑'政治辅导员的经历提升了我的复合能力，是我一生的宝贵财富。"

访谈伊始，谢淘回忆起自己在清华园九年的学生时光里感悟和躬行清华"又红又专，全面发展"理念的经历。本科期间，谢淘曾担任环境学院学生会副主席、科协副主席的职位；研究生期间，谢淘一方面潜心学术，探索生物炭在黄水资源化方面的应用潜力；另一方面在学校研究生会、研究生团委等岗位上服务同学，更是在毕业年级时接任环境学院研团总支书记、研工组就业助理、副组长。在谢淘看来，担任"双肩挑"辅导员等重要岗位既是责任，又是个人锻炼与成长、在集体中实现个人价值的机会。

谢淘提到多年的辅导员工作经历促进自身心智成熟并转化为他具体能力的过程，说自己以前更多关注某件事情如何完成，而经过辅导员工作的历练后，思维阈值被全方位拓宽，实现了从"点""线""面"到"体"的思维方式的转变，学会系统规划、统筹协调，初步形成较强的全局意识和系统思维。

谢淘表示他逐渐学会感知更大的社会环境、明晰学生工作的地位与重点、回应学生群体诉求、维护学校集体利益、促进校园和谐稳定；同时创新"五育"活动内容，探索学生工作革新，推动学生的全面发展。

谢淘谈及自己在担任环境研团总支书记期间，曾与同伴们废寝忘食地策划活动、讨论活动细节，以及奋力争取学校"优秀院系研团"的经历，在这个过程中他学会了在工作中精益求精、守正创新、打造特色，而非粗枝大叶、按部就班、循规蹈矩。这些宝贵的辅导员经验助力他在基层更实更细地开展工作，例如，在谋划分宜县城市更新和老城改造规划过程时，他与同事们细致入微地研讨交通节点优化、断头路打通、停车场规划、口袋公园设置等每一个具体问题；在江西省高质量发展综合绩效考核评价中，针对每项指标进行分解落实，不仅力争先进，还要打造特色，截至今年，分宜县已夺取"四连冠"。

谢淘回忆起担任就业助理期间，自己为了更好地服务同学，全面了解本专业和本行业的就业路径，主动与同学们沟通就业意向与职业规划，同时积极对接校友、担任同学们的职业规划导师。正是这段经历让谢淘对自身的职业规划有了更清晰的认识，他学会分析工作和自身性格的适配性，把握个人价值与社会价值的统一，并最终回到热爱的"红土地"。多年后谢淘依旧保持着主动沟通、积极联系的工作态度，这帮助他在基层更好地开展招商引资等工作。

回到故乡服务人民

在 2015 年博士毕业后，作为江西省首批清华选调生，谢淘回到故乡江西这片热土，目前在乡镇和区县已累计工作八年。

谢淘表示，辅导员的经历带给自身的不仅仅是复合能力的提升，还有对找准站位、服务人民、实现个人价值的思考。进入基层后，他站稳群众立场、坚守人民情怀、主动担当作为。谢淘以南昌市老市长李豆罗退休后返乡投身新农村建设、助农直播带货的故事举例，他认为每一个共产党人不论"居庙堂之高"还是"处江湖之远"都应不忘初心、牢记使命，全心全意为人民服务，特别是要帮助弱势群体，持续开展有意义的工作。

谢淘谈及自己给青年干部培训班授课时与青年干部的交流过程，在他看来，作为国家培养的、接受高等教育的大学生、研究生，他们对广大基层人民的真实情况可能是缺乏了解的，感知能力是不足的。这八年时间里，他自己到基层补上了一堂生动的国情社情民情课，进而利用自身的知识为基层赋能、让人民受惠。谢淘表示，要以习近平总书记关于"教育引导广大科技工作者传承老一辈科学家以身许国、心系人民的光荣传统，把论文写在祖国的大地上"的要求为指引，希望有更多的同学把知识理论、科技成果应用在服务人民、建设国家的伟大事业中。

谢淘提及自己在水北镇任党委书记期间曾遇到一件对自身影响较大的事情。他在某短视频平台注册账号，希望借助新媒体的途径开展助农直播带货、推介本地文旅信息、通晓民意问政渠道，同时记录基层乡镇发展的点点滴滴。但这一举措开始却被误认为是"作秀"，是在"蹭"清华的"流量"。对此，谢淘认为自己的初心与行为是正确的，并实实在在地为群众带来了扶助和利益，包括直播带货面临滞销的杨梅酿酒为村民增收、依靠直播卖出本土扶贫产品——水北特色米粉300多份等，因此他问心无愧。与此同时，谢淘也开始系统地思考短视频等新媒体的利弊与边界，并在这两年停更了抖音账号，改为使用文字新媒体平台，以及探索扶贫助农、推介文旅、通晓民意的新举措。

回首来时路　寄语后来人

谢淘认为辅导员工作的主体是与人打交道，因此相应的换位思考能力、共情能力、交流沟通能力十分重要。他提及担任辅导员期间协调研究生老旧宿舍楼维修及周转事宜，学校的宿舍周转过渡政策、新宿舍的甲醛问题让许多同学不理解、不满意学校的安排。当个人诉求与集体利益不符时，主动交流沟通是制胜法宝，谢淘一方面了解并反映同学们的诉求，另一方面传达并解释学校的安排，让师生之"忧"、学校之"忧"得到"最优解"。

谢淘认为到基层工作中应及时调整落差、主动消除隔阂。他说初到基层，住宿环境、生活条件等方面存在落差是难免的，但这正是广大人民群众的真实生活，应作为我们努力奋斗、做实为民惠民利民工作的动力。他提及自己初到乡镇基层工作时，利用休息时间到各村、村小组了解情况，主动与老同志交流沟通，从柴米油盐、家长里短聊到所思所盼、难题难事；拉近情感距离、了解真实情况，方便后续开展工作。

　　谢淘认为清华的学生要培养自己的政治素养、家国情怀，方向不能错，要锻炼自己的专业素养、专业本领，本职工作不能落下，只"红"不"专"、只"专"不"红"都是不可取的。在谢淘眼里，辅导员工作应少一些功利性的预设目标，多一些不为什么的默默付出，在服务他人的过程中收获个人的成长感悟自我价值的实现，在团结协作中见证集体的成长结识真挚的朋友，这样的经历才能为人生奠定坚实的基础。

以青春年华筑梦千年大计

——访雄安雄商发展公司工程建设部部长罗爽

文／土木系　刘禹彤　陈柯吟

罗爽，男，2009 年进入清华大学土木工程系学习，2013 年起担任土木系研究生就业实践助理。2018 年毕业后进入中国雄安集团工作。曾获河北雄安新区规划建设先进个人，担任 2022 年北京冬奥会火炬手。现为雄安雄商发展有限公司工程建设部部长。

白洋淀里，碧波荡漾；燕赵大地，未来之城。雄安新区这"一张白纸"吸引了成千上万的建设者以赤子之心擘画壮阔蓝图，以青春年华筑梦千年大计。罗爽在毕业后也跟随内心选择毅然来到这片土地，在这片广阔的天地中开始了自己的职业生涯。

恪尽职守，平易近人；心怀家国，一往无前。在校期间做好就业实践工作，他是尽善尽美的学生骨干；在职期间做好建设管理工作，他是冉冉升起的未来新星。其间，罗爽化身"校招大使"推介优秀校友，这是"我以校荣"的使命担当；代表新区建设者参与火炬传递，是"校以我荣"的难忘经历。

跳出"书生气"的刻板印象

罗爽在攻读博士学位期间受到师兄的影响，连续三年担任校设就业实践助理，承担了应届毕业生的就业手续办理、就业资料汇总，以及短期实践、长期实习联络和就业讲座、一对一交流安排对接等就业服务工作。

就业，一头连着万家灯火，一头连着宏观经济。罗爽深刻理解同学们在择业上的需求与难处。主动换位思考、将心比心，他尽全力满足每一位同学的要求，以必作于细的态度认真负责地回应每一份需求。当有高年级学长向罗爽表明未来择业方向并提出希望能去成都企业实习后，他便尝试联络多家公司的人力总监、校友，进行洽谈沟通，最终与四川省科学建筑研究院建立了良好的长期合作关系，这也是四川省建科院首次有清华的同学实习和入职。

冗杂的就业实践工作和繁重的科研任务之间难免有冲突，对这两者的平衡，罗爽非常感谢老师给了他足够的空间以灵活安排。在社工比较忙的时间节点（包括临近毕业和寒暑假实习前的筹备阶段）他可以全身心投入，在其他的时间则可以专心科研。此外，他认为科研成果的产出不是完全依靠百分之百的时间投入，更重要的是研究方法和路径，同时要合理利用时间，提高效率。

罗爽提到，在学生工作中最大的收获就是锻炼了自己的沟通协调能力，打破了大家对于土木等工科专业"书生气"的刻板印象。他表示，城市建设开发过程中很大一部分工作都涉及与人打交道，沟通协调非常重要。

从投身新区到扎根热土

入职雄安集团后，罗爽先后担任了雄安集团基础建设公司建设统筹部牵头人、雄安雄商发展有限公司工程建设部部长，并负责雄安新区多个重点项目，涉及市政、园林景观、交通枢纽等多个领域的综合开发。工作中，罗爽对项目建设计划、建设统筹、规划对接等每个环节事必躬亲，在雄安启动区、东西轴线、龙湾郊野单元、白洋淀码头等重点片区的工程项目中都挥洒了饱含着激情的汗水。

雄安新区的建设工作充满着挑战，更带给罗爽快速的成长与独一无二的成就感。令他印象最为深刻的是东西轴线项目。这是一个建设难度堪比北京长安街的综合项目，总投资达360亿元，需要规划管线、公园、交通等多方基础设施，并与国铁集团等多个单位协调，设计、施工方案也需要经由多个审批机构的专家论证。"我从2019年开始跟进这个项目，从项目规划到专项论证再到工程施工，我全过程参与了。由于涉及的专业复杂，触及了我的知识盲区，所以，在这个过程中我也不断跟大家一起摸索学习。在审批的过程中与审批机构反复协调，在隧道施工工法的选择过程中与专家不断沟通，都是对我沟通协调能力的极大考验和提升。"罗爽说。

尽管在雄安新区的工作非常忙碌，常常白天开会讨论技术问题、夜晚加班编制文件，但是罗爽始终充满工作激情。他认为在这里接触到的新兴专业方向、技术及工程项目中的施工经验等是难得的。不同于建立深圳、浦东新区的时代背景，目前我国的建筑业已经由粗放型发展转向精细化发展，行业正在拥抱安全、长寿、绿色、高效、智能的高质量转型。尽管建立雄安新区的目标明确，但在完成建筑本身以外还要实现高质量建设，涉及投融资、运营、规划等各个过程，其中暗涌着诸多不确定性。补齐施工过程的智能化、信息化短板；落实新技术、新材料的推行使用；站在统揽全局的角度、从全生命周期的视角考虑城市建设等，需要新一代朝气蓬勃的土木青年人在工程领域不断发光发热。

生逢盛世，不负盛世；未来之城，阔步走来。罗爽接住了绘制时代新蓝图的画笔，怀着自校园时期培养的终身学习的习惯在这里留下了奋斗的足迹，见证了一座城市从无到有的整个过程，这些都是仅在雄安新区才能收获的宝贵经历。

人生是永恒的选择

尽管近年来建筑行业相关专业遇冷，但在罗爽看来，土木工程一直是非常有意义的专业。土承天下，木载苍穹，土木工程与城市建设和人民生活息息相关，是满足人们日益增长的物质和精神需求的基础。随着社会对可持续发展和能源效率的关注度日益增加，土木工程后续的发展需要不断融合智能化、信息化技术，做到领域延伸发展，让新技术为这个古老传统的学科注入新活力，并在基础设施完善和城市更新改造、智慧城市打造中不断彰显我国日益强盛的综合国力。

罗爽坦言，就业实践助理的工作几乎直接促使他选择入职雄安集团。这份助理的工作内容不仅让他有机会可以接触到各界的就业资讯，还能与优秀前辈交流经验。在与行业内顶尖的房企、设计院、央企，以及行业外的银行和券商等接触的过程中，他逐渐明晰自己内心的想法，认识到雄安新区是一个能看得见未来的地方，这里能将自己的专业知识充分应用。作为雄安新区

"校招大使"，罗爽每年也会回到清华大学与学弟学妹们分享工作的宝贵经历，也非常欢迎学弟学妹们投入雄安新区的建设。"在这里，你可以酣畅淋漓地实践你的想法，以探索、开拓、创造脚下的未来，激发这片热土的活力。"

对职业道路的选择，罗爽也给出了自己的看法。他建议学弟学妹们不要盲目跟风，不要畏惧挑战。每个行业未来的发展都充满了不确定性，需要在充分了解自己的内心和就业情况后遵循内心做出选择。不惧，展示青年勇气；不退，彰显青年担当。罗爽认为施展才干的舞台无比广阔，同学们应该在最好的年纪里不断试错、不断突破、自我调整、自我修正，具备向上爬的力量。

于高山之巅方见大河奔涌，于群峰之上更觉长风浩荡。罗爽强调，学弟学妹们要有全面开阔的视野，尝试在学校获取更多的信息和人脉资源，打破专业壁垒，多维度、多层次、深入获取综合知识。"明者因时而变，知者随事而制"，锤炼自己的学习领悟能力也十分重要。只有提升应变本领、增强求变勇气、跳出惯性思维，与时俱进才能获得破冰前行的勇气和创新发展的智慧。

扎根乡土，服务人民

——访河南省新乡县人民政府副县长宋云天

文 / 水利系　崔世博　胡国潇　王金瑞

宋云天，男，2010 年进入清华大学水利系学习，在校期间曾任清华大学学生会主席、水利系团委书记、水利系学生工作组组长。曾获国家奖学金、北京市三好学生、清华大学"创先争优"优秀共产党员等荣誉。毕业后选调至河南工作，历任河南省新乡市辉县市冀屯镇前姚村党支部第一书记、河南省新乡市辉县市孟庄镇党委副书记，镇长，现任河南省新乡县人民政府副县长。

2023 年 7 月 31 日上午辉县市下了一场大暴雨，当我们下午到达孟庄镇政府的时候，宋云天学长正在村里解决道路积水进入村民房屋的问题。傍晚时分，积水已基本得到清除，我们见到从村民家中返回的宋云天学长，他正身着短袖、短裤和拖鞋，这是当地干部典型的"防汛装"。虽然一天的工作使宋云天学长略显疲惫，但从他嘴角的微笑中能感受到村民的问题得到解决后的喜悦。与宋云天学长的初次见面只有短短的十几分钟，匆匆地吃过晚饭后，他又去参加辉县市的"13710 联合作战工作机制周交办会议"。直到晚上十点会议结束后，宋云天学长才终于有空接受了我们的采访。而在采访过后，宋云天学长又带领值班的政府工作人员前往各个村去巡查雨情……

宋云天学长曾在"林枫辅导员"的访谈推送中提到，他希望"做一棵扎根在大地中的树，为往来老幼遮雨挡风"，这也是他投身社会工作的缘起。从校园到基层，从为身边同学服务到为广大人民群众服务，宋云天学长始终坚定地践行着这一信念。

"辅导员经历坚定了我前往基层工作的信念"

宋云天学长在毕业时曾有很多的职业选项，在最终做出前往基层工作的决定之前，他经历了漫长而艰难的思想斗争，这份纠结和挣扎也被详细地记录在以他为主人公之一的电影《大学》里，令无数观众为之动容。在诸多促成这一选择的因素中，宋云天学长认为最重要的一点是对基层工作价值的真切认同，而这种认同的形成离不开清华的培养与鼓励。

清华大学历来重视对家国情怀、集体主义、奉献担当等精神的培养，宋云天学长就读的水利系的系歌里就有"改造自然，造福人类，永远是我们远大的理想""前面是滚滚的江水，身后是灯火辉煌，壮丽的事业我们骄傲，豪迈地奔向前方"这样的歌词。从本科入学开始，宋云天学长就受到这种精神的熏陶和感染，积极参与多个社工岗位的工作中，并在研究生学习期间开始担任辅导员，希望能通过自己的努力提升同学们的学习生活品质，服务同学们成长成才。

在宋云天学长担任水利系学生组组长时，金融、互联网和房地产等行业势头正盛，发展火热，成为大家就业的热门选择。相比之下，由于缺乏对本专业的深入了解，系里一些同学对水利行业的发展前景不够乐观乃至产生了抵触情绪。宋云天学长敏锐地捕捉到了同学们的这种困惑，尚处于学生阶段的他重点推动了水利系的生涯导师项目、社会实践和科研科创活动，通过邀请毕业二十年的系友参与本科生的培养环节，使同学们获得更加专业的一线职业信息；通过引导同学参与水利专业相关的实践、科研活动，使同学们对水利行业的理解不断加深，对水利行业的发展充满信心。

除了支持专业资源外，宋云天学长还鼓励同学们发展个人兴趣爱好、体验丰富的文体活动、探索大学的无限可能，同时尽力在家庭经济、学业发展、心理健康等方面遇到困难的同学，经常和有需求的同学们谈心到半夜。每当看到同学们能从自己这里得到一些帮助，有所成长与发展，宋云天学长都感到十分欣慰。

宋云天学长提到"做辅导员工作也是自己受教育的过程"，在引导同学们树立家国情怀、培养奉献精神的同时，也是对自己人生选择的鞭策，是认识自己内心和升华价值追求的过程。他说："如果建议同学们做的事，辅导员自己却没做到，那么他就难以让人信服。"因此，在做出前往基层工作的职业选择时，虽然身边大多数人都劝他再好好考虑一下，但他回想起在学校担任辅导员时的点点滴滴，心中便已有了明确的答案。

"珍惜大家的信任"

在做辅导员工作期间，宋云天学长深得同学们的信任，被大家亲切地称为"天哥"，同学们遇到难以解决的事情都愿意向"天哥"咨询，而他也总是面带亲切的微笑答疑解惑。在乡村工作的过程中，宋云天学长同样用实际行动赢得了老百姓和同事们的信任。

宋云天学长提到，在基层工作直接面对老百姓，需要耐心细致地了解情况，掌握与群众沟通的方法，切实为大家解决问题。例如，在 2021 年河南洪灾时，许多老百姓受灾严重，有一次几十名群众来找政府反映情况，大家各自表达着自己的诉求，既容易激发矛盾，又难以高效解决问题。于是，宋云天学长提出大家先冷静下来，梳理总结问题和诉求，并派出几位代表与政府深入沟通，这样一来工作得以迅速地推进，大家的诉求也迅速得到响应和解决。随后宋云天学长又带领政府工作人员挨家挨户了解受灾情况，团结大家共同抵御洪灾，最终妥善地帮助广大受灾群众渡过了难关。

宋云天学长的博士课题方向是山洪研究，每到雨季他都会基于自己所学的专业知识进行雨情、流量、洪水调度等的分析，过硬的专业素质让宋云天学长能更好地处理这些问题，也增强了群众对宋云天学长的信任。有了这样的信任，宋云天学长能够加强与老百姓的沟通交流，深入了解老百姓的实际诉求，并竭尽所能为他们解决问题。

面对一些急难险重的工作，宋云天学长坚持到一线了解情况、解决问题。有一次孟庄镇某工厂发生了较为严重的火灾，宋云天学长前往厂区带头疏散人群，身边的干部都被他冲锋在前的身影深深感染，最后大家一起妥善处理了灾情，并排除了工厂的其他安全隐患；还有一次在半夜，一辆载有危险化学物质的汽车在孟庄镇的路上发生了车祸，有危险化学品外溢的风险，宋云天学长立刻动身前往现场，并紧急联系了专业队伍进行处理，避免了后续衍生事故的发生。类似的事件还有很多，"深入群众、以身作则"是我们听到的当地干部群众对宋云天学长的评价。

"把关注点放在做事上"

"行胜于言"是清华大学的校风。宋云天学长所在的孟庄镇有 9 万多常住人口、9000 多家企业，位列 2022 年全国千强镇的第 321 位，巨大的体量意味着工作的挑战与复杂性，但同时也意味着有很多事情可以做值得做。宋云天学长说："在基层的一线岗位能够直接做成一些自己想为老百姓做的事。"但是他也强调："基层工作比学校的学生工作更复杂，希望做成一件事需要花很多时间。例如，一个项目从招商到落地再到带动就业和产生税收，没有 3 ～ 5 年是完不成的。现在的很多成绩是前人打下的基础，目前的很多工作也是在为长远做筹划。"

谈到个人的职业发展，宋云天学长认为我们不能把晋升作为自己的首要目标，而应该始终把关注点放在做好事情上，在自己的岗位上脚踏实地、久久为功，做好一颗为人民服务的螺丝钉。"一个公务员如果想做事就不会对个人发展感到焦虑，如果抱着当官的心态会很容易焦虑而且大概率要失望。"宋云天学长如是说。

当我们问起这几年的基层工作中最有成就感的事情，宋云天学长颇为动情地说"带领大家种的花开的时候，活动办起来的时候，项目建设投产完成的时候，公共服务设施终于建成的时候……每当群众因为一件件小事而对政府有了更多的认同，都是我最开心的时候"。

用心奉献，一直在路上

——访中国地质调查局选调生黄国锐

文 / 地学系　章沁雅　黄晓婷　周宇峰

黄国锐，男，2014年进入清华大学地球系统科学系学习，2015年起担任地学系研究生德育助理。曾获北京市三好学生、清华大学优秀学生干部、清华大学优秀研究生共产党员等荣誉。毕业后赴中国地质调查局工作。

1953年，当时的校长蒋南翔倡议并建立清华大学"双肩挑"政治辅导员制度，如今已经走过七十载春秋，"双肩挑"的内涵与核心是"一个肩膀挑业务学习，一个肩膀挑思想政治工作"。辅导员的事业是青春的事业，是汇聚青春智慧、点燃理想火焰的事业，正是因为一代代辅导员新老接力、同向同行，团结带领同学实现一个又一个新突破、新跨越，为学校迈向世界一流大学前列贡献青春力量。如今，数千名辅导员已经从清华毕业，成为了各行各业的骨干人才，肩负使命、为国奉献，真正展现了清华人的责任和担当。

从踏入清华园的那一刻起，黄国锐便和"双肩挑"政治辅导员制度结下了不解之缘。无论是带领生研14班级获得"研究生优秀集体"荣誉，还是率领地学研会获得"优秀研会"称号，黄国锐一直在努力、用心地做好手头的每一份工作。三年时间里，他胸怀格局、唯实惟先、善作善成，围绕助推地学系学生成长成才，创造更多的团建载体，畅通权益服务渠道、完善动态调研机制、打造问题反馈闭环，解决同学急难愁盼的困难，为同学学习和生活中面临的现实问题提供实实在在的帮助。三年的时间里，他一直在路上，坚持用自己的努力让同学们感受到集体的温暖，用自己的热情让同学对地学家庭有更高的归属感。每一次付出都是对自己的一份历练，获得了同学们的肯定。

在学中干，在干中学

2014 年入学前夕，黄国锐参加了清华大学研究生新生骨干培训班，在这个过程，他第一次深入了解了清华大学"又红又专，全面发展"的教书育人传统。黄国锐谈道，参加学生工作是在校学生提升自身综合素质的重要方式，坚持在干中学、学中干是广大青年成长成才的必由之路。在参加学校学生工作、成为一名"双肩挑"辅导员后，黄国锐便不断坚持在工作中学习、在学习中成长。这也成为了他日后工作的目标和格言。

地学系的师生人数并不多，属于一个"小而精"的集体，同学们之间的氛围也很融洽温馨。入学后，黄国锐便担任了生研 14 班的班长，和研团研会的师兄师姐们一起组织活动。在研究生二年级之后，黄国锐决定在地学系继续做学生工作，为地学系同学们举办更多活动、更好地服务大家。黄国锐回忆了自己在做学生工作时的经历，表示导师的支持非常珍贵。做学生工作必然会牺牲时间和精力，需要人学会有舍有得。一天只有 24 小时，但黄国锐需要同时兼顾社工和科研，为此他非常感谢自己的导师当时能够尊重他的选择和发展，在他担任辅导员期间给予了大力的帮助和支持。除此之外，黄国锐相信，在一段时间内能做好一个事情是基本的要求，能够同时做好两件事情才是能力的体现。"双肩挑"意味着要承担双份责任，同时意味着成倍的锻炼和成长，他每天都需要保证一定时间的科研工作，并且需要留出时间服务同学。"做学生工作其实很大程度上就是要讲奉献。"黄国锐说道。秉承这样的意志，他在学生工作中稳稳扎根了三年。

全员参与，不漏一人

问题是时代的声音，只有始终树立问题意识、坚持问题导向，才能不断有效破解前进中的各种难题，才能开创学生工作改革发展的新局面。黄国锐在做学生工作时始终遵循问题导向，思考如何带动地学系同学全员参加活动，如何更好地服务全体同学。问题无处不在、无时不有，黄国锐善于发现问题、正视问题，并充分发挥主观能动性解决问题。

由于地学系在读学生只有研究生，平常科研生活非常忙碌，因此如何鼓励大家积极参与系里的学生活动、引导大家参与学生组织就成了首要难题。黄国锐认为活动组织的形式不是关键，重要的是需求导向——是否串联不同年级、不同课题组的同学相互交流，是否满足同学的成长成才、放松身心的需求等，因此黄国锐构思了许多地学系"私人订制"的活动，协同推动学生工作落地。同时，黄国锐在充分尊重同学意愿的前提下动员大家参与系里学生工作，在研工组内部开科研组会，交流科研近期进展与遇到的问题，相互鼓励并促进不同课题交叉领域，缓解了同学们的科研压力，营造温馨愉快的团队氛围。

在一次体育活动中，黄国锐碰巧想起了学校"无体育 不清华"的口号，于是便从体育工作中找到突破口，将提升体育氛围作为地学研会年度工作计划的第一项。通过调研发现，地学系的特点之一是学生人数较少，不仅在参加大、小马约翰杯体育比赛时人数可能不够，而且同学们多被繁忙的科研生活约束、较少参与体育锻炼。针对这一问题，就鼓励并推动地学系学生体育活动常态化、全员化发展，黄国锐与地学研会体育部同学进行了多次沟通，最终提出了"你运动 我买单"的创新活动，并通过每月一次以课题组为单位"运动换积分"的方式增添了同学们的运动热情，带动了同学们的互动氛围。黄国锐自己也积极参与到体育锻炼中，先后代表地学系乒乓球、足球、篮球队等参加学校马约翰杯比赛。这样的运动氛围始终存在，一直在激励同学们走出办公室、参与体育锻炼。直到现在，地学系研会仍然延续着"你运动 我买单"的体育活动，并推出了全民健身打卡的活动，2022年更是取得了马杯羽毛球乙级四强的好成绩。

此外，为解决地学同学与兄弟院系之间交流少的问题，黄国锐当时提出要大力联合其他院系举办活动，促进同学间的交流沟通。2015年，地学研会对自身品牌活动"地心放映室"进行优化，与机械、航院、社科及水利五个院系研会合作举办该活动，并更名为"周五放映室"，寓意着在每周五晚上，"一部电影，一次交流，一场联谊"。目前，该活动已成为院系间同学交流的桥梁。

服务奉献，一直在路上

习近平总书记指出，年轻干部要提高改革攻坚能力，面向未来，要持续走在时代前列，要为全面深化改革添动力、求突破。作为一名"双肩挑"辅导员，黄国锐谈道，改革攻坚的能力是他在这段经历中最有体会的。他回忆说，在2016年担任地学系研工组副组长时，他便勇于结合新时期、新媒体、新任务的变化，注重工作思考与总结，并在地学系研工组老师们的鼓励支持下主动改革调整研工队伍的搭配分工，充分挖掘研工组同学的工作潜力，带领团队更好地服务同学。为了更好地宣传和推广地学系各项学生活动、为同学提供接触和了解各项信息活动的平台，地学系研工组新闻中心在研会宣传部基础上筹备建立。黄国锐全程参与了新闻中心的筹建和规划，从微信公众号的名字，到团队的工作重心，再到运营管理等都能够看到他的付出。此外，黄国锐还组织筹备了地学系志愿服务队，旨在为各项学生活动提供志愿服务的支持。黄国锐回忆说，在开学迎新日，志愿服务队同学首次与研工组一起参与了迎新工作，很好地解决了研工组人手不足的问题，同时也提供了志愿服务的机会，给同学们带来了别样的经历。

谈及辅导员身份给自己留下的影响时，黄国锐认为这段经历为自己之后参加工作培养了自信，形成了良好的习惯。目前在中国地质调查局工作的黄国锐，说了三个对自己目前工作来说最重要的"好习惯"。首先是细心认真，在校担任"双肩挑"辅导员期间，黄国锐常常需要在很多工作的细节上把好最后一道关，而这让他对文书、数字、标点符号等细节都特别敏感；其次是调查研究，在开展和统筹各项工作时，都需要提前调研掌握需求在哪里、目前工作的问题不足在哪里、要改善的薄弱环节在哪里等；最后是甘于奉献，这不仅是一句口号，更需要像螺丝钉一样盯紧、盯牢在自己的岗位，坚守职责、担当奉献。寄语在任的辅导员师弟师妹们，黄国锐提道，"新时代辅导员要正确看待'辅导员'身份的重要意义，珍惜辅导员期间所经历的困难、挑战和快乐，将所学、所思、所得转化为促进自身成长成才的内生动力，以期在中国式现代化新征程中绽放绚丽之花"。

　　用心奉献，一直在路上。黄国锐在担任辅导员期间和目前的工作岗位上依然秉持这份热心和奉献，将细致认真的态度、调查研究的能力、改革攻坚的决心贯穿到了自己工作当中，用实际行动书写在新时代的崭新篇章。未来的工作使命依旧，唯有继续奋斗方能不负嘱托。

辅导员是值得一生铭记的光荣事业

——访清华大学金融学院 EMBA 中心主任助理江静琳

文 / 金融学院　郭宇辰

江静琳，女，2014 年进入清华大学五道口金融学院学习，博士期间先后担任研究生党建助理、学院党委研究生工作组副组长等职务。毕业后担任清华大学金融学院 EMBA 教育中心主任助理。曾获清华大学优秀博士毕业生、清华大学林枫辅导员奖、清华大学优秀共产党员、北京市优秀毕业生、北京市三好学生、首都大中专院校"先锋杯"优秀基层团干部等荣誉称号，并获国家奖学金、清华大学蒋南翔奖学金。

"能够在清华做党建工作，能够在这样一个舞台上奉献自己、全心全意服务同学成长成才，青春无悔。"

时至今日，江静琳仍将自己在清华园和五道口小院的辅导员生涯称为"热情澎湃的岁月"。从基层党支书到学院研究生党建助理，再到校研团副书记，不论在什么岗位，江静琳始终心系同学的成长进步，以实干务实的精神和开拓进取的作风开展辅导员工作，在"俯首甘为孺子牛"的过程中与同学共同成长。大浪淘沙后，沉淀在那段时光里的热忱真诚的态度、无私奉献的情怀始终在江静琳的人生散发出温暖的光芒，照亮前路、生生不息。

党旗为帆，探路前行

2014 年，江静琳升学进入清华大学五道口金融学院攻读博士学位。彼时正值金融学院并入清华大学不久，各项学生工作都在如火如荼地开展。在面向研究生同学开展工作的过程中，江静琳意识到，研究生的思想观念已基本成熟，以他们愿意接受的方式开展思想引领工作是摆在面前的一大难题；另外，研究生的课程教学相对较少，且同学中兼有全日制、非全日制两种学制，学生群体内部差异大，因此在有限的时间开展工作，并实现对不同类型研究生的全方位覆盖也是一个颇具挑战的课题。

回忆担任研究生德育助理经历的起点，江静琳直言是金融学院的党建特色激发了自己的工作灵感。"五道口金融学院是在中国人民银行研究生部的基础上建设而成，重视党建工作是金融学院的宝贵传统。"江静琳开始思考，是否可以利用金融学院的党建优势，尝试以党建为抓手实现对学生工作的全方位带动呢？

秉承着这样的工作思路，江静琳在担任金博 14 党支书的一年中，切实将党支部作为集体建设的龙头，在党、团、班的通力合作中实现了对全体同学的覆盖。例如，非全日制同学在博士的课程学习中往往面临较大的学业压力，江静琳会动员全日制的党员学生和他们结成学习小组，既充分发挥党员的先锋带动作用，又实现学习成绩的整体进步；又如，作为年龄稍长的行业翘楚，非全日制同学拥有丰富的实务工作经验，江静琳会鼓励他们在党支部活动中分享成长经历，为全日制同学提供宝贵参考。除此之外，作为党支书，江静琳也与同学密切进行着深入的、一对一的思想交流，不但关心同学的思想动向，更对同学日常生活的困难伸出援手、答疑解惑。

短短一年内，金博 14 的集体建设成果斐然。一方面，江静琳能够切实感受到同学对自己的信任。"许多同学会主动找我交流自己的近况，包括个人生活、职业发展、思想动向等方面。这种信任让我非常有成就感。"另一方面，金博 14 的集体凝聚力和认同感极强，许多非全日制的党员同学愿意主动亮明党员身份，参与金博 14 组织的捐款、献血等支部活动；在毕业多年后，集体里的同学在工作和生活上仍然保持着密切交流。在江静琳看来，这是对自己辅导员工作最大的肯定。

守正创新　育人育己

江静琳担任党支书的优异表现得到了金融学院的认可。2015 年 8 月后的两年间，江静琳开始担任金融学院的研究生党建助理，作为政治辅导员协助学院老师管理研究生的党建工作。当时，学院一共有十余个研究生党支部，因此，建立长效的工作机制、加强党员骨干的队伍建设，成为了新形势下摆在江静琳面前的新课题。回忆这段经历，江静琳将自己的辅导员角色分解成三个不同的侧面："领头雁""主心骨"和"引路人"。

做"领头雁"就是要在合理划分职能的基础上充分调动党支书的工作积极性。"我一直觉得，金融学院的每位同学都很有能力和想法，值得拥有充分的工作空间和自由度。"作为党建助理，江静琳为自己划定的底线是"不能越俎代庖"，要发挥党支书的主动性和创造性。因此，江静琳一方面有的放矢地制定了党支书工作手册，在党员发展、组织生活等方面提供了基础性的规则指引；另一方面在支部活动上实行"报备"制，支书可以自由决定活动形式，同时她协助建立起了党支书之间、支书与学院领导之间的正向交流机制，为大家创造互相学习、借鉴经验的交流平台。这一工作思路卓有成效，党支书会自发地在课余时间讨论支部的工作模式，"支书们在食堂吃午饭聊天时都会讨论下次组织生活会要怎么开展"。在支书们彼此学习、互相交流的过程中，金融学院研究生党支部的建设模式日益多样起来，党员活动的深度和广度也迈上了新台阶。

做"主心骨"就是要有力培养"党建助理—党支书—支部委员"的骨干团队，做好针对性的技能培训。在担任党建助理的过程中，江静琳做得最难、最有成效的事情就是开创性地创建"党支书团队"。"党支书团队"以各支部党支书为主体成员，同时也吸收了有意愿和能力的支部委员。她把这个团队定位成党建骨干的"学校"：一方面，团队充分发挥了金融学院"老带新"的传统，通过组织经验分享、专题讨论会，为骨干们提供针对性的技能培训；另一方面，江静琳将团队打造成有效的工作平台，让骨干们在事务性的工作之外能对学生党建形成更加深入的思考。在担任党建助理期间，江静琳带领"党支书团队"精诚合作，连续完成了《研究生奖学金制度激励因子的探索性研究》和《研究生党支部"外向型"党组织生活模式的探索与思考》两个重点研究生党建研究课题项目，且均获评优秀课题。在课题研究中，党建骨干的理论水平进一步得到提高，"党支书团队"的队伍凝聚力也不断增强。

做"引路人"就是要促进骨干成长成才，为骨干的成长创造更大的空间，让每位同学都有机会在更大的舞台绽放光彩。"党支书团队"创设得非常有成效，多名党员骨干获评"清华大学优秀党支书（研究生）"等荣誉称号；队伍中产生了8位研究生德育助理，分别担任学院党建助理、新生助理、研团总支书记等重要岗位。"党支书团队"成为了学院研究生工作的骨干力量，为学院研究生工作队伍输送后备人才；党支部建设也成果斐然，带动集体建设取得了良好成绩。多个支部获得北京市高校"我的班级我的家"优秀班集体、清华大学先进党支部、清华大学先进集体等荣誉。

在江静琳担任党建助理的两年中，金融学院的研究生党建工作稳中有进，不仅在多项工作中表现突出，更形成了健全的长效工作机制，获得了学校研工部、学院研工组，以及同学们的广泛好评。江静琳也在推进工作的过程中不断思考辅导员工作的内涵和意义，朝着"又红又专"、德才兼备、全面发展的目标砥砺前行。

承接气韵，投身实干

光阴似水，如今回忆起自己的辅导员生涯，江静琳认为，是学院和学校的精神传统始终激励着自己在辅导员岗位上不断进取。"中国人民银行研究生部是五道口金融学院的前身，许多老一辈'五道口人'都奋斗在党和国家金融改革实践的第一线，为我国金融事业改革和发展作出了巨大的贡献。"正是在"培养金融领袖、引领金融实践、贡献民族复兴、促进世界和谐"的使命激励下，江静琳不断思考、总结、探索、创新，建立党支书团队的新工作方法。

事实上，五道口金融学院"不怕苦、敢为先、讲团结、重贡献"的传统与清华大学"又红又专，全面发展"的育人传统是高度契合的。"清华一直大力倡导青年学子要'立大志、入主流、上大舞台、干大事业'，而'五道口人'也在国家金融改革发展最重要的领域发光发热。"在辅导员的岗位上，江静琳立志成为兼具专业性和报国志的金融人才。在以优异的成绩毕业后，江静琳选择留在学院，传承清华精神与"五道口"文化，以务实的态度投入金融学院"新十年"的建设，为中国金融改革与发展贡献力量。江静琳说，做出这样的人生选择与自己的辅导员经历是密不可分的。而这五年的辅导员经历也成为了江静琳前行道路上的鲜亮"底色"。"恰同学少年，风华正茂；书生意气，挥斥方遒"，在某种程度上，毛泽东的诗句是对那段"激情燃烧的岁月"的最好概括。

"这段经历对我而言就像是火种一样，让我能够保持着当初的热忱。能够在清华做党建工作，能够在这样一个舞台上奉献自己，全心全意服务同学成长成才，青春无悔。"辅导员生涯已经凝缩为了一种人生态度，潜移默化地指引着江静琳的人生选择，让她能够穿过繁杂，静心聆听内心最深处的声音。

辅导员是我的人生印记

——访山西省选调生白浩浩

文 / 土木系　黄晨阳　周心怡

白浩浩，男，2012 年进入清华大学土木工程系学习，2016 年担任研究生支教团团长，赴西藏自治区支教一年，2017—2020 年先后担任土木工程系暨建设管理系带班辅导员、团委书记、学生组组长，2021 年担任校研究生会主席。曾获西部计划西藏专项优秀志愿者（标兵）、清华大学林枫辅导员奖（学生）、清华大学毕业生启航奖金奖、北京市优秀毕业生等荣誉。现为山西省选调生。

与白浩浩学长的访谈是在线上进行的。此时他正在单位的宿舍里，准备前往基层进行锻炼。平头短发、军绿色的短袖、帅气开朗的笑容，毕业一年后，学长依然是我们记忆中的模样，而这样的面容也是他给七字班同学的最初印象。从七字班入学到毕业，白浩浩以不同的身份给土木系的同学们留下了许多记忆，无论是对他所带年级的同学，对土木系、建管系的社工骨干，还是对院系的其他辅导员，他始终是大家的"白导"，辅导员身份为白浩浩打下的印记深深浅浅地嵌在他的生命中。他说："辅导员是我的人生印记，从事这份工作，影响他人的同时也在成就自己。"

我的辅导员给我成为辅导员的信心

白浩浩说，自己在本科期间遇见的三位辅导员让他坚定地走上了辅导员之路。2012 年，白浩浩收到了清华大学本科录取通知书，那时的他还是一个有些"社恐"的学生。面对这样一名新生党员，孔郁斐辅导员鼓励他继续参加学校党课学习、增强理论知识，而刘婷辅导员则鼓励他担任班级党课小组组长，让他有机会更深入地思考一些问题。大二学年，白浩浩加入了国旗仪仗队，和队友们日复一日的升旗、降旗给他带来了满满的幸福感，也让他选择接任国旗仪仗队队长的职务。在担任队长期间，一名叫苏健的博士生同学报名参加国旗仪仗队，这对以本科生为主的队伍而言是非常特殊的。白浩浩与他共同训练，参加升旗、降旗仪式，苏健成为了他亦师亦友的同伴，后来他才知道，苏健是当时工程物理系的学生组组长。一次日常升旗任务结束后，白浩浩和苏健一同返回宿舍。苏健说，他觉得白浩浩很适合做辅导员，因为白浩浩在思政方面有自己的心得，也愿意表达自己的观点，比较符合辅导员的特征。这让白浩浩特别高兴，"我读本科的时候觉得辅导员是非常神圣的，只有年级的佼佼者、最优秀的人才能做到。苏健辅导员的话为我埋下了一颗种子，让我觉得自己原来也具有某些做辅导员的特性"。后来，白浩浩作为研究生支教团的一员前往西藏支教，返校后在学校、院系的选拔下成为了一名辅导员，继续发扬辅导员前辈的优良传统。

坚持长时间做好一件事

白浩浩首先担任土木系七字班本科生的带班辅导员，后来又接任院系团委书记和学生组组长。他认为，谈心谈话是辅导员的基本功，也是开展学生工作最有效、最直接的方法。他把"00后"同学特点归纳为"三个多"。一是提问的"为什么"多，凡事问个为什么是他们的日常，不再是辅导员说什么就是什么；二是表达的"我觉得"多，他们对问题有自己的想法，而且观点非常鲜明；三是沟通的"怎么做"多，同学选择更加丰富，但也伴随着迷茫，需要旁人的建议。三年的院系辅导员工作实践中，白浩浩把握这些特点，积极思考，探索出了一套行之有效的工作模式。担任辅导员之初，他就把中厅改造为辅导员谈心谈话的工作空间，三年里他经常邀请同学聊天，重点针对存在学业困难、心理问题、经济困难等几类情况的同学开展谈心谈话辅导，了解同学的思想动态和近况。后来，到辅导员中厅聊天被同学戏称为"去白导宿舍喝茶"，有些同学经常主动约聊，与他成为朋友。面对此次参加访谈的辅导员后辈，白浩浩也鼓励大家多做总结，做一些"形而上"的工作，"这种'形而上'的工作，绝不是像朋友圈小作文的那样故事和经历，大家要多思考现在学生群体的新特点，思考自身工作怎么去适应这些特点，甚至去预测学生未来会出现的新特点，从而更好地开展工作"。

除了在院系担任本科生辅导员之外，白浩浩还承担了校研究生会的工作。来到研究生会之初，白浩浩负责研究生生活权益工作。他说，如果是其他类型的工作自己很可能无法适应，但面对生活权益工作他却有充分的信心，这项工作直接面对同学的意见建议，每推进一件他心里都会有一种踏实感。在接任研究生会主席后，白浩浩面临着更加复杂的工作："研究生会服务的对象群体比本科生群体更加复杂，年龄、专业、经历差异很大，研究生系统要通过研究生会去办很多活动，工作内容非常广泛，也有很多需要考虑的风险。"把握工作的核心成为了白浩浩在研究生会工作的一个重要目标，为此，他提出围绕三条"有利于"开展工作，"第一条，是否有利于立德树人根本目标的实现，高校承担的使命意义重大，研究生会的工作也需要围绕大局，为学校立德树人的育人理念增光添彩；第二条，是否有利于服务研究生同学成长成才，学校着力于培养学生'德智体美劳'全面发展，其中除了'德'和'智'以外，都需要学生组织来推动，因此研究生会对服务学生成长成才具有非常重要的功能；第三条，是否有利于世界一流大学校园文化建设，清华在当前的国际排名已经非常靠前，但校园文化建设仍然有改进的空间，所以我们做的工作到底是不是有利于校园文化建设就成为了我们工作衡量的重要标准"。围绕这三条"有利于"，白浩浩着力推动"良师益友"等师生互动活动，也打造了课题组集体返校等别具匠心的主题活动，让研究生同学在活动中收获更多归属感。白浩浩说，学生组织的特点是人员变化快，但研究生会要做到"人变事不变"，坚持点滴积累，坚持做好小事，带着使命感、归属感、收获感工作，让"坚持用半年、一年乃至更长的时间做好一件事"成为常态。

不要怕犯错，珍惜在挫折中成长的机会

在辅导员经历中，有两个"至暗时刻"让白浩浩记忆犹新。其中一个时刻是在院系做辅导员期间带土木七字班参加"一二·九"合唱比赛。此前，土木系已经连续八年获得综合一等奖，在同学们心中，这次比赛蝉联九冠，已是志在必得。当晚一曲歌罢，大家都翘首期待结果揭晓。然而现实给了所

有人一个巨大打击——这一次，土木联队与一等奖无缘。所有人心情瞬间跌落谷底，在喧闹的综体中陷入沉默，白浩浩更感到难受、难堪、难言，不知道如何面对同学。短暂的痛苦过后，他和另一名辅导员张紫千坚持当晚把同学召集在一起，安慰大家不要太在意名次，要看到结果之外的风景，而同学们的情绪也很快从失败走出来，反过来给他鼓劲，这成为那年"一二·九"合唱比赛他们最深刻的记忆。那个晚上，土木系同学朋友圈最多的一句话，是"拼过，便无悔！"另一个时刻是在2021年9月10日凌晨，当天是教师节，白浩浩负责跟进一个主题视频和一个宣传推送的制作，这两个作品很重要，计划当天上午发出。视频前期已拍摄半个月，推送也提前一周开始准备，前一天晚上，他自信满满，认为时间充足，视频和推送都可以赶出来。带同学做的时候他才发现进度严重滞后，一个通宵结束，直到第二天早上几个关键问题仍然没有解决。他怀着无比沮丧的心情和巨大的压力拿起电话，和老师和同学说："对不起，两个作品一个也发不出去了……"电话那头却传来了相似的回复："没关系，以后还有机会发，赶紧休息！"这话让他在整晚的煎熬后重新感到温暖和信心，"战友"以及学校环境所给予的包容与支持成为他在挫折后重新出发的坚实动力。

在白浩浩看来，自己从本科入学时的愣头青成长为辅导员，并且依然坚持从事这项工作，这期间最大的体会就是直面挫折，珍惜在错误后收获成长的机会。在四年多的辅导员经历里，白浩浩认为自己虽然会不时遭遇挫折，但更多则是在努力避免出错，或在失败后积极减少负面影响。他说："挫折让我有机会审视自己、了解自己，直面挫折是为了避免更多的挫折。尤其值得珍惜的是能够包容这些失败与错误的环境，在这一点上，清华为我们保留了足够的耐心和温情。"

辅导员是清华园最有情怀的一批人

谈及辅导员工作对他的影响时，白浩浩说"清华的辅导员工作带给我们最多的就是对思想政治工作的接触比较多，这是其他工作无法锻炼的，辅导员制度的全称就是'双肩挑'政治辅导员"。在院系开展思想政治工作时，白浩浩注意结合自己的经历，培养同学的思想理念和家国情怀。他利用班会和单独谈话的机会把自己去西藏支教一年的经历讲给了很多同学。但凡有外出实践的机会，他就把感想记录总结下来，一有机会就给同学讲。此外，他还不断加强自身的理论知识学习，厚实理论功底，提升理论水平，他回忆，入党动员时会遇到很多有想法的同学，只有自己把为什么选择共产主义信仰这个问题搞清楚了，才有可能真正说服同学入党："你必须自己有一桶水才可能给同学灌满一杯水。"在他和另两位带班辅导员的努力下，军训期间土木七字班有 70 多名同学提交了入党申请书，土木 17 党支部也连续获评"清华大学先进本科生党支部"和"清华大学本科生标兵党支部"称号。尤其让白浩浩印象深刻的是，有三名同学分别来找他，很认真地说想毕业后去西部支教。从同学身上看到这种从迷茫到家国情怀的变化，白浩浩感到很自豪。

白浩浩也分享了他对辅导员开展思想政治工作的看法。他认为，"讲政治"既是马克思主义政党的鲜明特征，也是我党一以贯之的政治优势。讲政治，一是在认识层面将历史唯物主义和辩证唯物主义作为认识社会现象及其发展规律的、总的方法论；二是在思想层面坚定共产主义的政治理想，这包括站稳政治立场、把准政治方向、坚定政治信念、提升政治能力、确保政治过硬等；三是在实践层面遵守政治纪律和政治规矩。白浩浩说："这三个层面逐次递进，反映了'讲政治'作为一项政治标准，有着贯通认识、思想、实践的特点。讲政治并不等同于无条件服从上级，服从是建立在深刻的认识和坚定的信仰之上的。我觉得咱们的辅导员需要在这方面加强学习。"

"立大志、入主流、上大舞台、干大事业"是清华大学对所有学生职业选择的一个重要导向。辅导员工作让白浩浩更加坚定了自己的理想信念，并在毕业后选择了作为选调生赴山西工作。目前，他在山西省委组织部已经工作了一年，并已前往基层进行锻炼，工作至今他依然初心未改，斗志昂扬，他说："清华的辅导员工作让我由内而外产生了一种家国情怀，让我想要为人民做出自己的贡献。"

在清华这片肥沃土壤上栽种花朵

——访中国运载火箭技术研究院研究员高伟凯

文／核研院　李雨涵　楼恬汝　高泽林　刘沣漪

高伟凯，男，2014 年进入清华大学核研院学习，2017—2019 年担任核研院研究生德育助理。曾获国家奖学金、冯仲云奖学金、光华奖学金、清华大学优秀共青团员等荣誉奖励。2020 年毕业后，前往中国航天科技集团公司中国运载火箭技术研究院工作。

作为中国航天科技集团公司中国运载火箭技术研究院的工作人员，高伟凯给人的第一印象是低调谦逊，朴素内敛。然而在谈及辅导员经历时，他又侃侃而谈，细细讲述了许多担任辅导员期间的故事，并频频表示德育助理的经历使他大受裨益。高伟凯将清华比喻为一块肥沃的土壤，认为在这里的所有人都可以种出最美的花朵，谱写最精彩的人生故事——而他的故事便要从辅导员说起。

薪火相传，责任在肩

2014 年，高伟凯入读清华大学核研院，成为了核硕 141 班级的一员。初入清华，他对园子里崭新的一切充满了新鲜与好奇，但也难免在适应新校园的过程中稍有不适应。幸运的是，高伟凯遇到了一群对学生工作尽心尽力的学长学姐。高伟凯回忆道："核研院研工组、研团、研会及所在班级的带班助理在入学之初便组织了丰富多彩的活动，严肃活泼、寓教于乐，覆盖了学习生活的各个方面，有效帮助新生快速融入集体、适应新的学习科研生活。"这些承担学生工作的学长学姐，尤其是带班助理为高伟凯提供了很多帮助，他的心中也由此被种下了一颗成为带班助理的种子。

后来，高伟凯不断提升自我综合素质，在完成本职科研工作的情况下开始承担学生工作，并在院研工组的指导和帮助下加入了清华辅导员这一优秀群体。2017年，他担任了核研院研究生德育助理，主要负责协助学院开展奖助学金评定等相关工作。2018年，他成为核博181的带班助理，从曾帮助过自己的学长学姐的手中接过接力棒，做下一批新生的引路人。

在工作中，困难是必然存在的，但高伟凯始终积极寻求解决方法，绝不含糊。例如，相较本科生班级而言，研究生班级普遍存在凝聚力不强、部分学生参与集体活动积极性低等问题。高伟凯便经常一对一找同学们聊天，还通过分小组及分寝室的方法将比较活跃的同学们"布置"到相对不那么活跃的同学们中去，从而逐渐让整个班集体凝聚团结起来。

青蓝相继，薪火相传。高伟凯遇到的带班助理用热情负责的工作态度将高伟凯领进社工领域，而高伟凯也在带班的过程中根据同学们的性格、能力及未来规划着重培养了几位学弟学妹，让他们把辅导员的接力棒继续传递下去。清华的辅导员体系也便是这样，一代又一代的辅导员关心照顾着他们的"孩子们"，而得到了关爱的"孩子们"也便会在未来成为新一代的辅导员，将爱与责任代代相传。

"双肩挑"背后是持之以恒的付出

科研学习乃学生之要务。除了承担学生工作，高伟凯始终身体力行清华人科研社工"双肩挑"的优良传统，丝毫未有松懈。在就读硕博期间，他师从吴莘馨教授、李晓伟副教授，在104科室课题组承担了多项工作，曾参与了两项国家科技重大专项的研究工作，在顶级期刊和会议上发表了系列论文，还获得了研究生国家奖学金。可以说，他是一名专业基础扎实、科研素养极高的优秀"核研人"。在清华较高的学术要求、较大的科研强度之下，唯有持之以恒地付出才能同时挑起科研、社工两个重担。

一方面，坚持与刻苦是高伟凯能够兼顾科研和社工的基础。核领域研究周期普遍较长，锻炼了"核研人"坐得住冷板凳的长期主义精神，塑造了"核研人"肯吃苦、敢吃苦的坚毅气质。在校期间，高伟凯与104的师兄弟们自发组成了"830小组"——之所以叫这个名字，是因为当时大家经常工作到很晚，导致第二天早上容易迟到。因此，组内成员便约定互相督促彼此在每天早晨8:30之前到能科楼办公室。从早到晚，从春到夏，能科楼见证了他持之以恒的努力与付出。

另一方面，热爱与认可是能坚持付出的重要因素。当我们全身心地沉浸在一件事情并从内心认可它时，我们便能从这些事情中汲取营养，富足我们的精神，丰盈我们的内心，从而在一定程度上缓解疲惫。高伟凯回忆道，在核博181的同学刚入学时，他在社工上投入了大量的时间精力，白天以处理新生的事情为主，晚上在办公室搞科研，夜里还经常与新生班的同学一起交流讨论，待每天回到宿舍都已经很晚了。但正是因为他发自内心地希望帮助同学们，对科研也充满热爱，因此同学们的声声感谢与科研上的点滴进步都能令他感到幸福，最终得以长久坚持在辅导员岗位上。

当然，除此之外，高伟凯也有一些其他"成功小秘诀"，如"见缝插针"的时间管理能力。他会将大块的、完整的时间留在较为重要的事情上，小块的时间则被用来处理一些零碎的工作，例如，与班里同学谈心谈话、读一篇论文等。此外，在科研工作中，有些部分无须研究者实时操作，包括利用计算机编程进行大量数值计算时，程序启动后会有一段较长的运行时间；又包括在设置好实验各项条件后，也会有一段反应时间。充分利用这些零碎时间完成社工任务，也在一定程度上让高伟凯兼顾了强度较大的科研学习与学生工作。

在做辅导员经历中成长

担任辅导员的经历也让高伟凯获益良多。在个人能力方面，带班助理的工作锻炼了他团结队伍的能力。为了营造良好的班团氛围，带班助理需要积极协调班里各位同学，让同学们相互配合、共同组织或参与系列活动，从而助力集体建设。因此，在承担核博181带班助理期间，高伟凯便锻炼出了较好的沟通协调和组织领导能力，这也在他踏入工作岗位后产生了积极效果。在航天系统中，型号总体的作用便是牵引各专业、各分系统，围绕总体目标集智攻关，协调各系统间不协调、不匹配的接口，因此需要具有极强的沟通协调能力。清华社工的经历让他能够游刃有余地沟通协调各方需求，从而快速高效地将不同部门人员组织起来，共同完成工作。

在思想方面，辅导员的经历塑造了他"严慎细实"的工匠精神。高伟凯在德育助理工作中具体承担的是奖助工作，需要协助研究生办完成奖助学金的评定工作，容不得半点差错。这帮助他养成了严谨细致的工作作风和一丝不苟的工作态度。在航天系统中，型号研制工作对航天工作者同样有着提出了"严慎细实"的工作要求，哪怕一个小数点的偏差便会导致极其严重的后果。因此，担任辅导员期间形成的严谨的工作意识使高伟凯可以更快、更好地融入航天工作者集体中去。高伟凯感慨道，辅导员经历不仅对他日后进入航空系统工作大有裨益，这些正面影响放之各领域的工作也都有帮助。不论在哪个行业领域，与人沟通、团结队伍的能力都是必要的，也都需要严谨细致、认真踏实的工作态度。

清华人，去人民和祖国最需要的地方去

清华大学一直教育同学们要"立大志、入主流、上大舞台、干大事业"，在清华辅导员体系中，这种家国情怀更是深入人心。在校期间，清华倡导"又红又专，全面发展"，辅导员就是其中的一支"红色急先锋"。作为冲在第一线的特种兵，辅导员们在繁重的科研之余仍全心全意为同学们服务，这便是承担社会责任的一种体现。因此，在清华大学服务社会、奉献国家的精神引领下，高伟凯下定决心毕业后要投身国防事业，竭力为大国重器的铸造贡献自己的一份力量。而航天一院正是我国国防建设的一支重要力量，面向"大航天"时代接续奋斗，推动航天事业高质量发展对祖国有着不可或缺的意义，因此，高伟凯毕业后便毅然选择前往航天系统工作。

在校期间，作为辅导员高伟凯总是在同学们最需要的时候出现；工作后，作为"航天人"，高伟凯又去往祖国最需要的地方——这便是清华人的家国情怀。

青春事业，人生志业

——访中共中央党校（国家行政学院）青年教师叶子鹏

文 / 马克思主义学院　王翘楚

叶子鹏，男，2018 年进入清华大学马克思主义学院学习，2018 年起担任"林枫计划"辅导员。曾任清华大学马克思主义学院研团书记、党建助理、校友助理等，负责校博士生讲师团工作等。曾获清华大学 2021 年度启航奖金奖、北京市优秀毕业生等荣誉。现为中共中央党校（国家行政学院）青年教师。

时光如寄。

清华大学政治辅导员制度至今已走过七十个年头。"双肩挑"政治辅导员制度在清华扎根、开花、结果，培养了一代又一代的清华人，成为了清华传统、清华精神的重要组成部分。

2021 年 7 月 1 日，庆祝中国共产党成立 100 周年大会隆重举行，这样的庆典也为这年夏天的毕业季添上了浓墨重彩般的红色印记。叶子鹏在建党百年毕业，带着嵌在他生命中、陪伴他成长的清华"双肩挑"经历，坚定选择去"红色熔炉"，成为一名党校教员。

如他所言，这是他的青春事业，更是他的人生志业。

有方向的青春

2017 年 2 月 27 日，《关于加强和改进新形势下高校思想政治工作的意见》（以下简称"意见"）印发，"意见"明确提出支持有条件的高校在马克思主义理论一级学科下设置"党的建设"二级学科。在中央政策的指导下，清华大学于 2018 年首次在马克思主义学院开设党的建设（简称"党建"）专业（方向)，而叶子鹏也成为清华第一批"党建"方向博士生中的一员。

来到清华园，叶子鹏被学校浓郁的家国情怀和集体氛围所感染。他清晰地记得刚入清华大学坐在新清华学堂时，原创话剧《马兰花开》给他留下的震撼。邓稼先学长那"碎首红尘，燕然勒功，至今热血犹殷红"的豪情犹在眼前，他们"有方向的一生"让叶子鹏意识到，只有与时代同心同向的人、与祖国同频共振的人、与人民同呼吸同奋进的人才能书写无愧于时代、无愧于祖国、无愧于人民的人生篇章。

在校期间，叶子鹏继承学校"又红又专"的"双肩挑"传统，积极参与清华大学思政育人的社会工作。从深度参与学校博士生讲师团的工作，到总体负责马克思主义学院研团总支，再到担任学校"林枫计划"（清华大学马克思主义理论研究学生因材施教计划）的辅导员，在不同的社工岗位上，叶子鹏不断摸索尝试，希望找寻一条能够让思想政治工作"如盐在水"，而不是推向反面的"如鲠在喉"的方法，找寻一条能够更好地让正向、正面、正气的思想入脑、入心、入行的方法。

育人也是育己。在学校"立大志，入主流，上大舞台，干大事业"的就业引导下，叶子鹏一直在思考究竟如何既能立足他的专业优势、发挥学术专长，又能"有益于国与群"，实实在在地投身国家重点单位、最大限度地服务公共事业。

凝聚青年跟党走

"双肩挑"思政育人工作的一个根本职责就是要凝聚青年跟党走。在叶子鹏看来，作为马克思主义学院的青年学生，一定要成为坚定的青年马克思主义者，坚持"马院信马，在马言马"。正是本着这样的育人初衷，叶子鹏结合重大契机，精心策划、因势利导组织学院青年团员的实践活动。在新中国成立70周年的寒暑假，他分别组织了"壮阔波澜七十年，与国同行任在肩"和"青春致敬70年，70名硕博走国疆"的寒暑假期"大调研"活动，覆盖了学院绝大多数同学，让清华大学马克思主义学院的青年学子走近基层、深入基层、了解基层。

不仅如此，叶子鹏还积极主动对接红色革命老区，组织学院青年团员前往江西吉安、湖南湘潭、陕西延安等地开展红色社会实践。在江西吉安实践期间，他与同学们共同完成了中国红色培训博物馆设计项目，同时遍访红色路线教学点、查阅大量党史文献资料，为井冈山干部教育学院优化特色培训模式、创新设计红色体验教学点，还为打造井冈山红色培训对外宣传的品牌效应提出了建设性意见。谈及组织开展"大调研"活动的初衷，叶子鹏坚定地说，马克思主义学院的青年学子们所从事的理论研究不止要"上观天气"，更要"下接地气"，真正"把论文写在祖国的大地上"。

2018年的夏天，习近平总书记就曾给清华大学马克思主义学院研究生毕业班全体同学回复勉励寄语，强调了学好、用好马克思主义的重要性："希望同学们无论继续深造，还是踏上工作岗位，都始终坚持对马克思主义理论的学习，提高运用这一科学武器分析和解决问题的能力，坚定为祖国和人民矢志奋斗的信念，以实际行动书写无愧于时代的青春篇章。"

的确如此，马克思主义不是书斋里的学问，而是直接服务于人民群众、直接服务于改革发展的实践科学。实践，就像马克思所说："康德和费希特喜欢在太空遨游，寻找一个遥远的未知国度；而我只求能真正领悟，在街头巷尾遇到的日常事物！"终其一生，马克思并不喜欢在"太空遨游"，他更关注发生在街头巷尾的故事，更关心田间地头和工厂车间，更关注人民的呐喊和呼唤。

为了不做"书斋里的学问"，2018年年底，叶子鹏和学院的老师、同学们一起发起成立了清华大学马克思主义学院新时代基层党建服务队，号召大家发挥理论专长，进机关、进企业、进社区、进连队，带去党建理论知识、带回党建实践问题，开展专业党建研究、推动典型党建宣传，通过这个平台引导广大青年学子运用马克思主义的立场、观点和方法分析和解决当前重大理论和现实问题，取得了良好的效果。

在校期间，叶子鹏还担任了清华大学学生基层公共部门发展研究会和清华大学学生县域经济发展研究会的副会长，加入了"唐仲英计划"（清华大学学生领导力培养计划），与有着脚沾泥土的地气、眼睛向下的意气和走出舒适圈的勇气的朋辈们一同，深入基层一线、了解基层实际。叶子鹏告诉自己和身边的同学们，只有真正眼睛向下，踏踏实实走进基层，助力基层发展、改善基层生态、焕新基层面貌，当几回"热锅上的蚂蚁"，才能真切体会骨头之硬、改革之难、创新之可贵，才能读懂脚下这本幅员辽阔又瞬息万变的"无字之书"。

为党育才，为党献策

2023 年 3 月 1 日，习近平总书记亲临中央党校，从党和国家事业发展全局的高度回顾了中央党校 90 年历史成就和光辉业绩，围绕坚守"为党育才、为党献策"的党校初心做了全面、系统、深刻的阐述。

彼时，叶子鹏就坐在台下。

在清华大学，叶子鹏度过了三年求学时光，同时也承担了三年的政治辅导员工作，他的清华求学经历与政治辅导员经历是高度重合的。

在叶子鹏看来，党校教员的工作其实与清华大学的政治辅导员工作在本质上有一定的相通之处，都是在做思想"熔炉工"的工作，都要解决"思想上的疙瘩"。中央党校与清华大学也有着极其深刻的渊源，清华大学"双肩挑"政治辅导员制度的开创者蒋南翔校长、清华大学辅导员最高荣誉"林枫奖"的由来林枫同志、清华大学从辅导员成长到党和国家高级领导干部的重要代表之一陈希老师都曾任或现任中央党校的校领导。

中央党校是公共性与专业性的结合，横跨学术与政治两端，更为重要的是它具有对国家治理一线的辐射性。所有一线的党员干部"热运行"中的"冷思考"，"急行军"中的"踱方步"都是在这里完成的，这里也因此汇集了来自国家治理一线的问题与举措、困难和创新。"党校不是世外桃源，党校学员来自四面八方，听到的、看到的问题很多，意识形态领域的许多重大问题都会在党校汇聚。"习近平总书记曾担任过多年的中央党校校长，他在全国党校工作会议上的讲话一针见血。这也正成为叶子鹏下定决心前往中央党校从事教学和科研工作后在校理论学习和研究锻炼的鞭策。在中央党校从事教学和科研工作，叶子鹏希望能够用学术讲政治，讲清讲透理论思考与实践探索中的焦点、堵点、痛点、难点，希望能够最大限度地服务基层公共部门。

他在党校当教员就像"双肩挑"辅导员时那样地努力，着力培养"眼睛向下"的意识，补足短板、坚持问题导向、丰富实践阅历。叶子鹏了解了一下，包括他在内，刚入职的党校青年教员基本都是从"高校门"到"党校门"，在踏上讲台前的基层工作经历几乎为零，但他们将要面对的学员却拥有广袤的中国大地最一线的实践经历、治理经历、领导经历，"倒挂"现象、"脱节"现象在党校青年教员当中相对比较严重。这就要求他们跳出传统理论学习的惯性思维，做到不仅有"学术之思"，更要有"实践之问"，要有问题意识。倘若只是窝在办公室里读材料、坐在会议室里看简报，凡事不懂得"多走一步""多问一句""多想一层"，被停留在书斋的知识结构画地为牢，平时学习积累跟教学要求不接轨，不研究听课对象、不接触实际问题，只会"用文件解读文件""用现象说明现象"，那么原本就在经历和阅历上与学员存在的势差就会更加明显，站上讲台难免心慌、腿抖、底气不足。

叶子鹏说，党校教员恰恰要利用好党校这样一个理论与实践交融的平台，带着思考与学员交流、带着问题去挂职调研，走出"舒适圈"，找到"挂露珠""沾泥土""冒热气"的真问题，做好"理论联系实际"的真学问，把论文写在祖国大地上。

奋斗所到处，青春恰自来。新征程上，告别水木清华，进入中央党校，叶子鹏作为党校青年教员会以更高标准践履党校的初心，让奋斗的青春成为这所举党旗、育党才、立党言、献党策、尽党责的红色学府生机勃发、昂扬向上、高歌猛进的持久风景，带着嵌在他生命中、陪伴他成长的清华"双肩挑"经历，奔向他的青春事业、人生志业，不辜负青春这场远征，不辜负人生这场壮游。

成为教育中点亮火把的人

——访教育部选调生张薇

文 / 工业工程系　卢　丹　陈婧蕾

　　张薇，女，2015 年进入清华大学工业工程系学习，2019 年保留研究生入学资格支教一年。2020 年起担任本科生辅导员，曾任工业工程系团委书记等职务。曾获中国大学生自强之星，北京市优秀毕业生、三好学生，清华大学"一二·九"辅导员郭明秋奖、学生年度人物、优秀学生干部标兵等荣誉。现为教育部中央选调生。

　　现在，张薇选择了进入公共服务部门就业。这与她丰富的辅导员经验、社会工作及志愿活动经历息息相关，也与她个人对教育行业的一腔热忱密不可分。教育是浸润她心灵的土壤，也成为她投身于服务、给予、帮助后辈的工作的内核动力。从黄土高原上的贫困县走出来的她曾切身感受过教育差异对求学者的影响，但她秉持着"能坚持"的信心，不断提升自己、向上向善，毕业时作为 2019 届本科生毕业典礼的学生代表发言，多次带队深入基层开展实践的她曾亲眼见证了社会的发展不均，但她怀揣着"有担当"的信念，不忘初心、坚守理想，研究生毕业后投身于公共服务部门延续自己的家国情怀。

集体传承与个人选择

　　每一位选择成为"双肩挑"辅导员的人都需要一个理由，这个理由将成为面对繁杂的工作事务、个人生活与学习时间被占据时仍然愿意克服困难前进的底层支撑。对张薇来说，这个理由始终清晰明确，并在成为辅导员的过程中不断变得更加坚定——"从始至终教育对我而言都是很有热情的一个东西，而辅导员其实也是老师。即便在我们学校辅导员是兼职的，但它也是教育的一部分。"

在进入大学学府之后，同学们最先接触到、同时也是最能影响到自己的大多是自己的带班辅导员。张薇的班级与带班辅导员对她也产生了积极而深远的影响。一方面，本科期间工52班连续两年夺下了"甲团"，大三时又获评校级先进班集体。由此也可以窥见这个班集体友爱、团结、亲切的氛围。"那时我觉得一个好的班级需要很多人一起去为它付出努力。同学之间互帮互助，我们办集体活动时表现出的团结精神对我的影响很大。"另一方面，张薇的辅导员在沟通表达、时间管理等事情的处理上非常有经验，这也促使她暗暗下定决心，希望自己也能够成为那样游刃有余的人。

本科期间的经历指引了张薇后来的选择——"我觉得辅导员工作能够帮助同学们，陪伴着同学们一起成长，这是一件非常有意义的事情。在这个过程中，我自己也能收获成长。所以我选择成为一名辅导员。"然而很多时候想一件事和做一件事所带来的体验感完全不同，真正实践的过程也是一个祛魅的过程。直接地说，便是初心是否会随着深入的实践得到更完整的刻画还是说最初稚嫩的一腔热忱在现实的打磨下钝祛了光泽？所幸，对张薇来说，选择成为辅导员的理由在实践中更加清晰且坚定，并影响了她自己后来的职业选择与人生规划。在研究生期间张薇选修了一门课程，调研了学校带班辅导员的工作困难。她访谈了许多带班辅导员，了解到了辅导员在工作中需要面对的学生心理问题，以及沟通协调时非常烦琐的事务性的工作，这确实很辛苦。但是，他们每一个人几乎都谈到了一点：虽然做辅导员很累、很辛苦，但每次看到同学们有成长、有收获时，自己的心里是非常满足的。张薇坦言："这让当时的我深受触动。确实，辅导员工作很累很辛苦，但看到同学们有进步时自己就会受到激励，更愿意继续做这个事情。"

一次选择与触类旁通

在刚进入大学时，张薇曾经被问过这样一个问题："你未来想做什么事情？"她想到的第一个念头就是"坚持做公益，要做能够对他人有帮助的事。"而这个志向也让社会实践与志愿公益成为了她本科四年学习之余的主旋律。四年时间里，她赴甘肃、陕西、内蒙古、云南等地参与了 14 次社会实践活动，其中包括 8 次公益实践，共有 80 余次志愿活动的参与或组织经历。选择成为辅导员以后，她仍然坚守着本科期间的公益初心，尝试探求实践、志愿与辅导员工作的最佳融合。担任辅导员期间，张薇进行了不少次融合的尝试：她结合系内已有的与西藏地区学生进行书信交流的志愿项目，牵头组织了一支实践支队前往西藏进行调研；结合自己的学科知识储备与丰富的实践经验，作为带队辅导员参与了本系专业认知的实践支队；结合疫情时期的时代需要，组织了疫苗接种、核酸检测等大规模志愿服务活动。

在不断的探索实践过程中，张薇也逐渐摸索出实践志愿与辅导员工作中存在的一些共同理念。她认为，志愿从根本而言是一种服务，而辅导员工作其实也是一种服务——带班辅导员大多直接服务同学，院系团委书记更多服务的是社工骨干，而社工骨干就是服务同学的那一部分同学。辅导员的角色以鼓励为主，鼓励同学们有想法就去实践、去落地。

这样触类旁通以后，张薇也迅速确立起自己的辅导员工作理念：一是服务好大部分同学，"让参与活动的同学有收获"；二是让社工骨干们在服务的过程中也能有所进步。访谈过程中，张薇也提到自己担任辅导员期间印象最深刻的事——和系内其他社工岗位的"战友们"一同筹备系团代会的经历。作为过去三年本系学生工作的一个总结，团代会对系里的意义是非同寻常的。时任工业工程系团委书记的她和被调动起来的各个社工组织的同学们一起熬夜、一起回顾过去、一起准备材料，最终顺利举办了会议。在回顾过去两三年工作成果的过程中，张薇感慨良多："一方面看着同学们在社工上一点一点地成长起来，觉得同学们进步很快；另一方面会感觉到这样的经历是十分宝贵的，在回忆的过程中会意识到自己交了很多朋友，收获了很多珍贵的友谊。"

对张薇来说，得到同学们的认可是她担任辅导员时最有成就感的事，例如，学生节后大家"爆刷"表示开心的朋友圈，还有团代会上同学们全票同意自己继任团委书记。"我感觉自己过去两年做的工作得到了同学们的认可，挺有成就感。"

怀揣热忱，薪火相传

清华"双肩挑"政治辅导员传统的延续离不开每一位辅导员和社工骨干们的热情与付出，学习前辈的工作经验也有利于我们的辅导员工作不断自省、进步。张薇非常热情地向我们分享了一些她的工作经验，以期为其他的在校辅导员们提供一些可行的建议与参考。

辅导员是与在校同学联系最紧密的群体：一方面，辅导员们自己也从学生中来，更了解学生群体的情况与需求；另一方面，因工作需要，辅导员们与同学有直接接触，能够最深入地感受到学生们的真实与淳朴。但是由于学生工作自身的复杂性，工作开展难免遇到棘手的问题，可能会影响到辅导员们的心态。对此，她建议辅导员们在帮助同学排解抑郁情绪的同时，也要注意及时纾解自己的情绪，掌握好工作与生活的平衡，保持住对工作的热情才能长久地做好这份工作。一方面，要"用大块的时间去学习，用小块的时间做社工"，把握好学习与社工的时间平衡；另一方面，在处理工作时要秉持"所有事情都可以解决"的信念，把情绪放一边，专心解决问题，这可以在极大程度上缓解焦虑。

此外，学生骨干的培养也是辅导员工作的一大重点。结合自己的社工经验，张薇认为学生骨干的培养可以分两部分考虑：一部分是大面积的培养，鼓励"全员社工"，提高整个群体的社会工作素质，这样群体内最优秀的那一批人的工作能力肯定比较强；另一部分是个别培养，这需要辅导员们多与高年级社工骨干进行交流，了解他们的职业规划与社工打算，给予针对性的引导、支持与建议，储存辅导员的后备力量。此外，丰富的经验交流也是提升社工能力的重要环节，因此张薇也鼓励社工骨干们多进行跨院系交流，借鉴其他院系的优秀经验，避免故步自封。

"社会实践是我看这个世界的一个窗口，志愿公益则是我获得自身力量的一份源泉。"这是张薇在获评"工业工程系年度人物"时写下的一段话，现在，或许可以再添上一句：辅导员经历是她践行初心、实现服务理想的一块敲门砖。从黄土高原到清华大学，她用汗水浇灌收获；从清华大学到公共服务部门，她以实干笃定前行。我们也相信，张薇将继续携带清华人自强不息的品质，不忘初心，继续前行，让青春在不懈奋斗中绽放出绚丽之花。

坚定理想信念　永葆奋斗底色

——访中央网信办选调生张超凡

文／网研院　丁尔著

张超凡，男，2019 年进入清华大学网络科学与网络空间研究院学习。2019 年 12 月至 2020 年 12 月担任网络研究院研团总支书记，2020 年 9 月至 2022 年 6 月担任网络研究院研究生德育助理。2022 年 6 月毕业后任职于中央网络安全和信息化委员会办公室。

生逢盛世　奋斗其时

习近平总书记指出："网络安全和信息化是事关国家安全和国家发展、事关广大人民群众工作生活的重大战略问题，要从国际国内大势出发，总体布局，统筹各方，创新发展，努力把我国建设成为网络强国。"清华大学网络科学与网络空间研究院的建设是中国特色社会主义进入新时代以来，落实习近平总书记关于网络安全重要指示精神、培养高层次网络安全人才的一项重要举措。

清华大学网络科学与网络空间研究院于 2012 年成立，2017 年成为独立的教学科研单位并独立招生，因而是一个朝气蓬勃的新生院系。张超凡入学时，学院刚开启正式招生没多久，只有 18 级、19 级两个年级的研究生，社工学生干部比较少。时任网研 19 党支部书记的张超凡恰好具有较为突出的社工经验，于是在学院研工组组长的建议和引导之下，他成为了学院第一批德育助理。张超凡谈道，自己担任德育助理，一是感念于学院老师的重视和信任，二是为了在学院平台上更好地服务同学，三是能够将党支书的岗位留给其他优秀的党员同学，以培养更多后备学生干部。就这样，张超凡开始了将青春和热血挥洒在网信事业的新征程。

在担任德育助理期间，张超凡主要负责党建和带班工作，其中令他印象最深刻的是组织学院同学开展"我和我的××"主题教育系列观影活动。张超凡刚进入清华的 2019 年下半年，正是如火如荼庆祝新中国成立 70 周年的时期，他牵头组织了国庆期间的"我和我的祖国"观影活动，以及后续的"我和我的家乡""我和我的父辈"观影活动，弘扬家国情怀，激发使命担当。通过影片生动的讲述，同学们在震撼和感动中接受了这三次难忘的思想教育，每逢国庆的主题教育观影也更是成为了网络研究院党组织生活的特色名片。连续三年参加主题观影的同学说："2019 看'祖国'，2020 看'家乡'，今年国庆看'父辈'，如今的盛世真是代代中国人努力拼搏奋斗的结晶！"有同学表示通过主题观影深化了对家国情怀的认识，"家是最小国，国是千万家。中华民族自古以来就有家国情怀，家国情怀是每个个体对共同体的一种认同，每个人的生命体验都与国家紧密相连"。也有同学表示更清晰地认识到了青年的时代责任，"社会和国家的重担正逐步交接到我们的肩上，我们要继承好这种传承，踏寻着先辈们的步伐，不忘初心牢记使命，向着更高更远的目标而奋斗"。

张超凡在学院担任社工职务和在学校参与志愿活动的经历比较丰富，曾担任过党支书、研团总支书记、德育助理等职务，也参与过建党 100 周年文艺演出、北京冬奥会冬残奥会等志愿活动。由于本身有较重的学习和科研任务，张超凡认为，德育助理工作中遇到的主要困难是"社工和科研的时间平衡"，但他保持着一种理性面对的方式，告诫自己要始终保持服务者的本心，不把社工志愿当成负担，而应将之作为学生生涯的重要有益部分，有相关任务就认真完成，其余时间抽出精力完成好学业和科研。参与建党 100 周年文艺演出排演期间，正是张超凡投稿论文的关键时期，他常常是上午前往鸟巢排演直到深夜才能返回学校，因此只能在排演间隙插空完成实验室任务及论文的修改完善。为了不影响排演工作，他甚至在中期答辩的时候主动申请将顺序排在第一个，答完后便急匆匆去赶到鸟巢的车，保证了排演的顺利进行。在冬奥志愿者服务期间，张超凡除了完成志愿任务，剩下的时间都在积极进行求职准备。他回忆道，那时候除了过年和去鸟巢出外勤，几乎每天都和公考小伙伴们一起练习面试。各项事情叠加让"选择困难症"的他不再纠结什么时间去科研、去志愿、去求职，有的只是统筹安排、脚踏实地地度过每一天。

奔流入海　赓续前行

在进行职业选择时，德育助理经历对张超凡产生了非常重大的影响。一是历次社工和志愿经历让他切实感受到清华"立大志、入主流、上大舞台、干大事业"的壮志豪情，"与祖国共命运，与时代同步伐"的自强不息，"责任面前上一步，利益面前退一步"的厚德载物，以及"功成不必在我，功成必定有我"的使命担当，也引领他更倾向于去真正能为祖国、为人民发光发热的岗位。二是历次社工和志愿经历中，他结识了许多志同道合携手共进的好"战友"、好朋友，包括但不限于党支部支委成员、研工组同事、重大活动志愿"战友"、公考面试练习小组，他们在求职道路上互相陪伴、互相激励、分享经验。例如，在准备公考笔试的过程中，有继任党支部书记相伴，其又快又好的笔试能力是张超凡一直追寻的标杆；在准备面试的过程中，在学校精心组织下他又有幸与几个"又红又专"、志趣相投的小伙伴组成了面试练习小组，他们共同学习、反复练习，这段亦师亦友的充实岁月也是张超凡一生难忘的时光。回想起那段共同前进的日子，时至今日张超凡依旧觉得紧张充实又坚定浪漫。因此，在面临职业选择的人生关键路口，张超凡坚定地选择了进入中央网信办工作，积极投身网络强国建设，继续做新时代、新征程上的"赶考人"。

在工作中，张超凡常常认识到德育助理经历对他的职业生涯也有很大的帮助，更加坚信了当初选择的正确性。目前张超凡已经在岗位上工作一年，2023年他还深度参与了一份七部委联合公布的部门规章的制定。在这项工作的参与过程中，张超凡保持着在校学习期间对新技术新应用的跟踪学习习惯，他认为只有这样才能给出统筹发展与安全的互联网敏捷治理中国方案。最终，该规章紧跟形势需求于2023年7月发布，对当年大热的生成式人工智能提出了有效的敏捷治理方案。与此同时，单位"讲政治，懂网络，敢担当，善创新"的工作理念也常常让张超凡回想起了学校的社工工作，他顿觉其实很多地方也是相通的。在工作中，没有脱离政治的业务，也没有脱离业务的政治。而在清华，学校也常常倡导要"又红又专，全面发展"——既要政治素质过硬，又要专业能力突出。

青春作桨　梦想为帆

良好的传承是清华辅导员事业能够得以保持长久鲜活生命力的基石之一。谈到对仍然在校的辅导员学弟学妹的建议，张超凡提出了自己的一些思考和希冀。

一是坚定服务情怀。辅导员、德育助理的初心就是为同学们服务，一如公职人员是为人民服务一般。一定要摆正立场，和同学们想在一起、干在一起，绝不能有高高在上、颐指气使的想法。

二是聚焦自身专业。尽可能充分结合专业特性开展工作，引导同学们学习了解本专业先辈的优良传统，引领同学们传承和发扬这些传统。

三是积极探索实践。学生生活相对是比较自由开放的，许多时间可以自由支配，因此一定要抓住难忘的学校时光，积极大胆参与各项社工志愿活动，不负韶华，书写自己独特的青春华章。